Cuaderno de práctica adicional

GRADO 1 TEMAS 1 a 15

enVision® Matemáticas

Savvas Learning Company LLC, 15 East Midland Avenue, Paramus, NJ 07652

ISBN-13: 978-0-13-496288-7
ISBN-10: 0-13-496288-5
6 2023

Grado 1 Temas 1 a 15

Tema 1
La suma y la resta

Tema 2
Sumar y restar con fluidez hasta el 10

Tema 3
Operaciones de suma hasta el 20: Usar estrategias

Tema 4
Operaciones de resta hasta el 20: Usar estrategias

Tema 5
Trabajar con ecuaciones de suma y resta

Tema 6
Representar e interpretar datos

Tema 7
Ampliar la sucesión de conteo

Tema 8
El valor de posición

Tema 9
Comparar números de dos dígitos

Tema 10
Usar modelos y estrategias para sumar decenas y unidades

Tema 11
Usar modelos y estrategias para restar decenas

Tema 12
Medir longitudes

Tema 13
La hora y el dinero

Tema 14
Razonar usando figuras y sus atributos

Tema 15
Partes iguales de círculos y rectángulos

Nombre ______________________________

Práctica adicional 1-1

Añadir

ACTIVIDAD PARA EL HOGAR Consiga 9 monedas de 1¢ y cuente este cuento a su niño(a): "Hay 6 monedas de 1¢ en una caja. Pongo 3 monedas de 1¢ más. ¿Cuántas monedas de 1¢ hay ahora en la caja?". Pida a su niño(a) que escriba la suma.

¡Revisemos!

Resuelve. Puedes usar fichas de colores como ayuda.

5 conejos   3 conejos se les unen.

¿Cuántos conejos hay ahora?

5 + 3 = 8 conejos

1. 3 ranas   3 ranas se les unen.

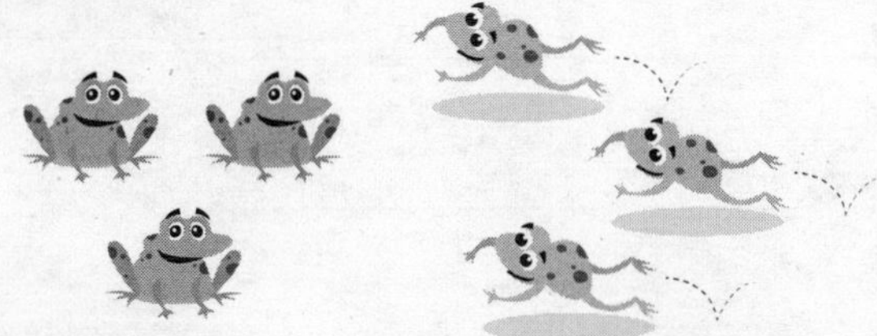

¿Cuántas ranas hay ahora?

3 + 3 = 6 ranas

2. 2 insectos   3 insectos se les unen.

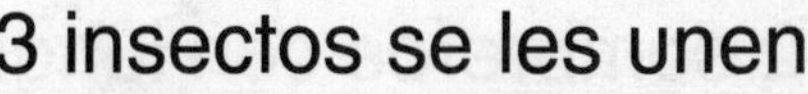

¿Cuántos insectos hay ahora?

____ ◯ ____ ◯ ____ insectos

Resuelve. Usa fichas de colores o haz un dibujo.

3. Representar
2 perros
4 perros se les unen.
¿Cuántos perros hay ahora?
____ ◯ ____ ◯ ____ perros

4. Representar
5 ratones
5 ratones se les unen.
¿Cuántos ratones hay ahora?
____ ◯ ____ ◯ ____ ratones

5. Razonamiento de orden superior
Escribe un cuento sobre suma sobre las ranas.

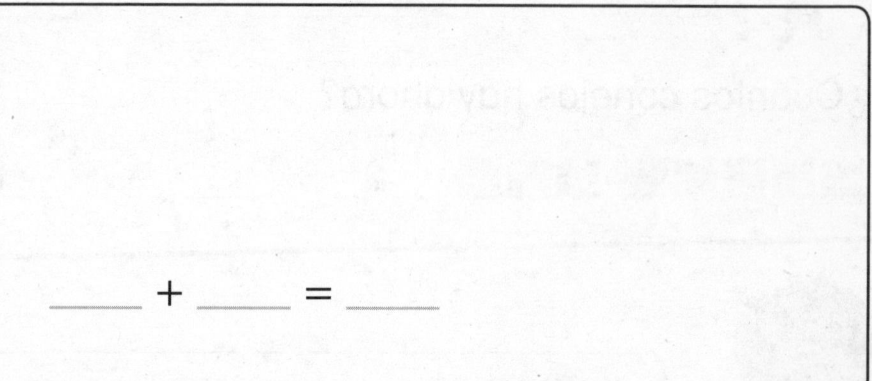

____ + ____ = ____

6. Sentido numérico
2 sombreros con lunares
2 sombreros con rayas

¿Cuántos sombreros hay?
____ sombreros

7. Práctica para la evaluación
3 patos 2 patos se les unen.

¿Cuántos patos hay ahora?
Ⓐ 2 patos
Ⓑ 3 patos
Ⓒ 4 patos
Ⓓ 5 patos

Nombre ______________________

Práctica adicional 1-2
Juntar

¡Revisemos!

Tengo 2 perros y 3 gatos. ¿Cuántas mascotas tengo en total?

Muestra las partes en un tablero.

parte parte

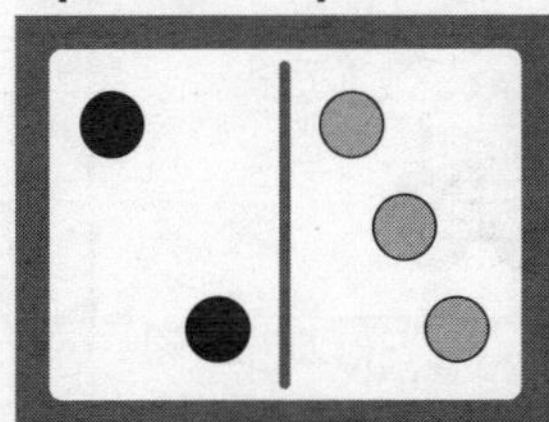

Escribe una ecuación de suma.

2 + 3 = 5 mascotas

ACTIVIDAD PARA EL HOGAR Dé a su niño(a) 2 grupos de objetos pequeños para contar (por ejemplo, un grupo de 3 botones y un grupo de 4 botones de diferente color). Hallen juntos la cantidad total de botones y digan la ecuación de suma que corresponda (por ejemplo, 3 más 4 es igual a 7). Repitan la actividad varias veces con diferentes grupos.

Resuelve. Usa fichas como ayuda.
Escribe una ecuación de suma.

1. 4 manzanas y 2 naranjas

¿Cuántas frutas tengo en total?

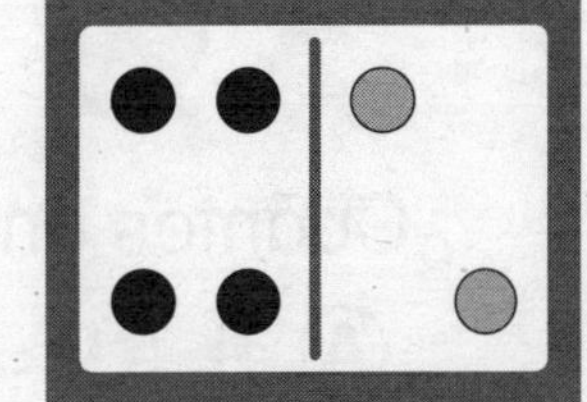

4 + 2 = 6 frutas

2. 4 rosas y 4 margaritas

¿Cuántas flores tengo en total?

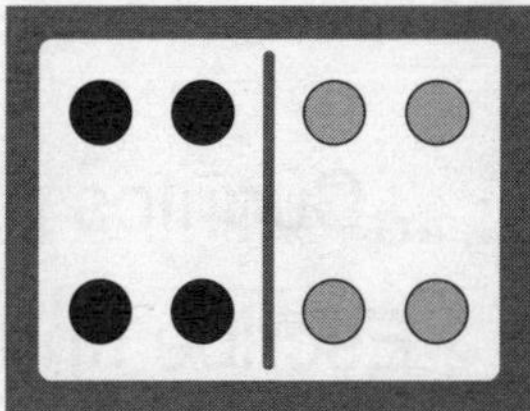

____ ◯ ____ ◯ ____ flores

Resuelve. Usa fichas como ayuda.

3. Representar

3 carros de juguete y 5 camiones de juguete

¿Cuántos juguetes hay en total?

Escribe una ecuación de suma.

____ ◯ ____ ◯ ____ juguetes

4. Representar

2 peces grandes y 4 peces pequeños

¿Cuántos peces hay en total?

Escribe una ecuación de suma.

____ ◯ ____ ◯ ____ peces

5. Razonamiento de orden superior

5 plátanos 

4 naranjas 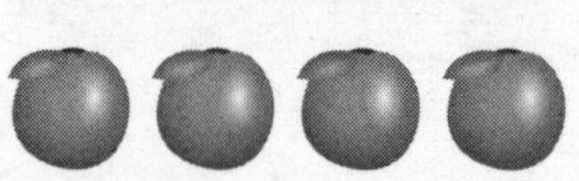

2 plátanos 

¿Cuántos plátanos hay en total?

Escribe una ecuación de suma.

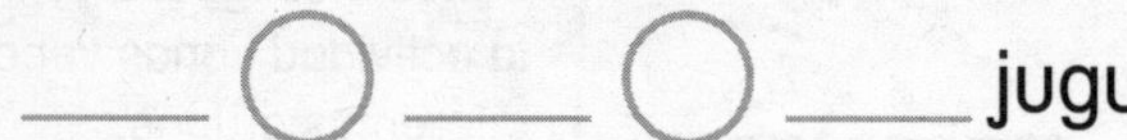

____ ◯ ____ ◯ ____ plátanos

6. Práctica para la evaluación

4 patos y 6 conejos

¿Cuántos animales hay en total?

Ⓐ $4 + 4 = 8$ animales

Ⓑ $4 + 5 = 9$ animales

Ⓒ $2 + 7 = 9$ animales

Ⓓ $4 + 6 = 10$ animales

Nombre ______________________________

Práctica adicional 1-3

Dos sumandos desconocidos

ACTIVIDAD PARA EL HOGAR
Diga a su niño(a) el siguiente problema: "David encuentra 8 hojas. Algunas son verdes y otras amarillas. Escribe una ecuación de suma para mostrar la cantidad de hojas verdes y amarillas". Escojan juntos las partes para formar 8 y escriban una ecuación. Repitan la actividad con diferentes partes de 8.

¡Revisemos!
Hay 4 flores en total.

¡Siempre hay 4 flores!

Algunas están dentro del florero. Otras están afuera.
¿Cómo pueden estar repartidas las flores?

3 adentro
1 afuera
4 = 3 + 1

2 adentro
2 afuera
4 = 2 + 2

1 adentro
3 afuera
4 = 1 + 3

Usa cubos o haz un dibujo. Luego, escribe una ecuación.

1. Hay 9 ranas en total
Algunas están en el agua.
Otras están en el pasto.
Muestra una manera en la que pueden estar repartidas.

____ = ____ + ____

Resuelve los problemas.

2. Representar
Hay 8 ranas en total.
Algunas están en el agua.
Otras están en el pasto.
Muestra una manera en la que pueden estar repartidas.

Escribe una ecuación.

Usa cubos o haz un dibujo.

___ ○ ___ ○ ___

3. Razonamiento de orden superior
Laura tiene 7 manzanas.
Si se come 1, 2 o 3 manzanas, ¿cuántas quedarían?

Di cómo lo sabes.

____

____

____

4. Práctica para la evaluación
Hay 6 perritos en total.
Algunos tienen manchas.
Otros no tienen manchas.

¿Qué opción muestra una manera?

Ⓐ 2 tienen manchas, 3 no

Ⓑ 3 tienen manchas, 4 no

Ⓒ 4 tienen manchas, 2 no

Ⓓ 5 tienen manchas, 3 no

Nombre ____________________

Práctica adicional 1-4
Quitar

¡Revisemos! Puedes restar para hallar la diferencia.

Hay 6 gatos.
3 gatos dan un salto.

¿Cuántos gatos quedan?

6 – 3 = 3 gatos

Hay 5 gatos
2 gatos dan un salto.

¿Cuántos gatos quedan?

5 – 2 = 3 gatos

ACTIVIDAD PARA EL HOGAR
Ponga 8 objetos pequeños, como botones, en la mesa. Quite algunos botones y pida a su niño(a) que le diga un cuento sobre resta. Luego, pida a su niño(a) que escriba una ecuación de resta para representar el cuento, como 8 – 2 = 6. Pida a su niño(a) que cuente los botones que quedaron para comprobar si su respuesta es correcta.

Resuelve los problemas.
Escribe una ecuación de resta.

1. Hay 9 manzanas.
Se comen 7 manzanas.

¿Cuántas manzanas quedan?

____ – ____ = ____ manzanas

2. Hay 10 crayones.
7 crayones se caen.

¿Cuántos crayones quedan?

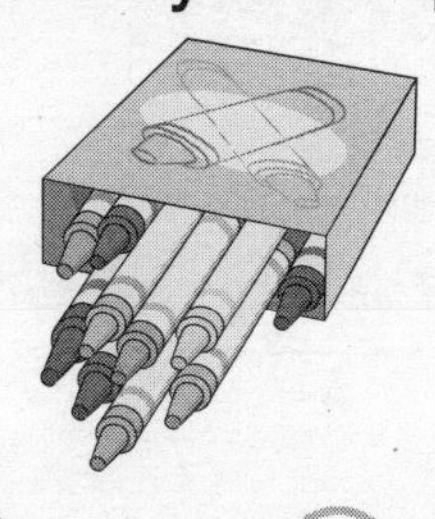

____ ◯ ____ ◯ ____ crayones

Escribe una ecuación de resta que represente cada cuento numérico.

3. Razonar
Hay 6 abejas.
4 abejas se van volando.

¿Cuántas abejas quedan?

____ ◯ ____ ◯ ____ abejas

4. Razonar
Hay 8 patos.
4 patos salen del agua.

¿Cuántos patos quedan?

____ ◯ ____ ◯ ____ patos

5. Razonamiento de orden superior
Halla el número que falta.
Luego, escribe un cuento sobre resta.
Usa dibujos, números o palabras.

$7 - 3 =$ ____

6. Práctica para la evaluación
Hay 10 globos.
2 globos explotan.

¿Cuántos globos quedan?

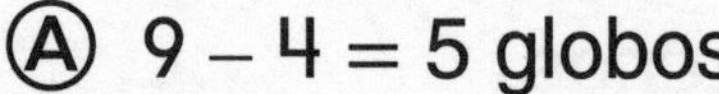

Ⓐ $9 - 4 = 5$ globos

Ⓑ $10 - 3 = 7$ globos

Ⓒ $8 - 1 = 7$ globos

Ⓓ $10 - 2 = 8$ globos

Nombre ______

Práctica adicional 1-5
Comparar situaciones

ACTIVIDAD PARA EL HOGAR Dé a su niño(a) 5 botones azules y 2 verdes. Pregúntele: "¿De qué color hay más botones?". Pídale que le diga cuántos botones azules más que verdes hay. Repita la actividad con hasta 10 botones azules y 10 verdes.

¡Revisemos!

Puedes usar cubos para **comparar**.
Puedes restar para hallar cuántos **más** hay.
Puedes contar para ayudarte a restar.

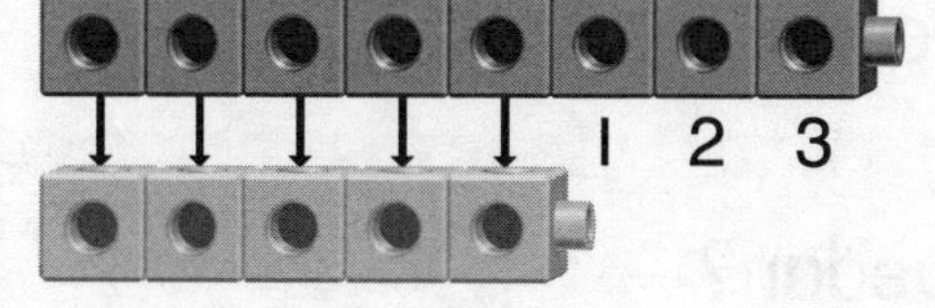

¿Cuántos cubos grises hay? 8

¿Cuántos cubos blancos hay? 5

Escribe una ecuación. 8 − 5 = 3

¿Cuántos cubos grises más hay? 3

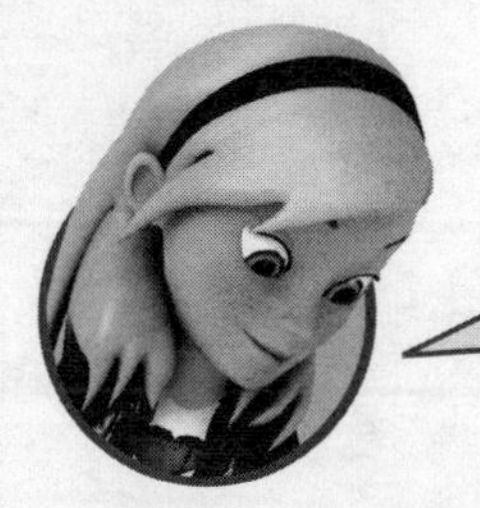

Completa los problemas.
Escribe la ecuación de resta que corresponda.

1. 

____ cubos grises
____ cubos blancos

¿De qué color hay más cubos? ______

¿Cuántos más? ____

Ecuación: ____ − ____ = ____

2. 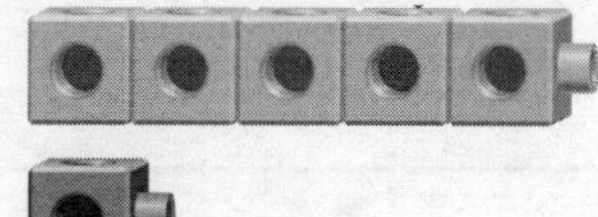

____ cubos blancos
____ cubo gris

¿De qué color hay más cubos? ______

¿Cuántos más? ____

Ecuación: ____ ◯ ____ ◯ ____

Escribe una ecuación. Resuelve los problemas.

3. Sentido numérico
Sam está jugando con 5 perros.
3 perros se van.

¿Cuántos perros quedan?

____ ◯ ____ ◯ ____

____ perros

4. Representar
David tiene 6 boletos.
Mimí tiene 2 boletos.

¿Cuántos boletos más que Mimí tiene David?

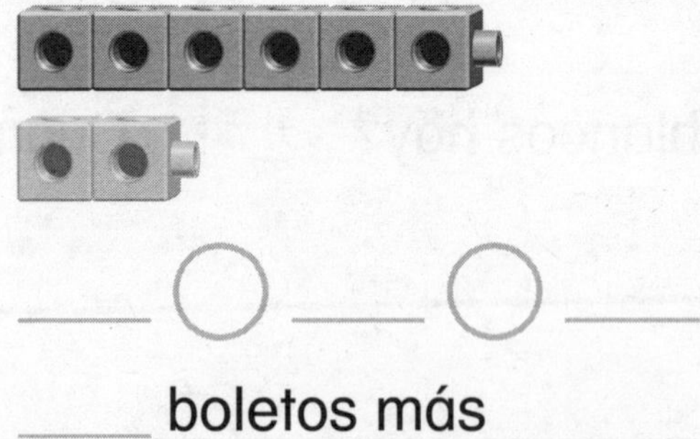

____ ◯ ____ ◯ ____

____ boletos más

5. Razonamiento de orden superior
Dibuja algunos cubos rojos.
Luego, dibuja más cubos azules que rojos.

Escribe una ecuación de resta.

____ – ____ = ____ cubos azules más

6. Práctica para la evaluación
Lucy tiene 6 manzanas.
Julia tiene 7 manzanas.

¿Cuántas manzanas más que Lucy tiene Julia?

Ⓐ 0 manzanas más

Ⓑ 1 manzana más

Ⓒ 6 manzanas más

Ⓓ 7 manzanas más

Usa cubos o haz un dibujo.

Nombre ______________________

Práctica adicional 1-6

Más sobre comparar situaciones

¡Revisemos!

Puedes usar cubos para **comparar**.
Puedes restar para hallar cuántos **menos**.
Puedes contar para ayudarte a restar.

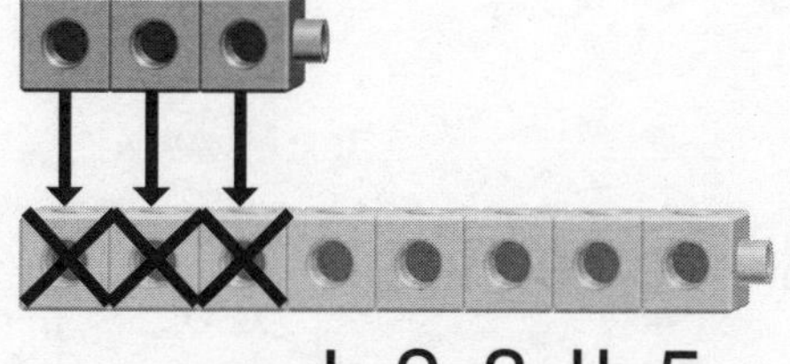

¿Cuántos cubos grises hay? 3

¿Cuántos cubos blancos hay? 8

Escribe una ecuación.

8 – 3 = 5

¿Cuántos cubos grises menos hay? 5

ACTIVIDAD PARA EL HOGAR Dé a su niño(a) 3 botones y 5 clips. Pregúntele: "¿Hay menos botones o menos clips?". Pídale que le diga cuántos botones menos que clips hay. Su niño(a) puede acomodarlos en una fila para comparar. Repita la actividad usando hasta 10 botones y 10 clips.

Completa los problemas.
Escribe la ecuación de resta que corresponda.

1. 3 cubos grises
5 cubos blancos

¿Qué color tiene menos cubos? grises

¿Cuántos menos? 3

5 – 3 = 2

2. 7 cubos grises
4 cubos blancos

¿Qué color tiene menos cubos? blancos

¿Cuántos menos? 3

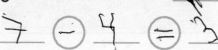

7 – 4 = 3

Escribe una ecuación y resuelve los problemas.

3. Razonar
Jan vende 5 pastelitos.
Luego, vende 2 más.

¿Cuántos pastelitos vendió Jan en total?

___ ◯ ___ ◯ ___

___ pastelitos

4. Razonar
Hay 6 mariposas.

3 mariposas se van volando.

¿Cuántas mariposas quedan?

___ ◯ ___ ◯ ___

___ mariposas

5. Razonamiento de orden superior
Dibuja unos cubos rojos.
Dibuja menos cubos verdes.
Escribe una ecuación que represente tu dibujo.

___ – ___ = ___ cubos verdes menos

6. Práctica para la evaluación
10 gatos
6 perros

¿Cuántos perros menos que gatos hay?

Ⓐ 8 perros menos

Ⓑ 6 perros menos

Ⓒ 4 perros menos

Ⓓ 2 perros menos

Puedes usar cubos o hacer un dibujo.

Nombre ______________________

Práctica adicional 1-7
Un cambio desconocido

¡Revisemos!

Diego tiene 4 pelotas de golf.
Halla más pelotas de golf.
Ahora tiene 7 pelotas de golf.

¿Cuántas pelotas de golf halló Diego?

4 + 3 = 7

____ pelotas de golf

ACTIVIDAD PARA EL HOGAR Dé a su niño(a) un grupo de objetos pequeños para usar como fichas. Cuéntele este cuento: "4 hormigas están en el piso. Llegan algunas hormigas más. Ahora hay 8. ¿Cuántas se unieron a las primeras 4?". Pida a su niño(a) que use los objetos para resolver el cuento sobre suma. Luego, pídale que escriba una ecuación que represente el cuento.

Resuelve. Completa el modelo. Luego, escribe la ecuación.

1. 2 gatos juegan.
Más gatos se les unen.
Ahora hay 7 gatos.

¿Cuántos gatos se unieron?

____ + ____ = ____

____ gatos

2. 8 amigos están comiendo.
Más amigos se les unen.
Ahora hay 10 amigos comiendo.

¿Cuántos amigos se unieron?

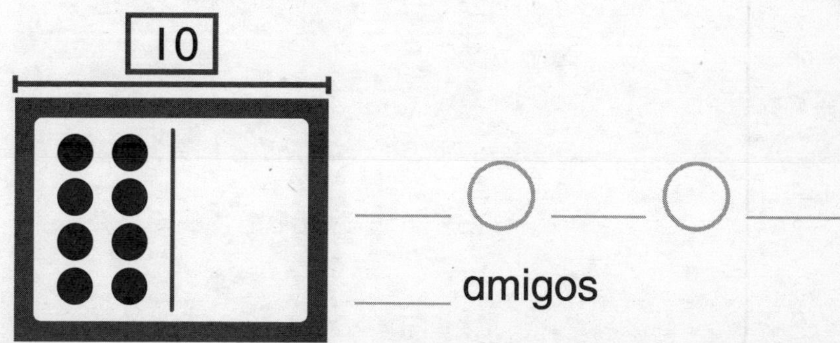

____ ◯ ____ ◯ ____

____ amigos

Escribe una ecuación y resuelve cada problema.

3. Representar
Linda tiene 4 limones.

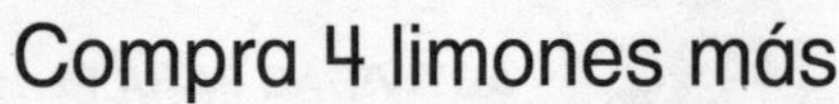

Compra 4 limones más.

¿Cuántos limones tiene ahora?

___ ◯ ___ ◯ ___

___ limones

4. Representar
Tere tiene 5 fresas.

Beto le da más fresas.
Ahora Tere tiene 9 fresas

¿Cuántas fresas le dio Beto a Tere?

___ ◯ ___ ◯ ___

___ fresas

5. Razonamiento de orden superior
Completa la ecuación.
Luego, escribe un cuento que represente la ecuación.

8 + ___ = 10

6. Práctica para la evaluación
Mirna tiene 7 monedas.
Gaby le da más monedas.
Ahora, Mirna tiene 10 monedas.

¿Cuántas monedas le dio Gaby a Mirna?

Ⓐ 2 monedas

Ⓑ 3 monedas

Ⓒ 4 monedas

Ⓓ 5 monedas

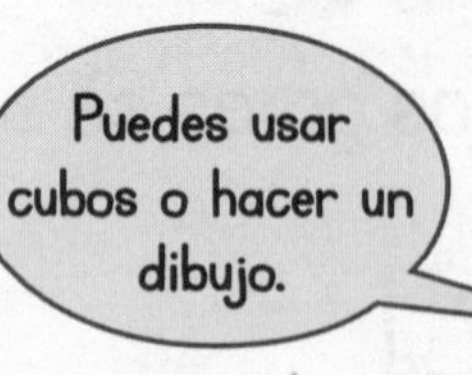
Puedes usar cubos o hacer un dibujo.

Nombre ____________________

Práctica Herramientas

Práctica adicional 1-8

Practicar la suma y la resta

ACTIVIDAD PARA EL HOGAR Ponga de 6 a 9 objetos pequeños en un vaso. Pida a su niño(a) que vacíe algunos de los objetos en la mesa. Pregúntele: "¿Cuántos hay todavía en el vaso?". Pídale que reste la cantidad de objetos que están sobre la mesa de la cantidad total de objetos con los que empezaron. Luego, pídale que cuente los objetos que quedaron en el vaso, para comprobar si su respuesta es correcta.

¡Revisemos!

El perro tiene 8 manchas.
6 manchas son blancas.
El resto son negras.

¿Cuántas manchas son negras?

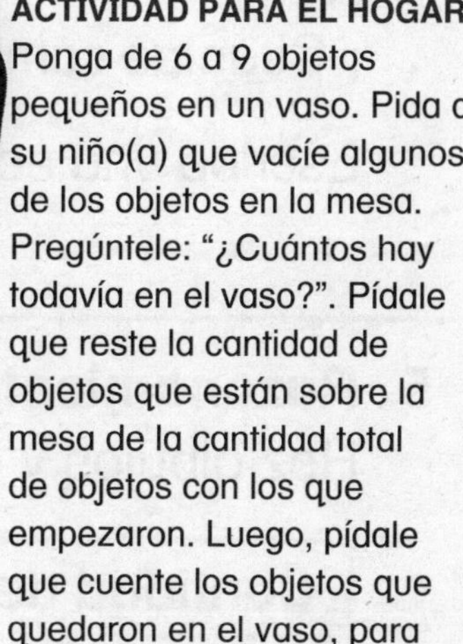

Puedes restar o sumar para resolver.

8 − 6 = 2
manchas en total, manchas blancas, manchas negras

6 + 2 = 8
manchas blancas, manchas negras, manchas en total

Cada perro tiene manchas negras y cafés.
Dibuja las manchas cafés que faltan.
Escribe una ecuación y resuelve el problema.

1. 6 manchas en total

____ ◯ ____ ◯ ____

____ manchas cafés

2. 9 manchas en total

____ ◯ ____ ◯ ____

____ manchas cafés

3. 7 manchas en total

____ ◯ ____ ◯ ____

____ manchas cafés

Resuelve los problemas.

4. Representar
Juan tiene 9 camisas.
6 camisas son blancas.
El resto **NO** son blancas.

¿Cuántas camisas **NO** son blancas?

Escribe una ecuación. Luego, resuelve.

___ ◯ ___ ◯ ___

___ camisas **NO** son blancas.

5. Razonamiento de orden superior
Haz dibujos y escribe los números que faltan.

Cantidad de frutas	Dibujos	Plátanos	Naranjas
8 en total		4	___
6 en total		___	2

6. Práctica para la evaluación
Pedro y Pilar tienen 9 tarjetas de béisbol en total.
Pilar tiene 1 tarjeta.

¿Cuántas tarjetas tiene Pedro?

¿Qué ecuación representa el cuento?

Ⓐ $9 - 1 = 8$ tarjetas de béisbol
Ⓑ $8 - 1 = 7$ tarjetas de béisbol
Ⓒ $8 - 7 = 1$ tarjeta de béisbol
Ⓓ $7 - 1 = 6$ tarjetas de béisbol

Nombre ______________________________

Práctica Herramientas

Práctica adicional 1-9
Construir argumentos

ACTIVIDAD PARA EL HOGAR Cuente este cuento a su niño(a): "Fernando tiene 2 canicas. Compra 4 más. ¿Cuántas canicas tiene ahora?". Pida a su niño(a) que responda la pregunta y luego use dibujos, números y sus propias palabras para explicar la respuesta.

¡Revisemos! Explica cómo resuelves el problema.
Guille tiene 6 plátanos.
Se queda con 1 plátano.
Regala el resto.

¿Cuántos plátanos regala?

Resuelve y explica.

Hice un dibujo y usé números.

SE QUEDA CON 1

5 $6 - 1 = 5$ REGALADOS

Resuelve. Usa dibujos, números o palabras para explicar.

1. Tim tiene 7 carritos.
   Compra 2 carritos más.

   ¿Cuántos carritos tiene Tim ahora?

Conchas marinas

Karen y Kai van a la playa.
Hallan conchas marinas.
Resuelve cada problema.
Muestra cómo lo sabes.

Usa dibujos, palabras o números para mostrar tu trabajo.

2. **Explicar**
Karen halla 5 conchas marinas.
Kai halla 3 conchas marinas.

¿Cuántas conchas marinas hay en total?

3. **Hacerlo con precisión**
¿Quién encuentra más conchas marinas, Karen o Kai?

¿Cuántas más?

Nombre ______________________

Práctica Herramientas

Práctica adicional 2-1
Contar hacia adelante para sumar

¡Revisemos! Cuenta hacia adelante para hallar la suma o total.

Suma 1.
La suma es 1 más.

3, 4

3 + 1 = 4

Suma 2.
La suma es 2 más.

3, 4, 5

3 + 2 = 5

Suma 3.
La suma es 3 más.

3, 4, 5, 6

3 + 3 = 6

ACTIVIDAD PARA EL HOGAR
Ponga entre 1 y 7 objetos pequeños sobre la mesa. Pida a su niño(a) que cuente los objetos. Luego, añada 1, 2 o 3 más. Pida a su niño(a) que sume los objetos. Pídale que escriba una ecuación de suma que represente los objetos que hay en la mesa. Repita la actividad con una cantidad diferente de objetos.

Cuenta hacia adelante para completar las operaciones de suma.

1.

6, ____

6 + 1 = ____

2.

5, ____, ____, ____

5 + 3 = ____

3.

7, ____, ____

7 + 2 = ____

Cuenta hacia adelante para resolver los siguientes problemas.

4. Max ganó 5 dólares.
Luego, ganó algunos dólares más.
En total, Max ganó 7 dólares.
¿Cuántos dólares más ganó Max?

Haz un dibujo. Escribe el número.

_____ dólares más

5. Ema leyó 7 libros.
Luego, leyó 3 libros más.
¿Cuántos libros leyó Ema en total?

Haz un dibujo. Escribe el número.

_____ libros

6. Razonamiento de orden superior
Escribe el número que falta.

$3 + 2 = 2 +$ _____

7. Práctica para la evaluación
¿Cuál es la suma de $6 + 3$?

Ⓐ 3
Ⓑ 6
Ⓒ 8
Ⓓ 9

Nombre ______________________

Práctica Herramientas

Práctica adicional 2-2
Dobles

¡Revisemos!
Una suma de dobles tiene sumandos iguales.
Estas son algunas sumas de dobles.

$$\begin{array}{r} 2 \\ +\,2 \\ \hline 4 \end{array}$$

2 + 2 = 4

sumando sumando suma o total

$$\begin{array}{r} 3 \\ +\,3 \\ \hline 6 \end{array}$$

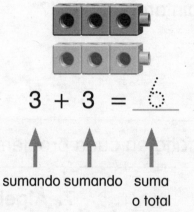

3 + 3 = 6

sumando sumando suma o total

ACTIVIDAD PARA EL HOGAR
Pida a su niño(a) que use objetos pequeños para mostrar 2 grupos de 4. Luego, pídale que escriba una ecuación de suma para mostrar el doble (4 + 4 = 8). Repita la actividad con los dobles de 1 + 1 a 5 + 5

Escribe el total para cada suma de dobles.

1.

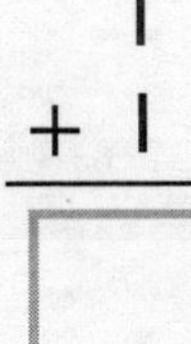

$$\begin{array}{r} 1 \\ +\,1 \\ \hline \square \end{array}$$

2.

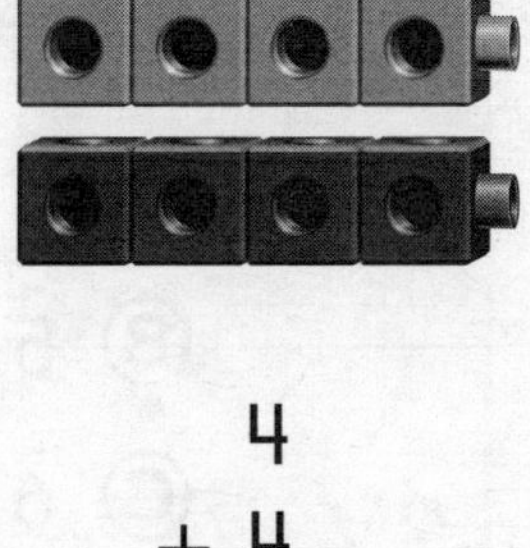

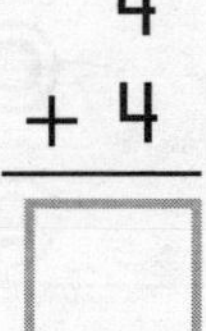

$$\begin{array}{r} 4 \\ +\,4 \\ \hline \square \end{array}$$

3.

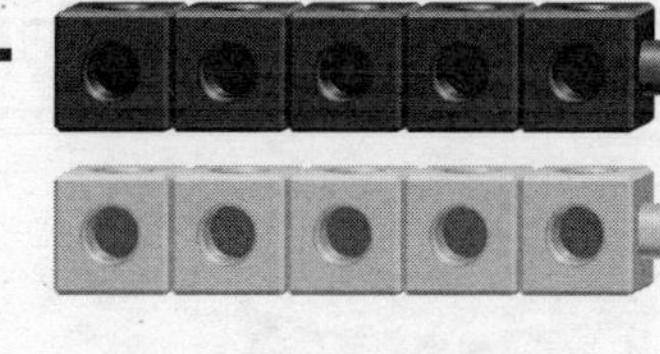

$$\begin{array}{r} 5 \\ +\,5 \\ \hline \square \end{array}$$

Resuelve los problemas.

4. Razonar
Óscar hizo 5 dibujos.
Luis también hizo 5 dibujos.
¿Cuántos dibujos pintaron en total?

____ dibujos

5. Razonar
Tami y Maya sembraron 6 flores en total.
Tami sembró 3 flores.
¿Cuántas flores sembró Maya?

____ flores

Escribe el número que falta en cada problema.

6. Álgebra

$4 = 2 +$ ____

7. Álgebra

____ $+ 4 = 8$

8. Álgebra

$0 +$ ____ $= 0$

9. Razonamiento de orden superior
Hay 6 canicas en total.
¿Cuántas canicas hay dentro del vaso?

____ canicas están dentro del vaso.

10. Práctica para la evaluación
¿Qué suma de dobles tiene una suma o total de 10?

Ⓐ 5 + 5

Ⓑ 5 + 6

Ⓒ 6 + 5

Ⓓ 6 + 6

Nombre ______________________

Práctica adicional 2-3
Casi dobles

¡Revisemos! Puedes usar dobles para sumar casi dobles.

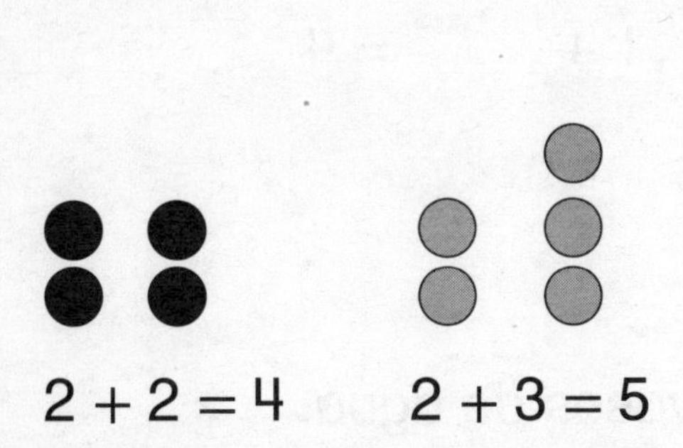

2 + 2 = 4   2 + 3 = 5

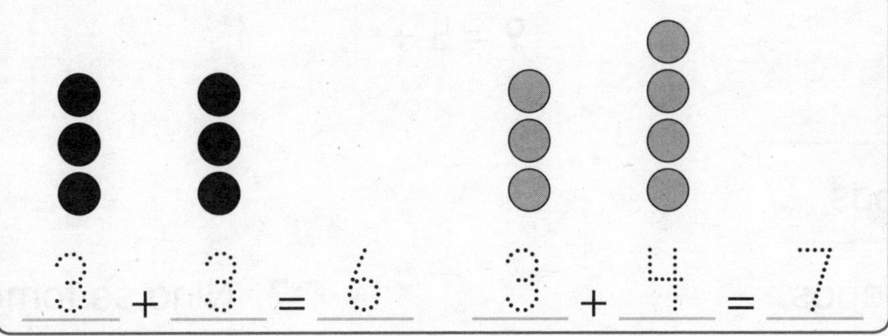

3 + 3 = 6   3 + 4 = 7

2 + 2 = 4
2 + 3 es 1 más.
Por tanto, 2 + 3 = 5

3 + 3 = 6
3 + 4 es 1 más.
Por tanto, 3 + 4 = 7

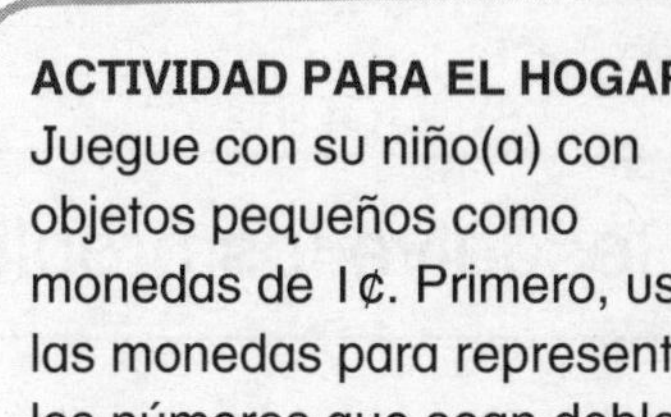

ACTIVIDAD PARA EL HOGAR
Juegue con su niño(a) con objetos pequeños como monedas de 1¢. Primero, use las monedas para representar los números que sean dobles. Pida a su niño(a) que sume el grupo de dobles. Luego, añada otra moneda y pídale que sume el grupo de casi dobles.

Suma los dobles.
Luego, suma los casi dobles.

1.

____ + ____ = ____   ____ + ____ = ____

2.

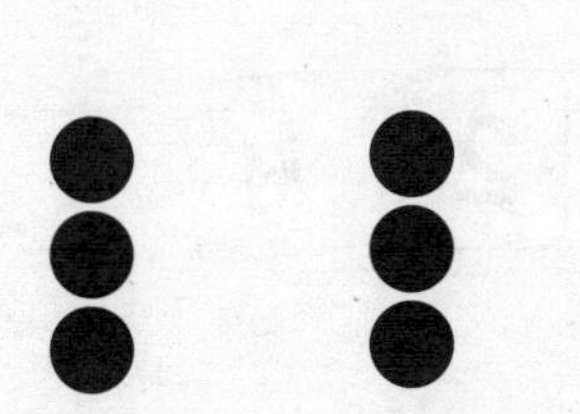

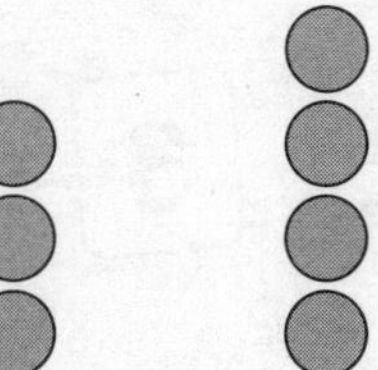

____ + ____ = ____   ____ + ____ = ____

Completa cada suma de casi dobles.

3. Álgebra

3 + ____ = 7

4. Álgebra

9 = 4 + ____

5. Álgebra

1 + ____ = 4

Resuelve los problemas.

6. Sandy juega 3 juegos.
Bob juega 3 juegos y luego 1 más.
¿Cuántos juegos jugaron en total?

____ juegos

7. Nina se tomó 2 vasos de agua.
Karen se tomó 4 vasos de agua.
¿Cuántos vasos se tomaron en total?

____ vasos

8. Razonamiento de orden superior
Usa cada tarjeta una vez.
Escribe dos ecuaciones de suma usando dobles y casi dobles.

2
3
2
5
2
4

____ + ____ = ____

____ + ____ = ____

9. Práctica para la evaluación
¿Qué operación de dobles te puede ayudar a resolver 4 + 5 = ?

Ⓐ 1 + 1 = 2

Ⓑ 2 + 2 = 4

Ⓒ 3 + 3 = 6

Ⓓ 4 + 4 = 8

Puedes contar hacia adelante para ayudarte a sumar.

Nombre ______________________

Práctica Herramientas

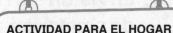

Práctica adicional 2-4
Operaciones con 5 en un marco de 10

¡Revisemos!
Puedes escribir una operación de suma con 5 usando un marco de 10.
También puedes escribir una operación de suma para 10 usando un marco de 10.

$5 + 1 = 6$

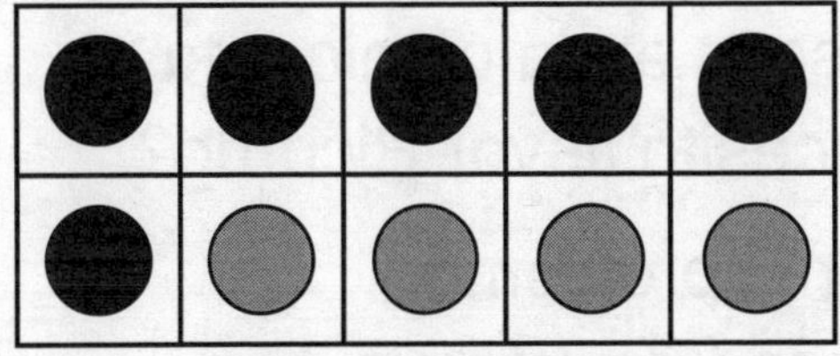

$6 + 4 =$ 10

ACTIVIDAD PARA EL HOGAR Juegue con su niño(a). Dibujen marcos de 10 en una hoja y dibujen círculos en cada marco. Luego, pida a su niño(a) que escriba una ecuación usando 5 o 10 debajo de cada marco de 10.

Mira los marcos de 10.
Escribe una operación de suma con 5.
Luego, escribe una operación que sume 10.

1.

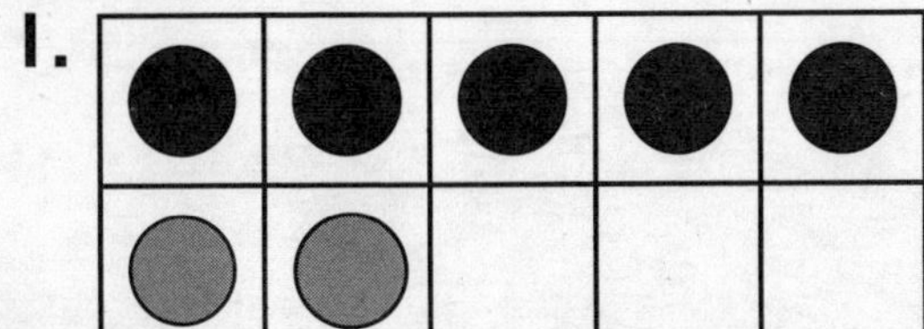

$5 + 2 =$ ____

____ + ____ = 10

2.

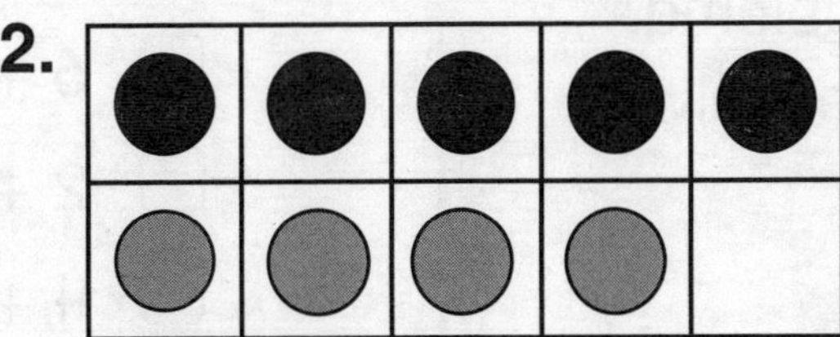

$5 + 4 =$ ____

____ + ____ = 10

3.

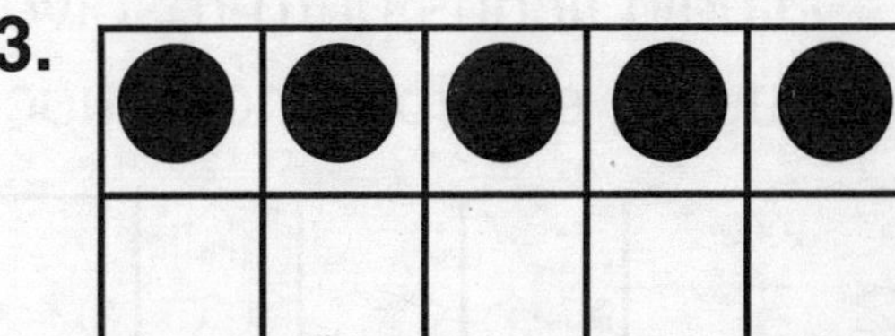

$5 + 0 =$ ____

____ + ____ = 10

Buscar patrones Escribe una operación de suma con 5. Luego, escribe una operación que sume 10.

4. 5 + ____ = ____

6 + ____ = 10

5. 5 + ____ = ____

9 + ____ = 10

6. 5 + ____ = ____

8 + ____ = 10

7. enVision® STEM Ricardo necesita 10 cascos de protección. Pone 4 cascos en la camioneta. ¿Cuántos cascos más necesita llevar Ricardo?

Dibuja fichas para resolver el problema. Luego, escribe una ecuación y resuélvela.

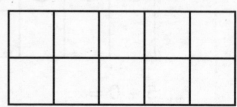

____ + ____ = ____ ____ cascos

8. Razonamiento de orden superior Una caja tiene 7 frutas en total. 5 son duraznos. El resto son naranjas. ¿Cuántas son naranjas?

Dibuja fichas para resolver el problema. Luego, escribe una ecuación y resuélvela.

____ = ____ + ____ ____ naranjas

9. Práctica para la evaluación ¿Qué suma es igual a 10? Selecciona tres que apliquen.

- ☐ 6 + 3 = ____
- ☐ 6 + 4 = ____
- ☐ 2 + 8 = ____
- ☐ 4 + 6 = ____

Nombre ____________________

Práctica adicional 2-5
Sumar en cualquier orden

¡Revisemos! Cuando cambias el orden de los sumandos, la suma es la misma.

4 + 2 = 6

2 + 4 = 6

5 + 2 = 7

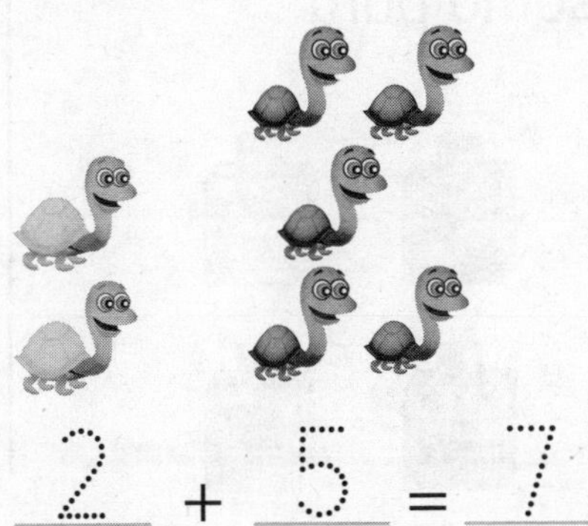

2 + 5 = 7

ACTIVIDAD PARA EL HOGAR
Escriba varias ecuaciones de suma para su niño(a). Pídale que cambie el orden de los sumandos y luego escriba la nueva ecuación de suma. Pregúntele: "¿De qué manera son iguales las ecuaciones? ¿De qué manera son diferentes?".

Escribe ecuaciones de suma con los sumandos en un orden diferente.

1.

____ + ____ = ____

____ + ____ = ____

Buscar patrones Escribe dos ecuaciones para cada tren de cubos.

2. 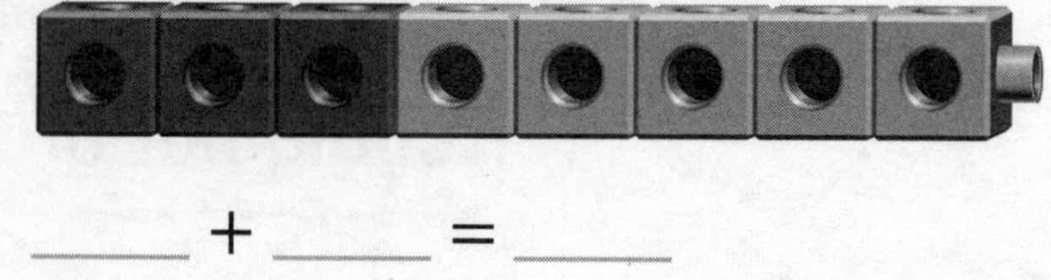

___ + ___ = ___

___ + ___ = ___

3. 

___ + ___ = ___

___ + ___ = ___

4. **Razonamiento de orden superior**
Escoge dos colores de cubos.
Escribe un cuento sobre suma.
Escribe dos ecuaciones de suma para tu cuento.

___ + ___ = ___

___ + ___ = ___

5. **Práctica para la evaluación**
¿Qué opción muestra dos maneras de sumar los cubos?

Ⓐ 4 + 3 y 3 + 4

Ⓑ 2 + 6 y 6 + 2

Ⓒ 2 + 7 y 7 + 2

Ⓓ 5 + 2 y 2 + 5

6. **Práctica para la evaluación**
¿Qué opción tiene la misma suma que 5 + 1?

Ⓐ 1 + 2

Ⓑ 5 + 3

Ⓒ 2 + 6

Ⓓ 1 + 5

Nombre ______________________

Práctica adicional 2-6
Contar hacia atrás para restar

¡Revisemos! Puedes contar hacia atrás para resolver problemas de resta.

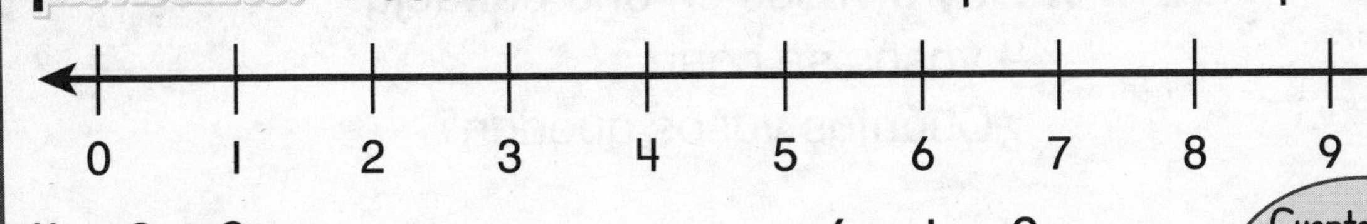

4 − 2 = ?

Empieza en 4.
Cuenta hacia atrás 2. **4,** 3, 2
Resuelve el problema.

4 − 2 = 2

6 − 1 = ?

Empieza en 6.
Cuenta hacia atrás 1. **6,** 5
Resuelve el problema.

6 − 1 = 5

Cuenta hacia atrás para restar.

ACTIVIDAD PARA EL HOGAR Usen fichas u otros objetos para contar hasta el 6. Pida a su niño(a) que le diga a qué es igual 2 menos que 6. Pregúntele: "¿Qué ecuación de resta hiciste?". Repita la actividad pidiéndole que reste 0, 1 o 2.

Cuenta hacia atrás o usa una recta numérica como ayuda para restar.

1.

Cuenta hacia atrás 1. ____ Resuelve el problema. 9 − 1 = ____

2.

Cuenta hacia atrás 0. ____ Resuelve el problema. 10 − 0 = ____

Escribe una ecuación de resta para resolver cada cuento.

3. Vero tiene 8 manzanas.
Se come 1 manzana.
¿Cuántas manzanas le quedan?

____ – ____ = ____ manzanas

4. Hay 6 vasos en una bandeja.
4 vasos se caen.
¿Cuántos vasos quedan?

____ – ____ = ____ vasos

5. Razonamiento de orden superior
Escribe una ecuación de resta.
Luego, escribe un cuento que represente tu ecuación.

Puedes usar dibujos, números o palabras.

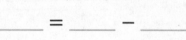

____ = ____ – ____

6. Práctica para la evaluación
Halla 8 – 3.

Ⓐ 3
Ⓑ 4
Ⓒ 5
Ⓓ 6

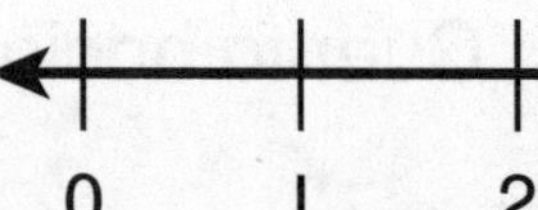

0 1 2 3 4 5 6 7 8 9 10

Nombre ____________________

Práctica Herramientas

Práctica adicional 2-7
Pensar en la suma para restar

¡Revisemos! Usa la suma para ayudarte a restar.

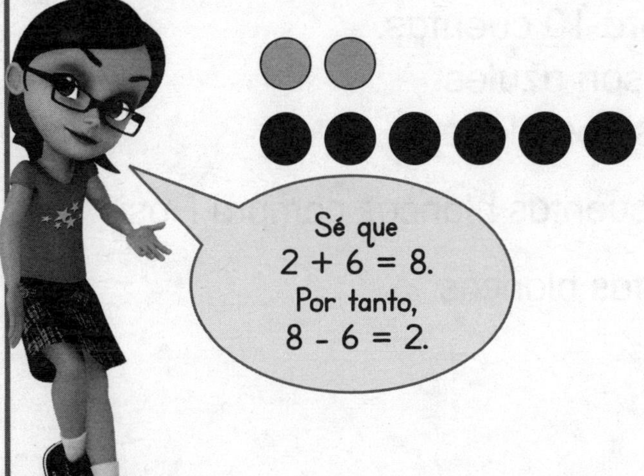

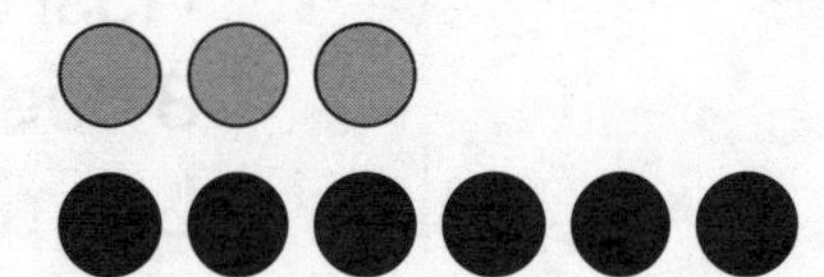

3 + 6 = 9

por tanto, 9 − 6 = 3.

ACTIVIDAD PARA EL HOGAR Doble una hoja de papel por la mitad para tener dos secciones iguales. Ponga de 1 a 8 monedas de 1¢ en la sección izquierda. Diga un número mayor que el número de monedas de 1¢ en esa sección, pero no mayor que 9. Pregunte a su niño(a): "¿Qué ecuación de resta puedes escribir? ¿Qué ecuación de suma está relacionada?". Repita la actividad con diferentes combinaciones de números.

Escribe una operación de suma que te ayude a escribir y resolver la operación de resta.

1. 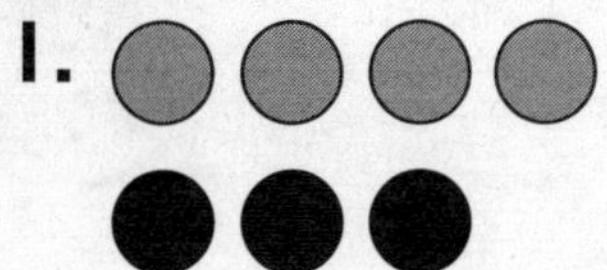

____ + ____ = ____

Por tanto,

____ − ____ = ____.

2.  

____ + ____ = ____

Por tanto,

____ − ____ = ____.

3. 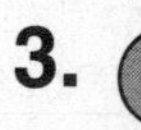 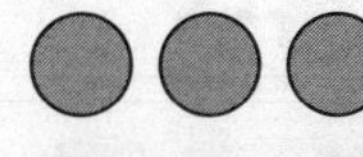 

____ + ____ = ____

Por tanto,

____ − ____ = ____.

Resuelve cada problema.

4. Dibuja las fichas que faltan. Luego, escribe dos ecuaciones que las representen.

6

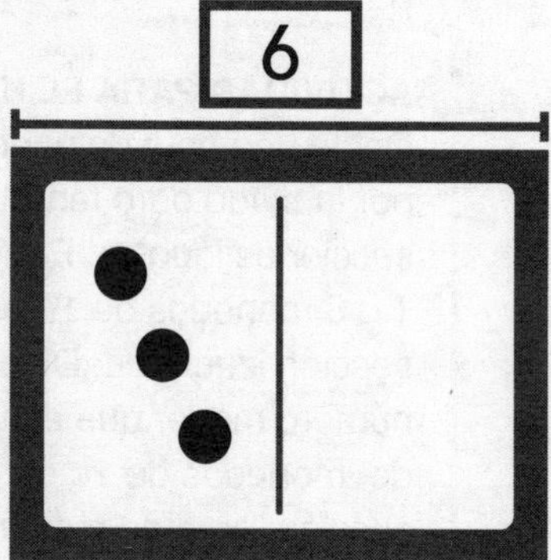

____ − ____ = ____

____ + ____ = ____

5. Razonar
Rosi compra 10 cuentas.
3 cuentas son azules.
Las demás son blancas.

¿Cuántas cuentas blancas compra Rosi?

____ cuentas blancas

Razonamiento de orden superior
Dibuja las figuras para completar cada ecuación.

6. Si △ + ○ = □,

entonces, ____ − ____ = ____.

7. Si ▯ = ▭ + ▭,

entonces, ____ = ____ − ____.

8. Práctica para la evaluación
¿Qué operaciones de suma pueden ayudarte a hallar 8 − 2?
Selecciona dos que apliquen.

☐ 8 + 6 = 14
☐ 2 + 8 = 10
☐ 6 + 2 = 8
☐ 2 + 6 = 8

Nombre ______________________

Práctica adicional 2-8

Resolver problemas verbales con operaciones hasta el 10

¡Revisemos! Puedes usar dibujos para resolver un cuento numérico.

Linda tiene 4 botones.
Compra algunos más.
Ahora Linda tiene 7 botones.

¿Cuántos botones compró Linda?

4 + 3 = 7

3 botones

ACTIVIDAD PARA EL HOGAR
Diga a su niño(a) un cuento sobre sumar o restar. Diga: "Haz un dibujo y escribe una ecuación para este cuento". Asegúrese de que el dibujo y la ecuación se correspondan con el cuento. Repitan la actividad con 1 o 2 cuentos diferentes.

Haz un dibujo para resolver el problema.
Luego, escribe una ecuación que corresponda.

1. Ariel tiene 6 manzanas.
Juan tiene 9 manzanas.

¿Cuántas manzanas más que Ariel tiene Juan?

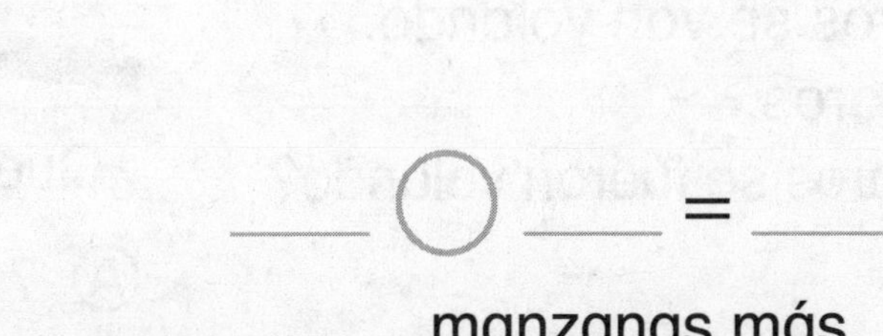

____ ◯ ____ = ____

____ manzanas más

Escribe una ecuación para resolver cada problema.

2. Tim tiene 9 peras.
3 peras son amarillas.
El resto son verdes.
¿Cuántas peras son verdes?

____ ◯ ____ = ____ peras verdes

3. Ian tiene 5 globos rojos.
Max tiene 6 globos azules.
¿Cuántos globos tienen los amigos en total?

____ ◯ ____ = ____ globos

4. Razonamiento de orden superior
Usa la tabla. Escribe un cuento numérico.
Luego, escribe una ecuación que represente el cuento.

Fruta	¿Cuántos?
Arándanos	●●●●
Frambuesas	(6 frambuesas)

____

____

____

____

____ ◯ ____ = ____

5. Práctica para la evaluación
Hay 7 pájaros en una rama.
Algunos pájaros se van volando.
Quedan 4 pájaros.
¿Cuántos pájaros se fueron volando?

¿Qué ecuación de resta representa el cuento?

Ⓐ 7 – 2 = 5 pájaros
Ⓑ 7 – 4 = 3 pájaros
Ⓒ 9 – 7 = 2 pájaros
Ⓓ 4 – 3 = 1 pájaro

Nombre ______________________________

Práctica adicional 2-9

Buscar y usar la estructura

¡Revisemos!
Carmen tiene 5 canicas moradas y 4 amarillas.
Solo caben 5 canicas en su bolsillo.
¿De qué maneras diferentes puede combinar canicas moradas y amarillas para ponerlas en su bolsillo?

Usa un patrón para ayudarte a resolver el problema. Luego, completa la tabla para mostrar todas las combinaciones de canicas.

La suma de los números en cada fila es 5.

(moradas)	(amarillas)
5	0
4	1
3	2
2	3
1	4

ACTIVIDAD PARA EL HOGAR
Junte 5 objetos pequeños de dos tipos diferentes, como botones o clips. Ponga 5 botones en una fila. Pregunte a su niño(a): "¿Cuántos botones y cuántos clips hay?". Luego, reemplace 1 botón por 1 clip y hágale la misma pregunta. Continúe reemplazando los botones, uno a la vez, y hágale la misma pregunta. Luego, pregúntele: "¿Cuál es el total cada vez que cambiamos algo?".

Usa patrones para ayudarte a resolver los problemas.

1. Tom tiene 5 carritos. Los guarda en una caja o en un estante. Completa la tabla para mostrar todas las maneras en que Tom puede guardar sus carritos.

Caja	Estante
5	____
____	1
____	____
2	____
____	4
____	____

2. Sofía tiene 4 tulipanes y 4 rosas. Quiere poner 4 flores en un jarrón. Completa la tabla para mostrar todas las maneras en que puede llenar el jarrón.

(tulipanes)	(rosas)
0	____
____	____
____	2
3	____
____	0

Tarea de rendimiento

El platón de frutas

Luis tiene 5 manzanas y 5 plátanos.
Solo puede poner 5 frutas en un platón.

Luis hace una tabla para mostrar todas las maneras en que puede poner la fruta en el platón.

🍎	🍌
0	
1	
2	
3	
4	
5	

3. Generalizar
¿Qué es igual en cada fila de la tabla?

4. Razonar
¿La cantidad de plátanos será mayor o menor a medida que bajas en la tabla? ¿Cómo lo sabes?

5. Buscar patrones
Escribe los números que faltan en la tabla. ¿Cómo sabes que tus respuestas son correctas?

Nombre ____________________

Práctica Herramientas

Práctica adicional 3-1

Contar hacia adelante para sumar

¡Revisemos! Hay más de una manera de contar hacia adelante para sumar 2 + 8.

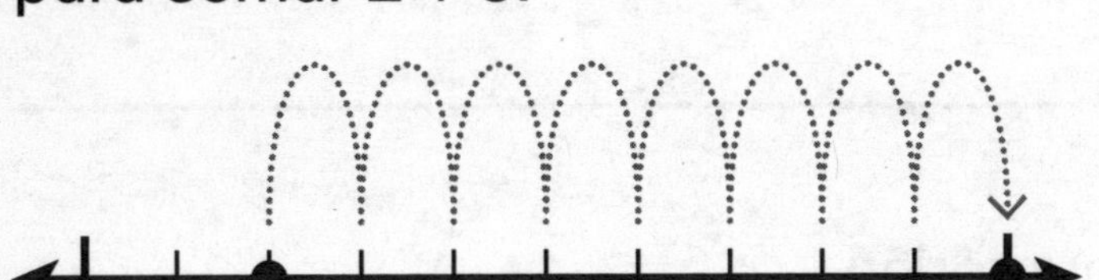

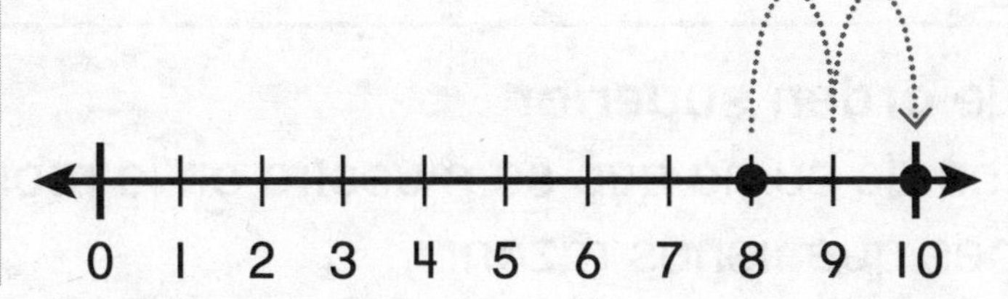

Empieza en 2 y luego haz 8 saltos.

Empieza en 8 y luego haz 2 saltos.

2 + 8 = 10

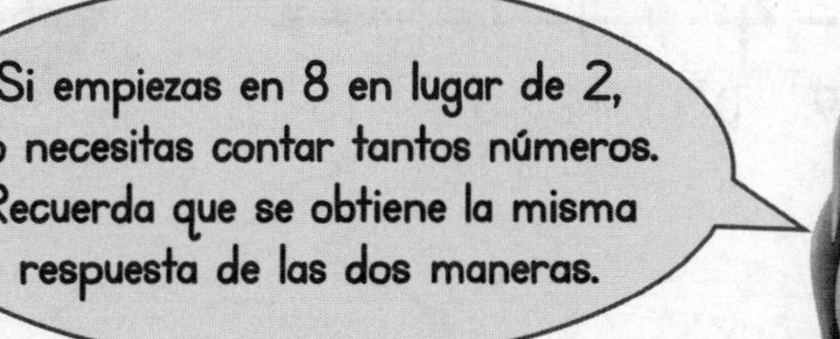

Si empiezas en 8 en lugar de 2, no necesitas contar tantos números. Recuerda que se obtiene la misma respuesta de las dos maneras.

ACTIVIDAD PARA EL HOGAR Dibuje una recta numérica con números del 0 al 20. Dé a su niño(a) una operación de suma, como 5 + 9. Pida a su niño(a) que use la recta numérica para mostrar cómo contar hacia adelante para sumar 5 y 9. Pregúntele: "¿Me puedes mostrar más de una manera de sumar estos números? (5 + 9 y 9 + 5)". Repita la actividad con otras sumas.

Usa una recta numérica para contar hacia adelante. Escribe cada suma.

1. 9 + 4 = ____

2. 4 + 8 = ____

3. 9 + 7 = ____

Usa una recta numérica. Cuenta hacia adelante para hallar las sumas.

4. 9 + 6 = ____

5. 7 + 4 = ____

6. 8 + 5 = ____

7. Razonamiento de orden superior
Escribe la ecuación de suma que se muestra en la recta numérica.
Explica cómo sabes que tienes razón.

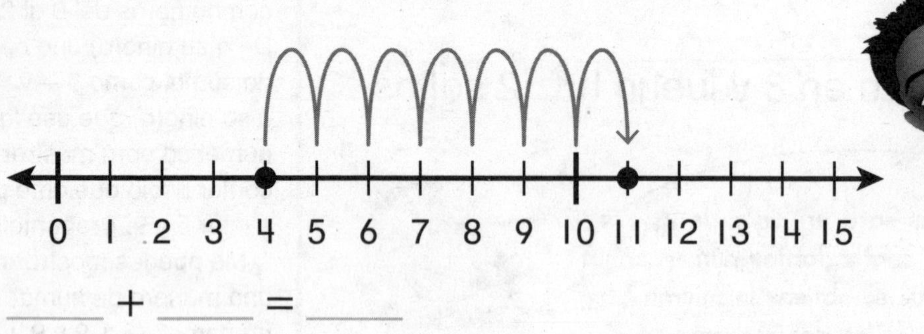

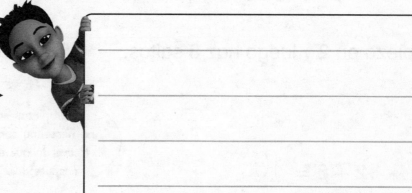

____ + ____ = ____

8. Práctica para la evaluación
¿Qué ecuación de suma muestra la recta numérica?

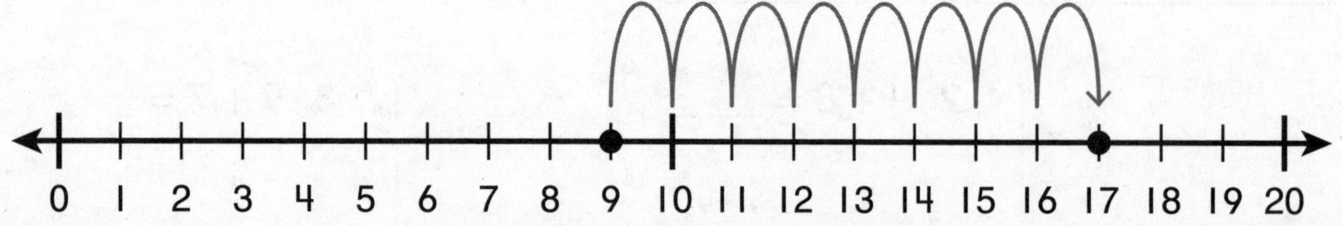

Ⓐ 9 + 9 = 18 Ⓑ 7 + 10 = 17 Ⓒ 9 + 8 = 17 Ⓓ 10 + 7 = 17

Nombre ______________________

Práctica Herramientas

Práctica adicional 3-2

Contar hacia adelante para sumar con una recta numérica vacía

ACTIVIDAD PARA EL HOGAR Dibuje una recta numérica vacía. Dé a su niño(a) una operación de suma, como 6 + 8. Pregúntele: "¿Qué número puedes poner al principio de la recta numérica?". Pídale que le muestre dos maneras diferentes de sumar 8 y 6. Repita la actividad con otras sumas.

¡Revisemos! Puedes contar hacia adelante en una recta numérica vacía para resolver problemas de suma.

8 + 9 = ?

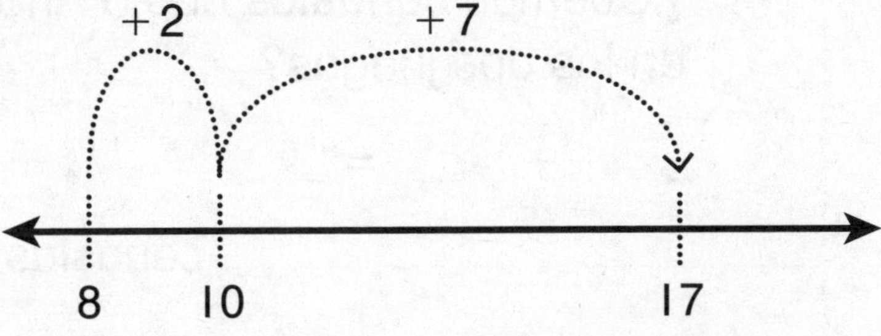

Empieza en 8 y cuenta hacia adelante 9 más.

8 + 9 = 17

Usa la recta numérica vacía para resolver los problemas. Muestra tu trabajo.

1. 8 + 4 = ____

2. 8 + 7 = ____

Usar herramientas Resuelve los problemas. Escoge una herramienta para ayudarte.

3. Laura lee 8 páginas el lunes.
Lee 6 páginas el martes.
¿Cuántas páginas leyó Laura en total?

_____ + _____ = _____

_____ páginas

4. Andy anotó 6 canastas en un juego.
Luego, anotó 7 canastas en el siguiente juego.
¿Cuántas canastas anotó Andy en los dos juegos?

_____ + _____ = _____

_____ canastas

5. Razonamiento de orden superior
Sam tiene 9 estampillas.
Luego, consigue algunas más.
Ahora tiene 18 estampillas.
¿Cuántas estampillas más consiguió Sam?

6. Práctica para la evaluación
Completa la ecuación. Muestra tu trabajo en la siguiente recta numérica vacía.

5 + 7 = _____

Nombre ______________________

Práctica Herramientas

Práctica adicional 3-3
Dobles

¡Revisemos! Algunas sumas son sumas de dobles y otras no lo son.

Esta no es una suma de dobles. Esta es una suma de dobles.

Los sumandos no son iguales.

3 + 2 = 5

2 + 2 = 4

En una suma de dobles, los dos sumandos son iguales.

ACTIVIDAD PARA EL HOGAR Divida una tira de papel en 6 a 10 partes de tal manera que parezca una torre de cubos. Pida a su niño(a) que cuente las partes. Luego, corte cada tira de papel verticalmente de tal manera que haya 2 tiras con 6 a 10 partes cada una. Pregunte a su niño(a) cuántas partes hay en cada torre. Pídale que le diga la suma de dobles que las tiras representan. Repita la actividad con otros números (del 1 al 10).

Decide si los cubos muestran una suma de dobles. Encierra en un círculo tu respuesta. Luego, escribe una ecuación que represente los cubos.

1. 

Es suma de dobles. | **NO** es suma de dobles.

____ + ____ = ____

2. 

Es suma de dobles. | **NO** es suma de dobles.

____ + ____ = ____

Resuelve cada operación. Encierra en un círculo los dobles. Usa cubos para ayudarte.

3. ____ = 8 + 5

4. 5 + 5 = ____

5. 9 + 5 = ____

6. 10 + 10 = ____

7. ____ = 7 + 6

8. ____ = 9 + 9

9. 8 + 8 = ____

10. ____ = 3 + 4

11. 7 + 7 = ____

12. Razonamiento de orden superior
Miguel construyó la misma cantidad de carritos que de aviones de juguete. Muestra cómo Miguel pudo haber construido 14 juguetes. Explica cómo lo sabes.

13. Práctica para la evaluación
¿Cuáles pueden ser resultados de una suma de dobles?
Selecciona dos respuestas que apliquen.

- ☐ 19
- ☐ 18
- ☐ 17
- ☐ 16

Nombre ____________________

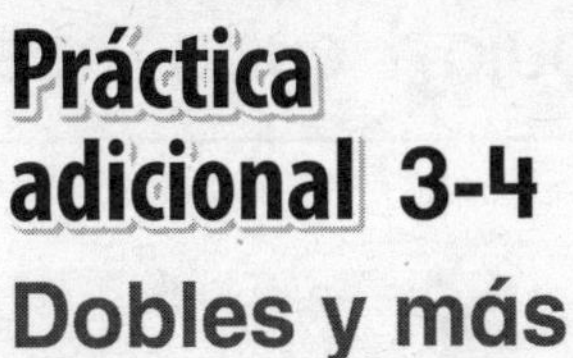

Práctica adicional 3-4
Dobles y más

ACTIVIDAD PARA EL HOGAR Dé a su niño(a) una suma de dobles, como 3 + 3. Pídale que use botones u otros objetos, como 2 grupos de 3 botones, para mostrar la suma de dobles. Pregúntele: "¿Cuántos hay en total?". Luego, añada 1 objeto más a uno de los grupos y pregunte: "¿Cuál es la suma de dobles y más? ¿Cuántos hay en total ahora?". Repita la actividad con otras sumas de dobles.

¡Revisemos! Puedes usar sumas de dobles para resolver sumas de dobles y más.

4 + 5 = ?

5 es 1 más que 4.
Por tanto, 4 + 5 es 4 + 4 + 1.

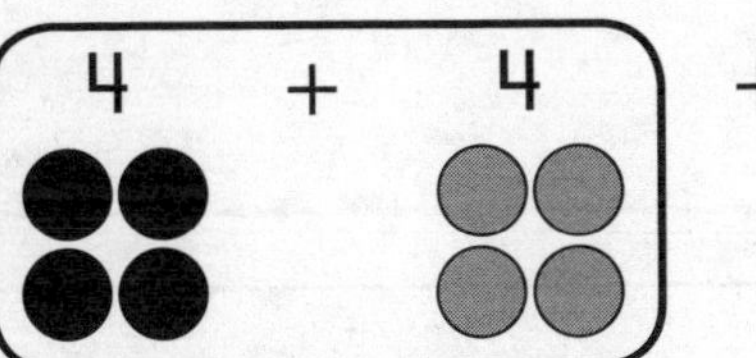

4 + 4 = 8
8 y 1 más es 9. Por tanto, 4 + 5 = 9.

2 + 4 = ?

2 + 4 = 2 + 2 + 2

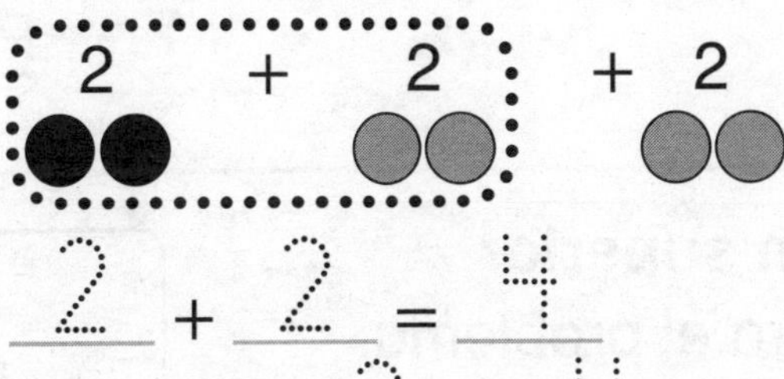

2 + 2 = 4

Por tanto, 2 + 4 = 6.

Suma los dobles. Luego, usa las sumas de dobles como ayuda para resolver las sumas de dobles y más.

1.

$$\begin{array}{r} 3 \\ +\,3 \\ \hline \square \end{array}$$

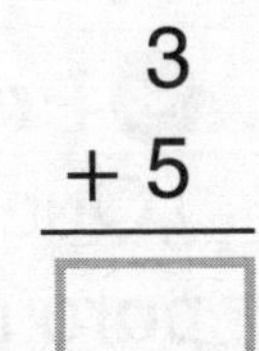

$$\begin{array}{r} 3 \\ +\,5 \\ \hline \square \end{array}$$

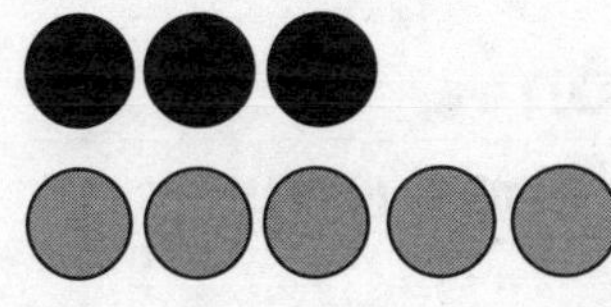

2.

$$\begin{array}{r} 6 \\ +\,6 \\ \hline \square \end{array}$$

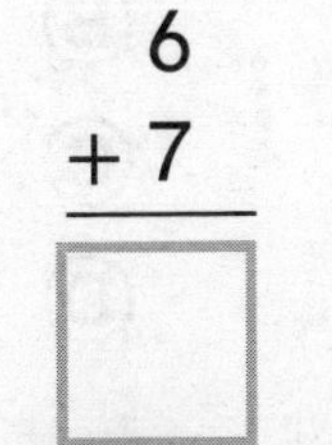

$$\begin{array}{r} 6 \\ +\,7 \\ \hline \square \end{array}$$

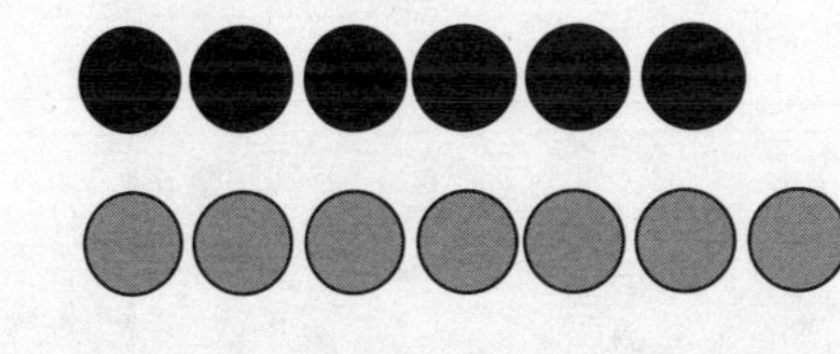

Dibuja 1 cubo más. Usa una suma de dobles como ayuda para sumar.

3. 

Piensa: ___ + ___ = ___.

Por tanto, 7 + 8 = ___.

4. 

Piensa: ___ + ___ = ___.

Por tanto, 9 + 10 = ___.

5. **Razonamiento de orden superior**
Escribe una ecuación para el problema.
Haz un dibujo para mostrar tu trabajo.

David vio algunos gatos y perros.
La cantidad de perros que vio es 1 más que la de gatos.
¿Cuántos perros y gatos vio David?

___ ◯ ___ = ___

6. **Práctica para la evaluación**
¿Qué suma de dobles y más debes usar para resolver 9 + 8?

Ⓐ 7 + 7 y 2 más

Ⓑ 8 + 8 y 1 más

Ⓒ 8 + 8 y 2 más

Ⓓ 9 + 9 y 1 más

7. **Práctica para la evaluación**
¿Qué suma de dobles y más debes usar para resolver 5 + 7?

Ⓐ 6 + 6 y 1 más

Ⓑ 5 + 5 y 1 más

Ⓒ 5 + 5 y 2 más

Ⓓ 4 + 4 y 2 más

Nombre ______________________

Práctica adicional 3-5
Formar 10 para sumar

¡Revisemos! Puedes formar 10 para ayudarte a sumar.

$7 + 5 = ?$

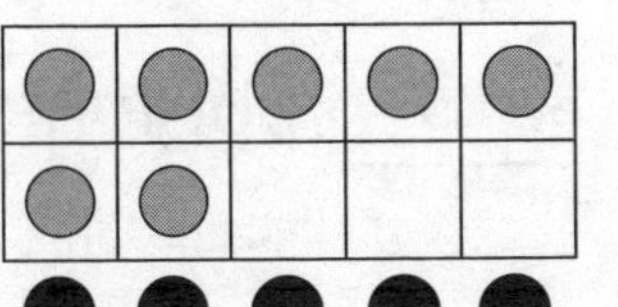

Forma 10.

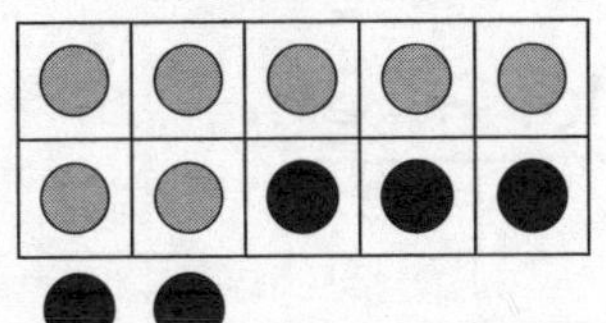

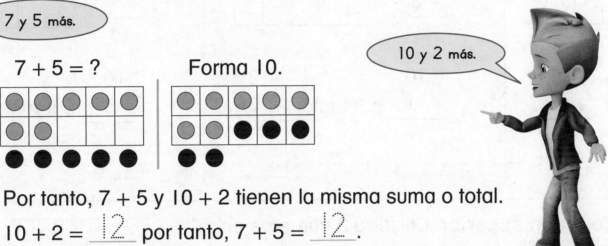

Por tanto, $7 + 5$ y $10 + 2$ tienen la misma suma o total.

$10 + 2 =$ 12 por tanto, $7 + 5 =$ 12.

ACTIVIDAD PARA EL HOGAR Pida a su niño(a) que use objetos pequeños para mostrar $7 + 6$. Pídale que mueva algunos objetos para formar 10. Luego, pídale que diga las 2 ecuaciones: $10 + 3 = 13$; por tanto, $7 + 6 = 13$.

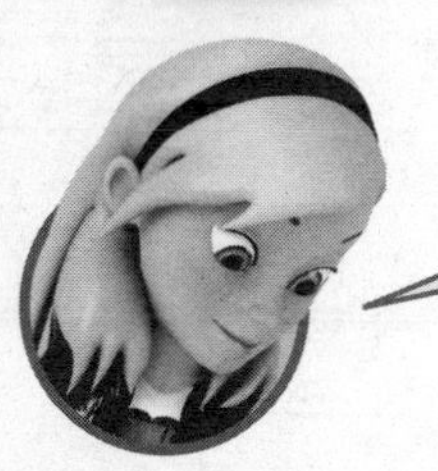

1. $9 + 6 = ?$

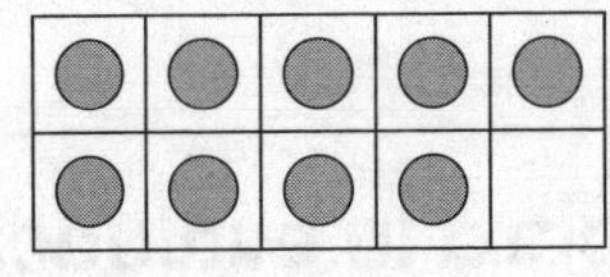

$10 + 5 = \square$ por tanto, $9 + 6 = \square$

2. $7 + 6 = ?$

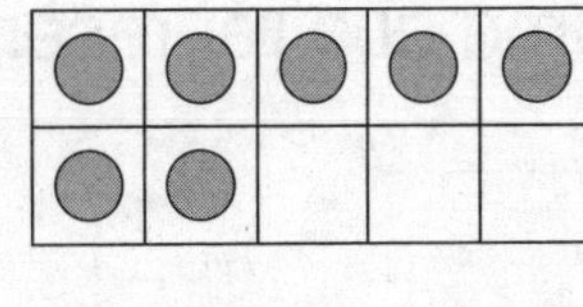

$10 + 3 = \square$ por tanto, $7 + 6 = \square$

3. $5 + 6 = ?$

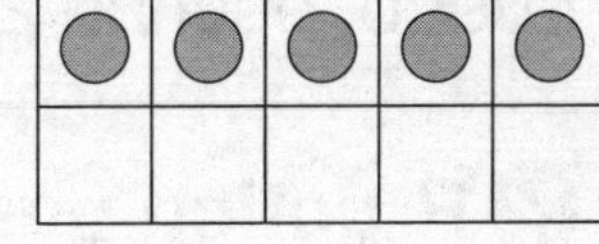

$10 + 1 = \square$ por tanto, $5 + 6 = \square$

Dibuja fichas para formar 10. Usa 2 colores diferentes. Luego, escribe las sumas.

4. $\begin{array}{r} 9 \\ +5 \\ \hline ? \end{array}$

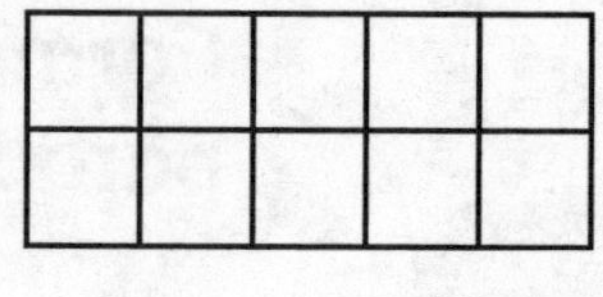

$\begin{array}{r} 10 \\ +4 \\ \hline \square \end{array}$ por tanto, $\begin{array}{r} 9 \\ +5 \\ \hline \square \end{array}$

5. $\begin{array}{r} 8 \\ +3 \\ \hline ? \end{array}$

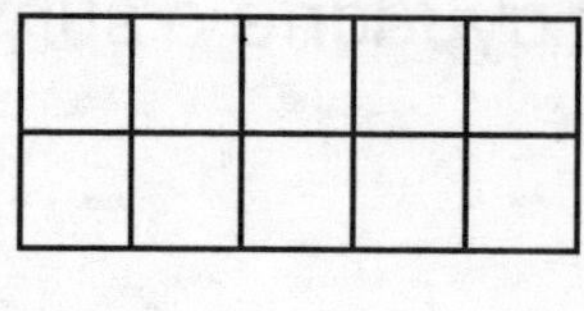

$\begin{array}{r} 10 \\ +1 \\ \hline \square \end{array}$ por tanto, $\begin{array}{r} 8 \\ +3 \\ \hline \square \end{array}$

6. $\begin{array}{r} 4 \\ +9 \\ \hline ? \end{array}$

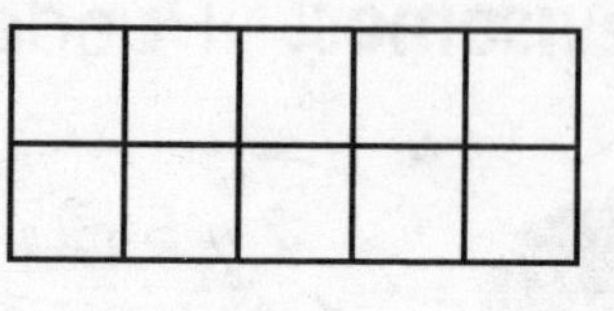

$\begin{array}{r} 10 \\ +3 \\ \hline \square \end{array}$ por tanto, $\begin{array}{r} 4 \\ +9 \\ \hline \square \end{array}$

---

7. Razonamiento de orden superior Encierra 2 números en un círculo.

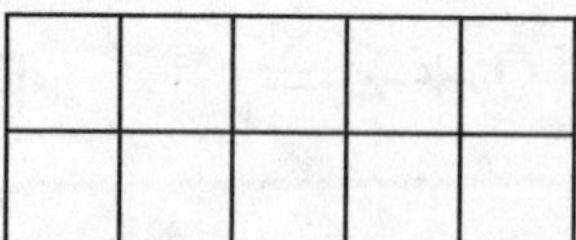

Dibuja fichas para formar 10 usando los números que encerraste en un círculo. Usa 2 colores diferentes. Luego, escribe 2 ecuaciones de suma que representen tu dibujo.

10 + ____ = ____

Por tanto, ____ + ____ = ____.

---

8. **Práctica para la evaluación**

¿Qué número va en el □?

10 + □ = 15 Por tanto, 9 + 6 = 15.

Ⓐ 9 Ⓑ 5 Ⓒ 6 Ⓓ 8

9. **Práctica para la evaluación**

¿Qué número va en el □?

10 + 3 = 13 Por tanto, 8 + □ = 13.

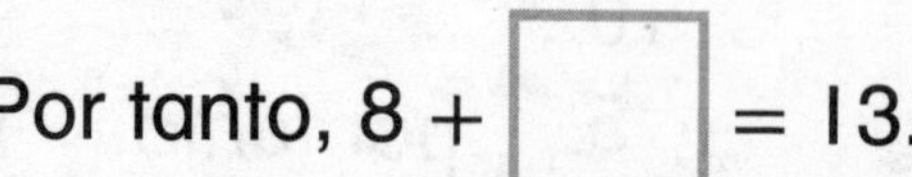

Ⓐ 5 Ⓑ 6 Ⓒ 7 Ⓓ 8

Nombre ______________________

Práctica Herramientas

Práctica adicional 3-6
Más sobre formar 10 para sumar

¡Revisemos! Ya sabes cómo sumar 10 a un número.
Formar 10 puede ser una estrategia útil para sumar.

3 + 9 = ?

Puedes descomponer cualquiera de los dos sumandos para formar 10.

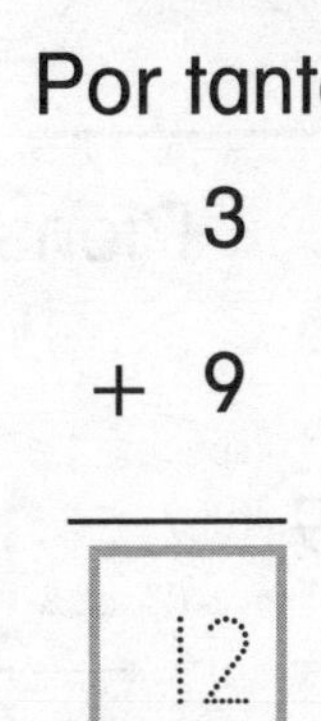

Yo descompuse el 3 en 1 y 2 para formar 10.

	Piensa	Piensa	Por tanto,
3	9	10	3
+ 9	+ [1]	+ [2]	+ 9
?	10	[12]	[12]

ACTIVIDAD PARA EL HOGAR
Revise con su niño(a) las diferentes maneras de formar 10 (por ej., 1 + 9, 2 + 8, etc.). Luego, diga a su niño(a) una operación de suma cuyo total sea entre 11 y 19. Pídale que forme 10 para sumar los dos números. Repita la actividad con diferentes operaciones de suma.

Forma 10 para hallar las sumas. Escribe los números que faltan.

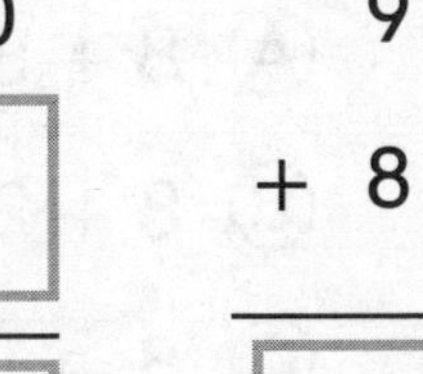

1.

	Piensa	Piensa	Por tanto,
9	9	10	9
+ 8	+ [ ]	+ [ ]	+ 8
?	10	[ ]	[ ]

2.

	Piensa	Piensa	Por tanto,
2	9	10	2
+ 9	+ [ ]	+ [ ]	+ 9
?	10	[ ]	[ ]

Forma 10 para hallar cada suma. Escribe los números que faltan.

3. $7 + 5 = ?$ Piensa: $10 + \square = \square$. Por tanto, $7 + 5 = \square$

4. $4 + 9 = ?$ Piensa: $10 + \square = \square$. Por tanto, $4 + 9 = \square$

5. $8 + 9 = ?$ Piensa: $10 + \square = \square$. Por tanto, $8 + 9 = \square$

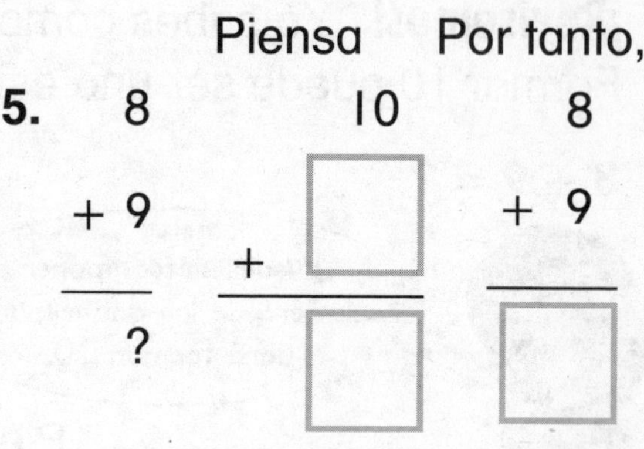

6. $7 + 8 = ?$ Piensa: $10 + \square = \square$. Por tanto, $7 + 8 = \square$

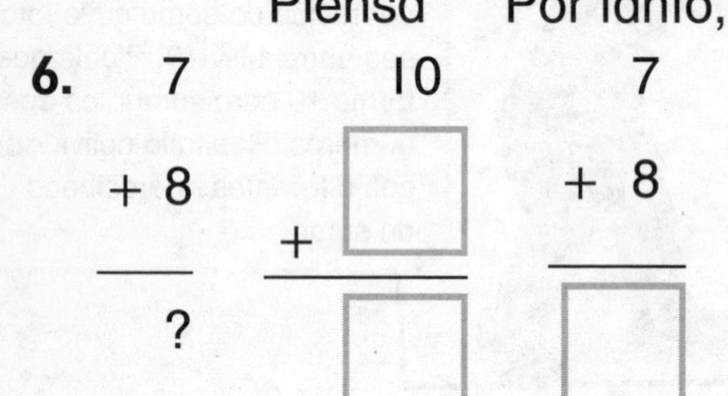

7. $9 + 9 = ?$ Piensa: $10 + \square = \square$. Por tanto, $9 + 9 = \square$

8. $5 + 6 = ?$ Piensa: $10 + \square = \square$. Por tanto, $5 + 6 = \square$

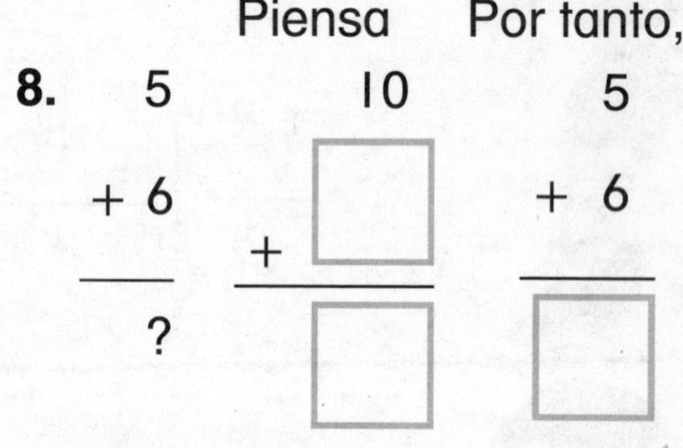

9. Razonamiento de orden superior
Carmen dice que puede formar 10 para resolver 6 + 3. ¿Tiene razón? Explica cómo lo sabes.

____

____

____

10. Práctica para la evaluación
¿Qué operación muestra cómo formar 10 para sumar 8 + 8?

Ⓐ 8 + 8 + 2

Ⓑ 8 + 2 + 6

Ⓒ 8 + 1 + 8

Ⓓ 8 + 5 + 4

Nombre ______________________________

Práctica adicional 3-7
Explicar estrategias de suma

¡Revisemos! Puedes usar diferentes estrategias para resolver problemas.

6 es 1 más que 5. 6 y 5 son casi dobles.

$$\begin{array}{r} 5 \\ +\ 6 \\ \hline ? \end{array} \qquad \begin{array}{r} 5 \\ +\ 5 \\ \hline 10 \end{array} \qquad \begin{array}{r} 5 \\ +\ 6 \\ \hline 11 \end{array}$$

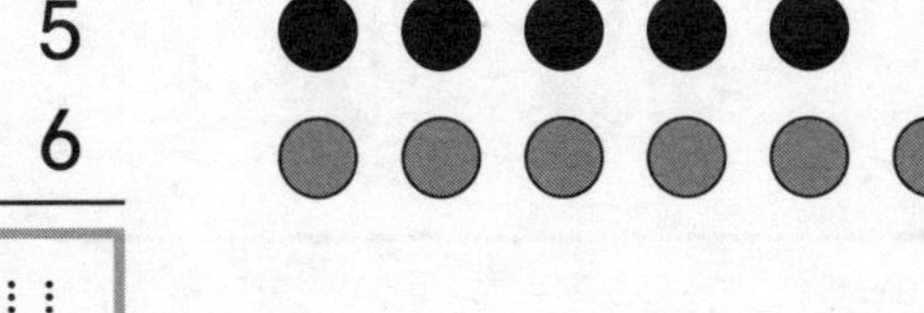

9 está cerca de 10. Forma 10.

$$\begin{array}{r} 9 \\ +\ 5 \\ \hline ? \end{array}$$

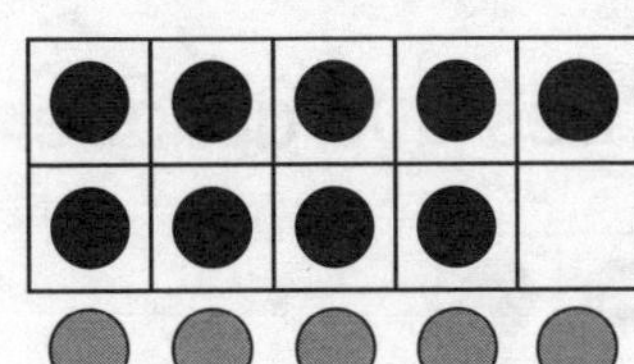

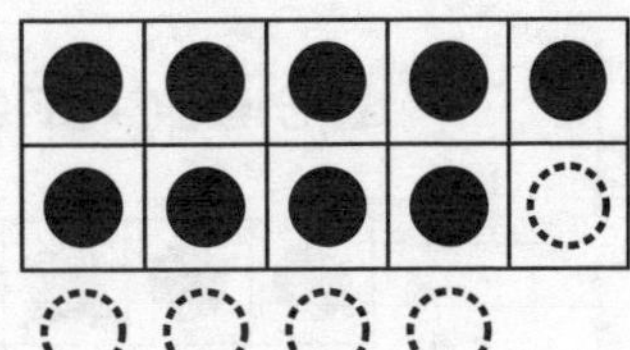

$$\begin{array}{r} 10 \\ +\ 4 \\ \hline 14 \end{array} \text{ por tanto, } \begin{array}{r} 9 \\ +\ 5 \\ \hline 14 \end{array}$$

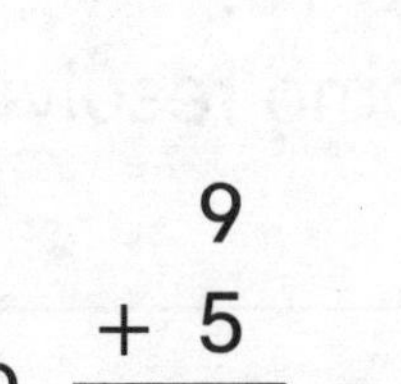

ACTIVIDAD PARA EL HOGAR Pida a su niño(a) que use objetos pequeños para mostrar 8 + 9. Pídale que use una de las siguientes estrategias para hallar la suma: dobles, casi dobles, formar 10 o su propia estrategia (A mi manera). Pídale que le explique cómo usó la estrategia para hallar la respuesta.

Halla las sumas. Escoge una estrategia para aplicar.

1. $\begin{array}{r} 5 \\ +\ 7 \\ \hline \square \end{array}$ Piensa: 7 es 2 más que 5.

2. $\begin{array}{r} 8 \\ +\ 3 \\ \hline \square \end{array}$ Piensa: 8 está cerca de 10.

Halla las sumas.

3. $9 + 3 = \square$

4. $7 + 7 = \square$

5. $7 + 9 = \square$

6. Razonamiento de orden superior Escribe un problema-cuento que se pueda resolver formando 10.

Luego, explica cómo resolver el problema.

____

____

____

____

____

____

____

7. Práctica para la evaluación ¿Qué ecuaciones **NO** representan maneras correctas de resolver el problema formando 10?

Selecciona tres que apliquen.

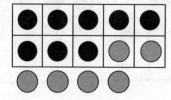

- ☐ $6 + 4 = 10$; $10 + 0 = 10$
- ☐ $7 + 3 = 10$; $10 + 1 = 11$
- ☐ $8 + 2 = 10$; $10 + 4 = 14$
- ☐ $9 + 1 = 10$; $10 + 3 = 13$

Nombre ________________

Práctica adicional 3-8

Resolver problemas verbales de suma con operaciones hasta el 20

¡Revisemos! Puedes usar fichas y ecuaciones para resolver problemas.

Juan bateó 8 pelotas de béisbol.
Bateó 5 pelotas menos que Andrés.
¿Cuántas pelotas bateó Andrés?

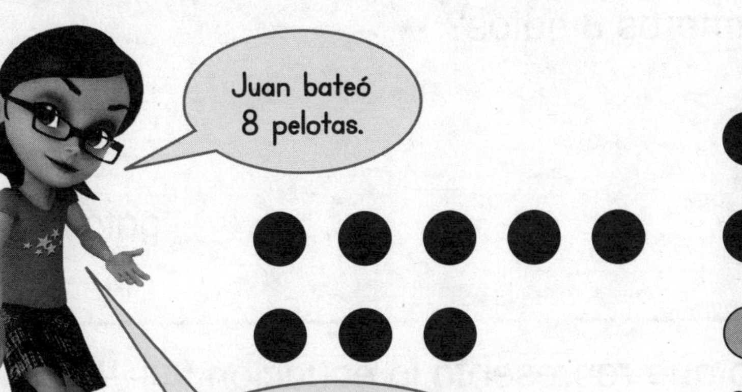

Juan bateó 8 pelotas.
Juan bateó 5 menos que Andrés.

Eso significa que Andrés bateó 5 más que Juan.

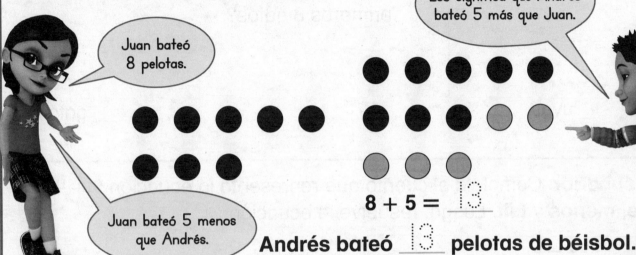

$8 + 5 =$ 13

Andrés bateó 13 **pelotas de béisbol.**

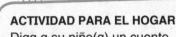

ACTIVIDAD PARA EL HOGAR Diga a su niño(a) un cuento numérico usando la palabra *más* o la palabra *menos*. Pídale que represente el cuento usando fichas y que escriba una ecuación para resolver el problema. Ejemplo de cuento: "Javier tiene 4 suéteres. Cristóbal tiene 5 suéteres más que Javier. ¿Cuántos suéteres tiene Cristóbal?". $4 + 5 = 9$. Cristóbal tiene 9 suéteres.

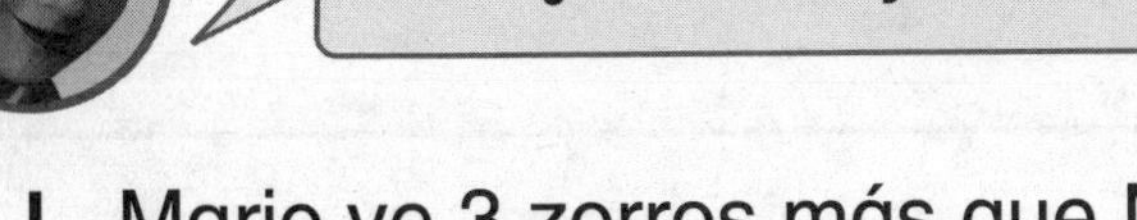

Dibuja fichas y escribe ecuaciones para resolver los problemas.

1. Mario ve 3 zorros más que Neto.
Neto ve 4 zorros.
¿Cuántas zorros vio Mario?

____ zorros

2. Dora tiene 2 tarjetas menos que René.
Dora tiene 9 tarjetas.
¿Cuántas tarjetas tiene René?

____ tarjetas

Representar Haz un dibujo y escribe una ecuación para resolver los problemas.

3. Hay 3 uvas verdes y 10 uvas rojas en el plato.
¿Cuántas uvas hay en el plato?

____ ◯ ____ = ____ ____ uvas

4. 8 gatos estaban jugando. Llegaron otros gatos a jugar. Ahora 15 gatos están jugando.
¿Cuántos gatos llegaron a jugar con los primeros 8 gatos?

____ ◯ ____ = ____ ____ gatos

5. Razonamiento de orden superior Completa el cuento que representa la ecuación $9 + 4 = ?$ usando las palabras **Jaime**, **menos** y **Lilí**. Luego, resuelve la ecuación.

Jaime ve 4 pájaros ________ que Lilí.

________ ve 9 pájaros.

¿Cuántos pájaros ve ________ ?

____ ◯ ____ = ____

6. ☑ **Práctica para la evaluación**
Chad hizo 6 sándwiches menos que Sara.
Chad hizo 7 sándwiches.
¿Cuántos sándwiches hizo Sara?

Ⓐ $7 - 6 = 1$ sandwich

Ⓑ $7 - 1 = 6$ sandwiches

Ⓒ $7 + 6 = 13$ sandwiches

Ⓓ $6 + 10 = 16$ sandwiches

Nombre ____________________

Práctica Herramientas

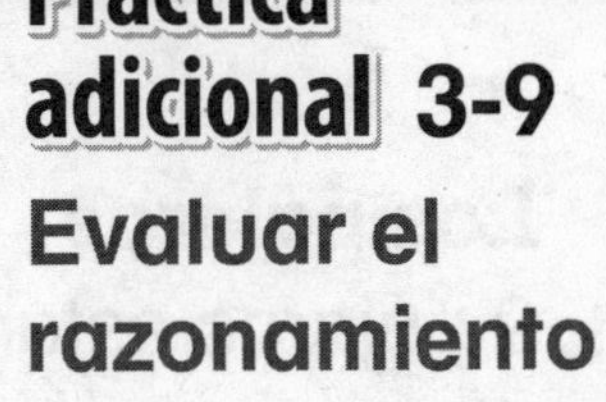

Práctica adicional 3-9

Evaluar el razonamiento

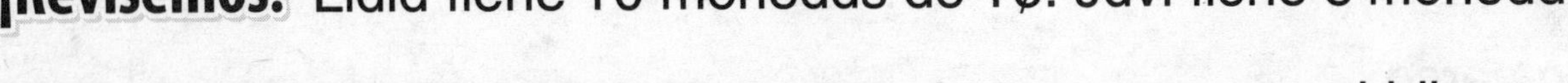

¡Revisemos! Lidia tiene 10 monedas de 1¢. Javi tiene 8 monedas de 1¢.

Carla dice que Javi tiene 2 monedas de 1¢ menos que Lidia porque 10 – 8 = 2.

¿Estás de acuerdo con Carla?

Lidia ○○○○○○○○○○

Javi ○○○○○○○○

10 - 8 = 2

Usé un dibujo y una ecuación para mostrar que Javi tiene 2 monedas de 1¢ menos que Lidia. Estoy de acuerdo con Carla.

ACTIVIDAD PARA EL HOGAR
Tome turnos con su niño(a) para escribir problemas de suma con números de un solo dígito. Muestren el uno al otro cómo resolver el problema usando objetos o dibujos. Cometa errores en algunos de los problemas y pida a su niño(a) que encuentre los errores y los aciertos en los problemas.

Encierra en un círculo tu respuesta. Usa dibujos, palabras o ecuaciones para explicarla.

1. Ana dice que 7 + 4 es igual a 3 + 9 porque las dos sumas son iguales a 11. ¿**Estás de acuerdo** o **no estás de acuerdo** con Ana?

Estoy de acuerdo. **No estoy de acuerdo.**

Los pájaros
9 pájaros están parados en una cerca.
Llegan algunos pájaros más.
Ahora hay 18 pájaros en la cerca.
¿Cuántos pájaros más llegaron a la cerca?

Ayuda a Max a resolver el problema.
Contesta las preguntas para comprobar su razonamiento.

2. **Explicar**
Max dice que puede usar una suma de dobles para resolver este problema.
¿Estás de acuerdo? Explícalo.

3. **Representar**
¿Cómo podría Max haber usado palabras o dibujos para mostrar el problema?

Nombre ____________________

Práctica Herramientas

Práctica adicional 4-1
Contar para restar

ACTIVIDAD PARA EL HOGAR Dibuje una recta numérica con números del 0 al 20. Diga a su niño(a) una resta como 11 − 4. Pregúntele: "¿Cómo puedes contar hacia adelante o hacia atrás para restar?". Pídale que use la recta numérica para restar 4 de 11. Repita la actividad con otras restas.

¡Revisemos! Puedes contar hacia atrás en una recta numérica para restar.

$12 - 5 = ?$

Empecé en el 12, conté 5 hacia atrás y terminé en el 7.

Empieza en el número del que estás restando. Cuenta hacia atrás el número que estás restando.

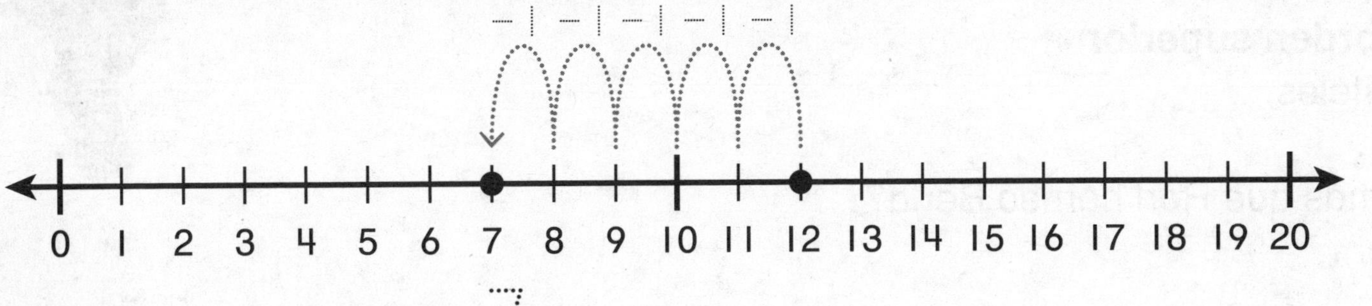

$12 - 5 =$ 7

Halla la diferencia. Usa la recta numérica para contar hacia atrás o hacia adelante.

1. $13 - 8 =$ ____

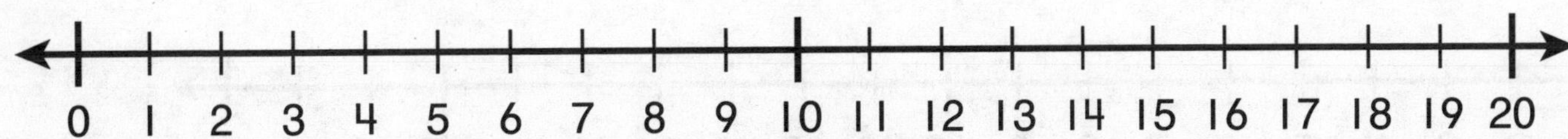

Resuelve los problemas.

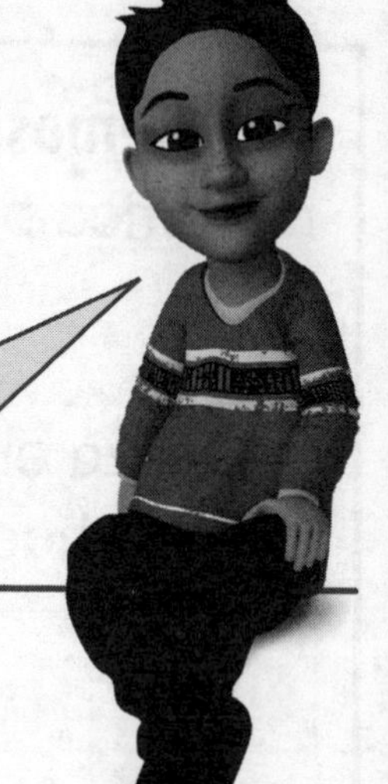

¿Cómo puedes asegurarte de que tu solución tiene sentido?

2. **Entender** Ayuda a Pilar a encontrar 11 − 4 en una recta numérica. Completa los espacios en blanco.

Empezó en ____. Contó hacia atrás ____. 11 − 4 = ____

3. **Razonamiento de orden superior**
Berta horneó 14 pasteles.
Ron horneó 9.
¿Cuántos pasteles más que Ron horneó Berta?
Escribe una ecuación.

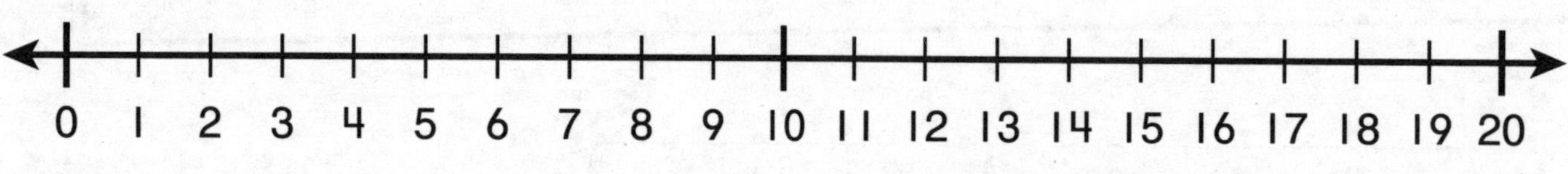

____ ◯ ____ = ____ ____ pasteles más

4. **Práctica para la evaluación**
Usa la recta numérica para hallar 13 − 8.
Muestra tu trabajo.

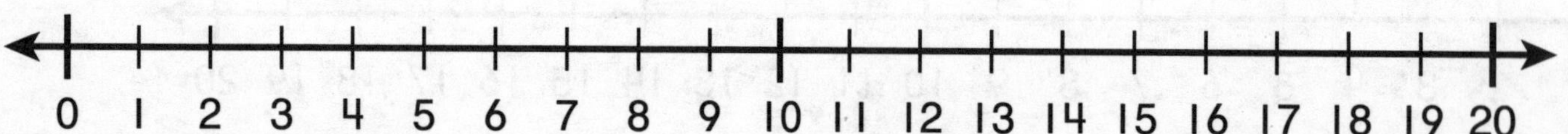

13 − 8 = ____

Nombre ______________________

Práctica
Herramientas

Práctica adicional 4-2
Formar 10 para restar

ACTIVIDAD PARA EL HOGAR Escriba 12 − 7 = ? en una hoja. Pida a su niño(a) que use objetos pequeños para hallar la diferencia. Dígale que forme 10 para restar, ya sea sumando para obtener 10 o restando para obtener 10. Pídale que le explique cada paso del proceso mientras resuelve el problema.

¡Revisemos! Descomponer los números para formar 10 puede ayudarte a restar.

13 − 4 = ?

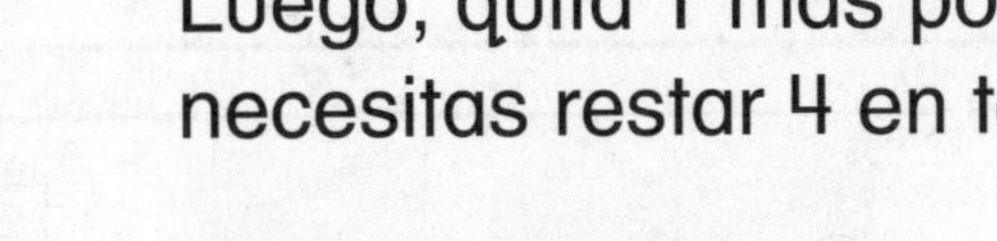

Primero, quita 3 para formar 10.

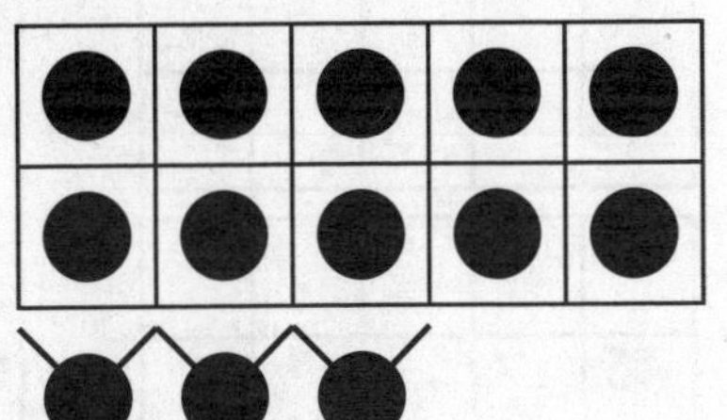

13 − 3 = 10

Luego, quita 1 más porque necesitas restar 4 en total.

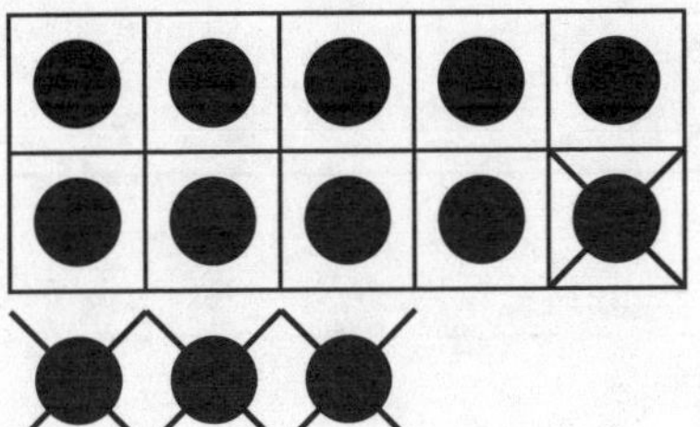
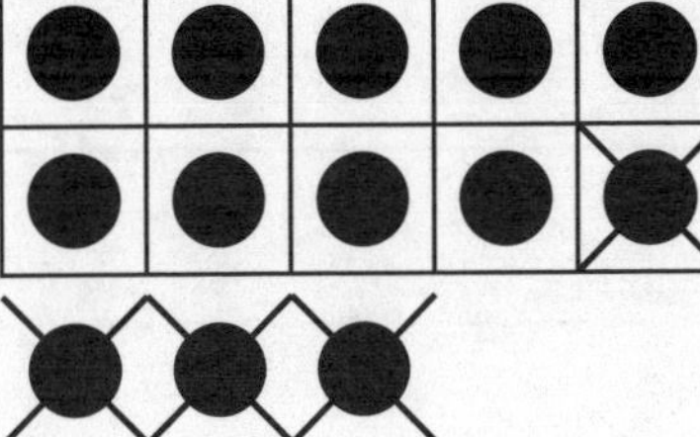

10 − 1 = 9

13 − 4 = 9

13 − 4
es igual a
13 − 3 − 1.

Forma 10 para restar.
Completa cada operación de resta.

1.

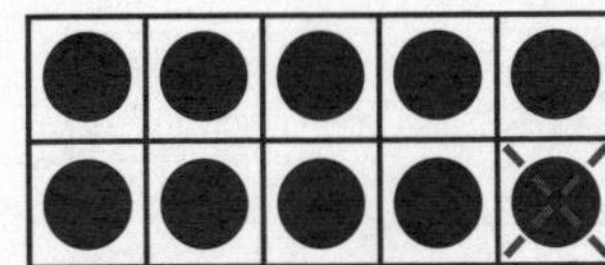
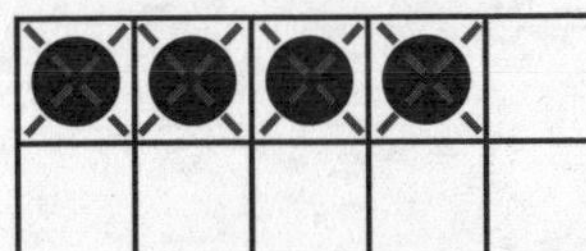

14 − 5 = 9

2.

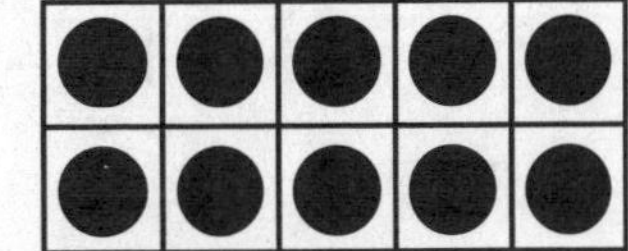
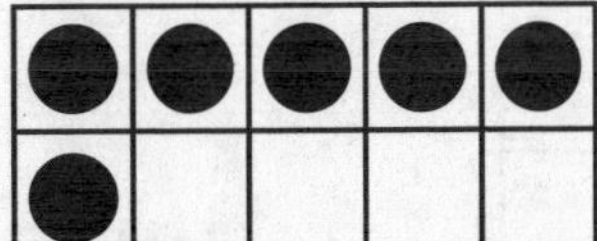

16 − 7 = ____

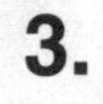

3.

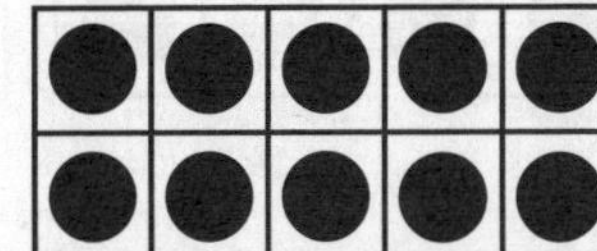
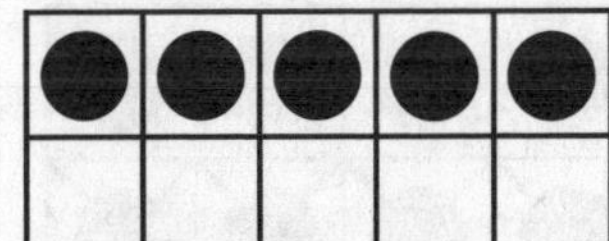

15 − 8 = ____

Muestra tu trabajo. Dibuja fichas en marcos de diez.

4. Sentido numérico

Muestra cómo puedes formar 10 para hallar 16 – 8.

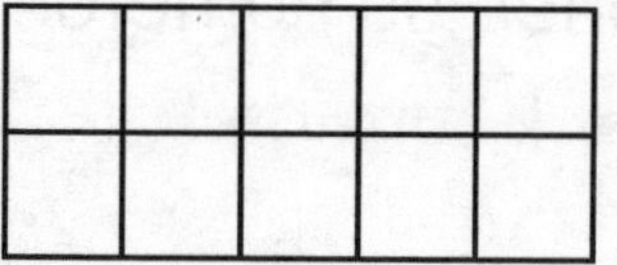
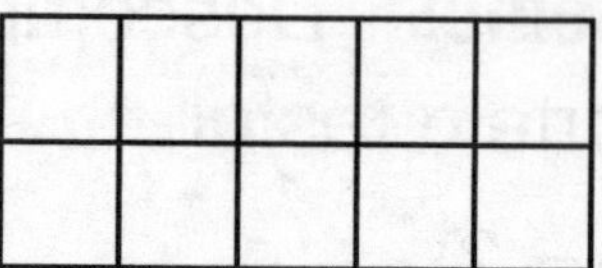

16 – 8 = ____

5. Razonamiento de orden superior

Escribe un problema-cuento para 15–6. Muestra cómo formar 10 para resolver el problema.

Luego, completa la ecuación.

15 – 6 = ____

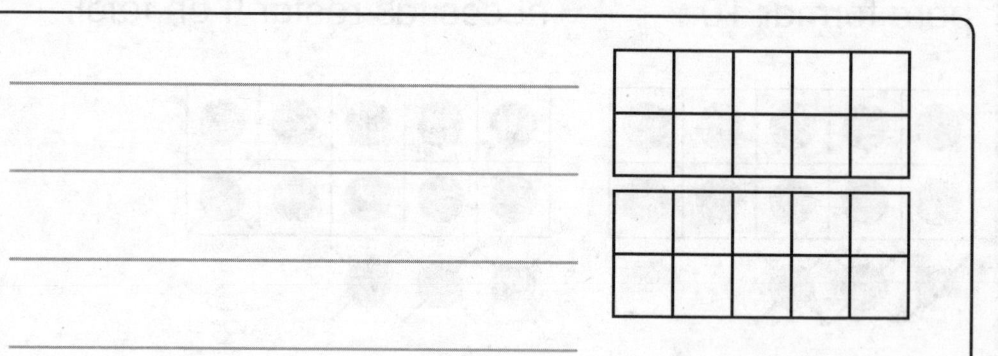

6. Práctica para la evaluación Dibuja líneas.

Une con una línea cada par de marcos de 10 con el par de ecuaciones que muestran cómo resolver el problema formando 10.

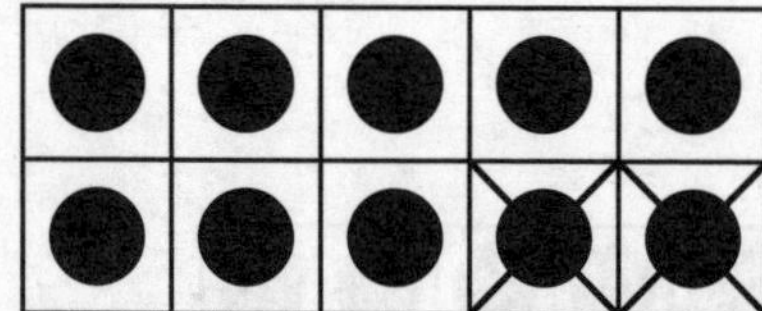

17 – 7 = 10, 10 – 2 = 8

17 – 8 = 9, 9 – 1 = 8

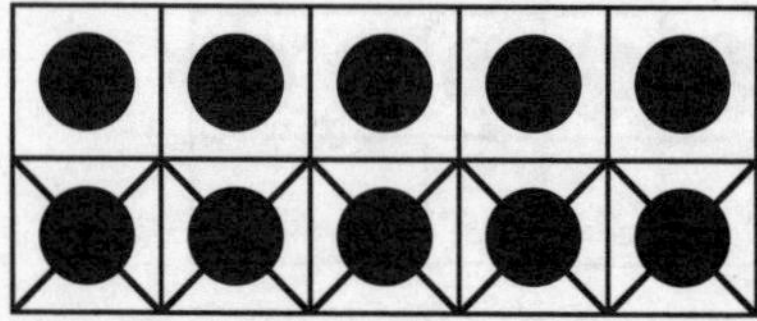

12 – 2 = 10, 10 – 5 = 5

12 – 2 = 10, 10 – 4 = 6

Nombre ______________________

Práctica

Herramientas

Práctica adicional 4-3

Más sobre formar 10 para restar

¡Revisemos!

Sumar hacia adelante para formar 10 te puede ayudar a restar.

$16 - 7 = ?$

Sumaste 3 y luego 6 más.
$3 + 6 = 9$. Sumaste 9 en total.
Por tanto, $16 - 7 =$ 9.

Empiezo con 7.

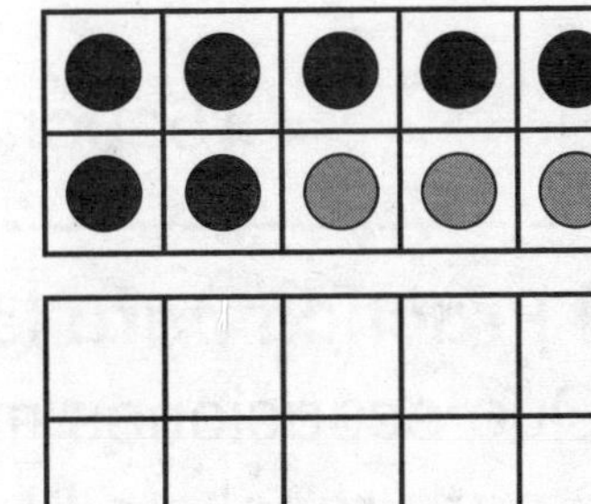

Le sumo 3 para formar 10.

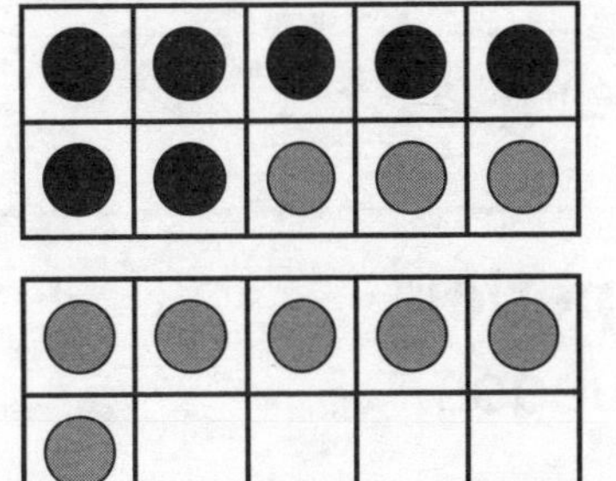

Luego, sumo 6 más para formar 16.

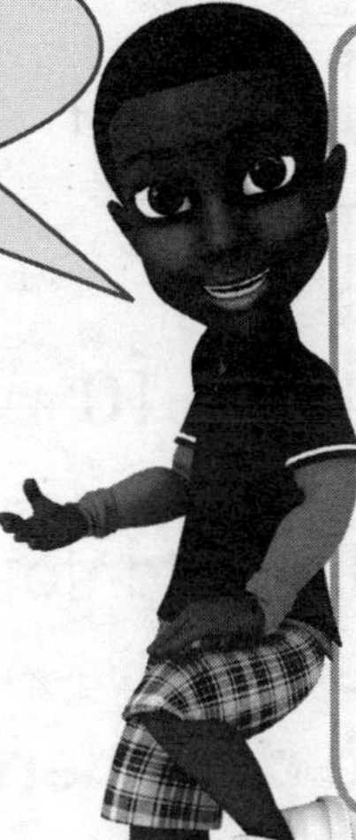

ACTIVIDAD PARA EL HOGAR Dé a su niño(a) una operación de resta como 14 − 5. Pregúntele cuánto tendría que sumarle a 5 para formar 10. Luego, pregúntele cuánto tendría que sumarle a 10 para formar 14. Pídale que le diga cuántos contó hacia adelante en total. Repita la actividad con otras operaciones de resta.

Resta. Cuenta hacia adelante para formar 10. Muestra tu trabajo y completa las operaciones.

1. $17 - 8 = ?$

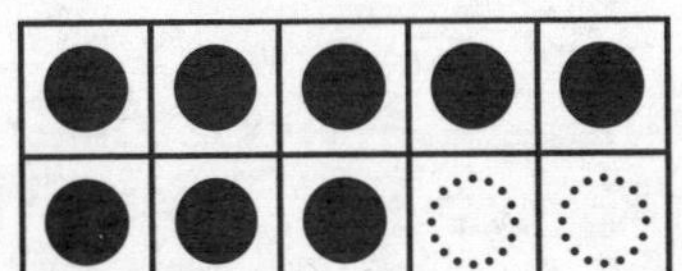

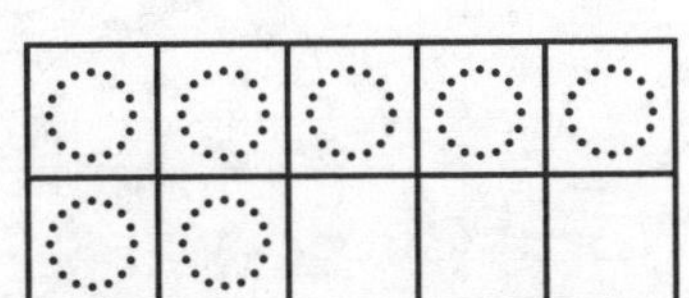

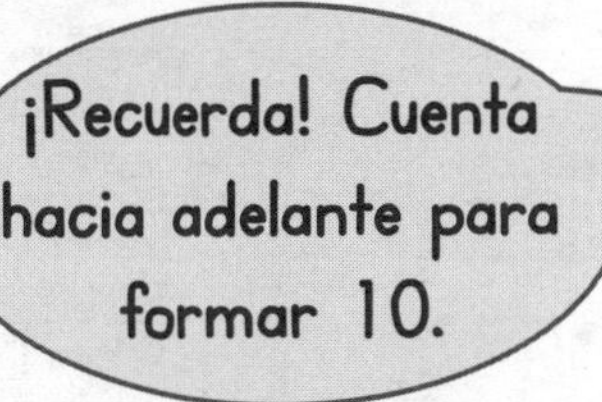
¡Recuerda! Cuenta hacia adelante para formar 10.

8 + 2 = 10 10 + 7 = 17

8 + ____ = 17 por tanto, 17 − 8 = ____.

Resta. Cuenta hacia adelante para formar 10. Muestra tu trabajo y completa las operaciones.

2. 13 – 8 = ?

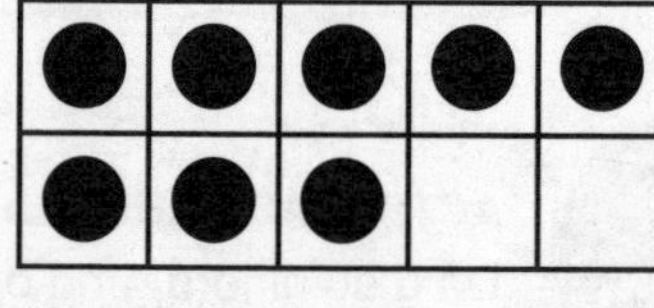

8 + ____ = 10

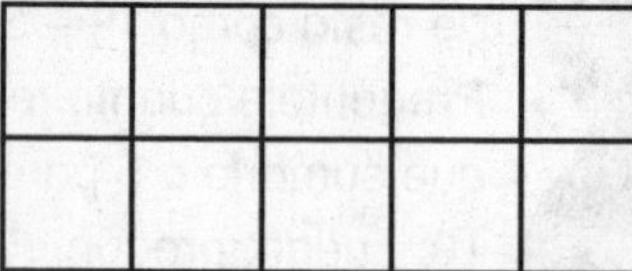

10 + ____ = 13

8 + ____ = 13; por tanto, 13 – 8 = ____.

3. 15 – 8 = ?

8 + ____ = 10

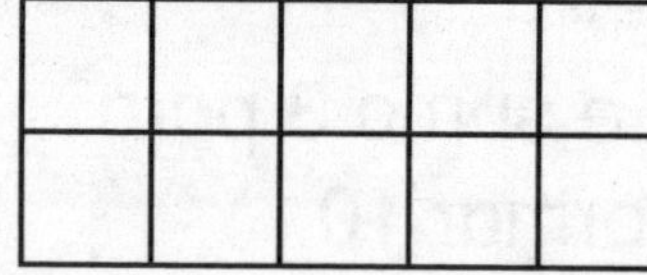

10 + ____ = 15

8 + ____ = 15; por tanto, 15 – 8 = ____.

4. Razonamiento de orden superior Andrés anotó 11 goles en 2 juegos. Anotó 8 goles en el primero. ¿Cuántos goles anotó Andrés en el segundo juego?

Forma 10 para resolver el problema. Muestra tu trabajo.

+ = + =

+ + =

____ (–) ____ = ____

Andrés anotó ____ goles.

5. Práctica para la evaluación ¿Qué ecuaciones muestran cómo formar 10 para resolver 11 – 5 = ?

Ⓐ 5 + 5 = 10, 10 + 2 = 12, 5 + 2 = 7

Ⓑ 11 + 5 = 16

Ⓒ 5 + 5 = 10, 10 + 1 = 11, 5 + 1 = 6

Ⓓ 10 + 5 = 15

Nombre ______________________

 Práctica  Herramientas

Práctica adicional 4-4
Familias de operaciones

¡Revisemos! Puedes hacer una familia de operaciones para cada modelo.

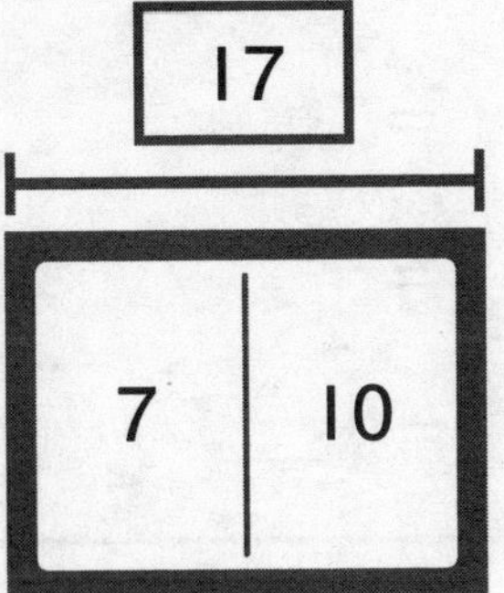

7 + 10 = 17
10 + 7 = 17
17 − 10 = 7
17 − 7 = 10

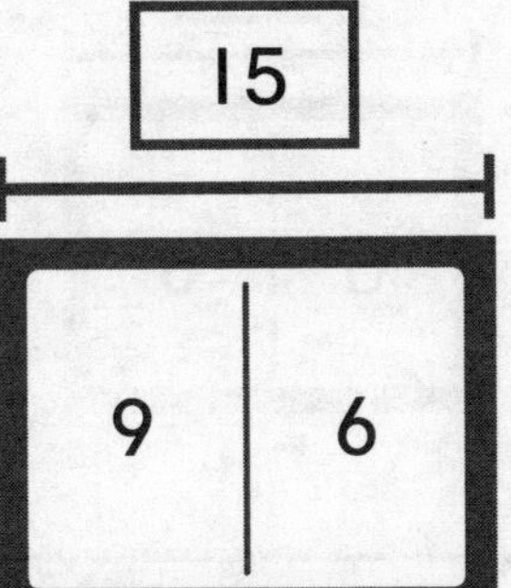

9 + 6 = 15
6 + 9 = 15
15 − 6 = 9
15 − 9 = 6

Las familias de operaciones usan los mismos números.

ACTIVIDAD PARA EL HOGAR
Escriba un problema de suma como 9 + 4 = ? Pida a su niño(a) que halle la suma y escriba una operación de suma relacionada. (4 + 9 = 13) Luego, pídale que escriba 2 ecuaciones de resta relacionadas para completar la familia de operaciones. (13 − 9 = 4 y 13 − 4 = 9) Continúe la actividad con otras familias de operaciones.

Escribe la familia de operaciones para cada modelo.

1.

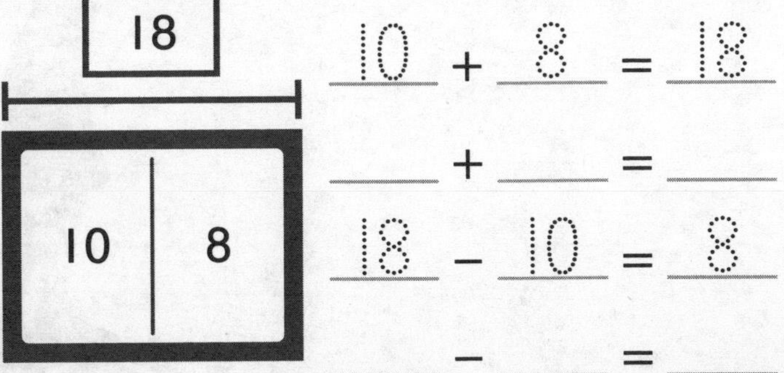

10 + 8 = 18
___ + ___ = ___
18 − 10 = 8
___ − ___ = ___

2.

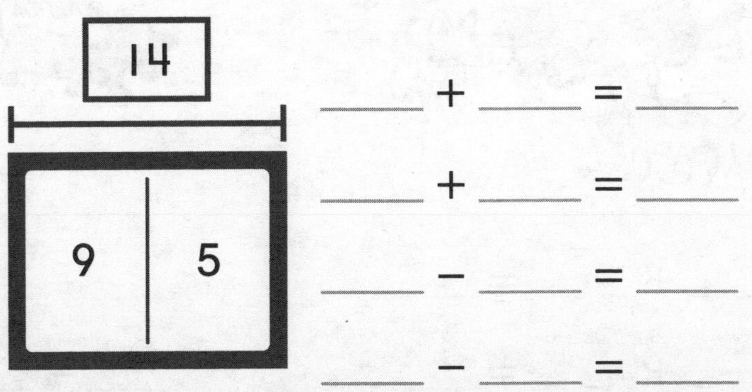

___ + ___ = ___
___ + ___ = ___
___ − ___ = ___
___ − ___ = ___

Escribe la familia de operaciones para cada modelo.

3.

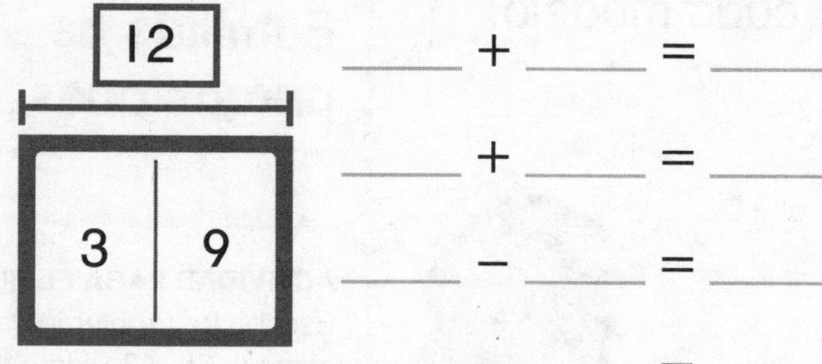

___ + ___ = ___

___ + ___ = ___

___ − ___ = ___

___ − ___ = ___

4.

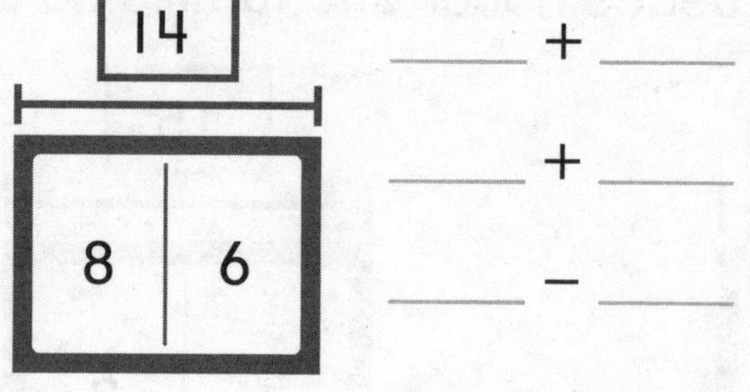

___ + ___ = ___

___ + ___ = ___

___ − ___ = ___

___ − ___ = ___

5. Razonamiento de orden superior Encierra en un círculo 3 números que pueden formar una familia de operaciones. Escribe la familia de operaciones.

5 7 8 4 13

___ + ___ = ___

___ + ___ = ___

___ − ___ = ___

___ − ___ = ___

6. Práctica para la evaluación

Escribe una familia de operaciones que represente el dibujo.

¿Cómo puede ayudarte la solución de un problema a resolver otro problema?

___ + ___ = ___   ___ − ___ = ___

___ + ___ = ___   ___ − ___ = ___

Nombre ____________________

Práctica adicional 4-5
Usar la suma para restar

¡Revisemos! Una operación de suma puede ayudarte a resolver una operación de resta relacionada.

$18 - 8 = ?$

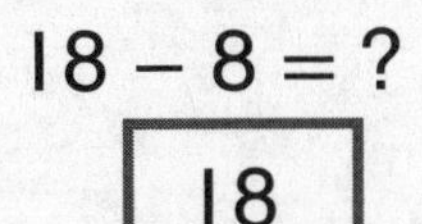

$8 + 10 = 18$

$18 - 8 = 10$

$15 - 6 = ?$

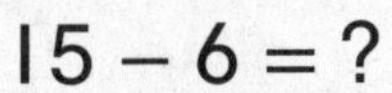

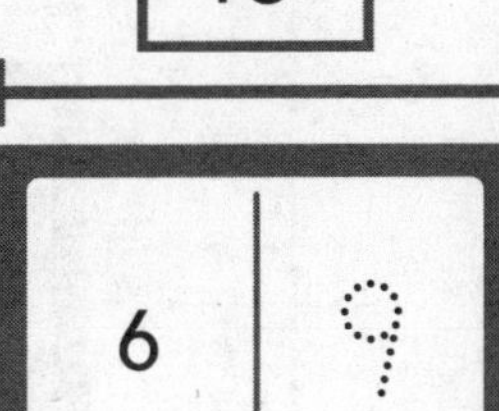

$6 +$ 9 $= 15$

$15 - 6 =$ 9

ACTIVIDAD PARA EL HOGAR Escriba un problema de resta para que su niño(a) lo resuelva. Pídale que le diga una operación relacionada de suma que lo ayude a resolver el problema de resta. Si es necesario, usen monedas de 1¢ u otros objetos pequeños, como fichas, para resolver el problema. Repita la actividad usando otros problemas de resta.

Completa cada modelo y luego completa las ecuaciones.

1. $11 - 6 = ?$

11

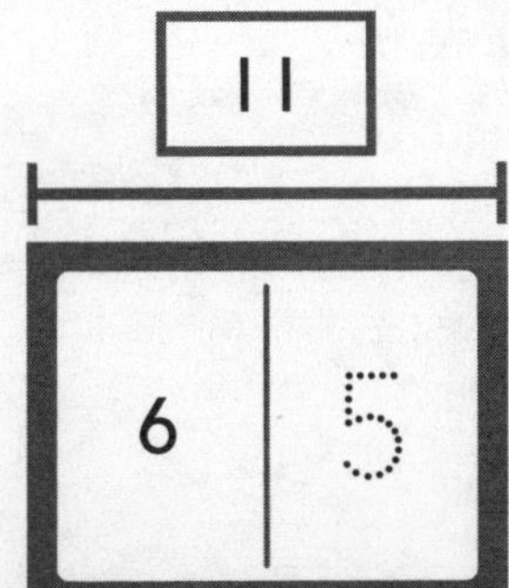

$6 +$ 5 $= 11$

$11 - 6 =$ 5

2. $12 - 9 = ?$

12

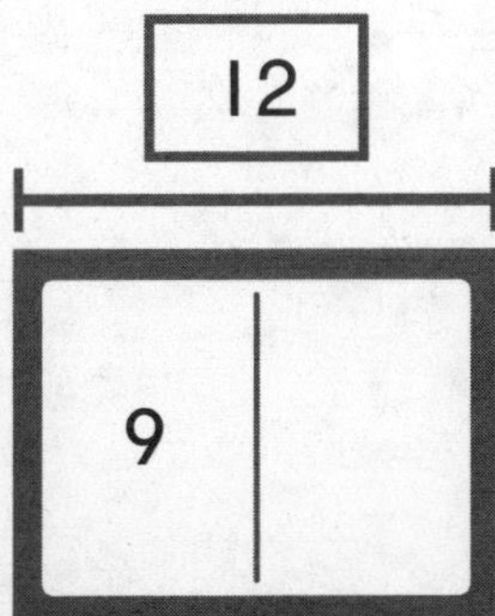

$9 +$ ____ $= 12$

$12 - 9 =$ ____

Completa cada modelo y luego completa las ecuaciones.

3. ¿Qué operación de suma puede usar Amy para hallar 10 – 6?

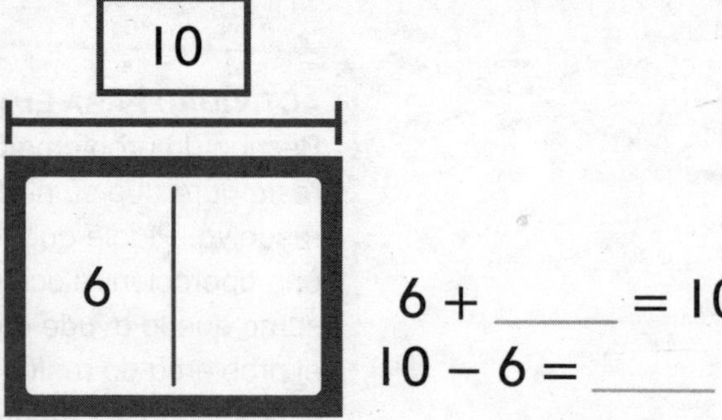

6 + ____ = 10
10 – 6 = ____

4. ¿Qué operación de suma puede usar David para hallar 16 – 8?

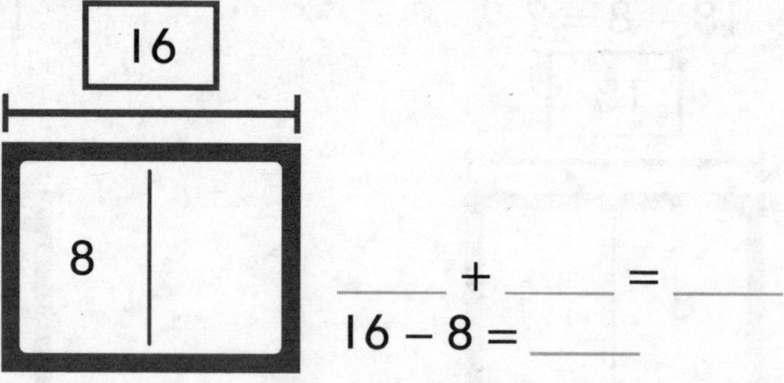

____ + ____ = ____
16 – 8 = ____

5. Razonamiento de orden superior
Dibuja la figura que falta. Luego, explica cómo sabes que tu respuesta es correcta.

Si ▱ + ○ = △,

entonces, △ – ▱ = ____.

____

____

____

6. Práctica para la evaluación
Escribe una operación de suma que te ayude a resolver 14 – 9 = ?

____ + ____ = ____

7. Práctica para la evaluación
Escribe una operación de suma que te ayude a resolver 18 – 10 = ?

____ + ____ = ____

Nombre ________________

Práctica Herramientas

Práctica adicional 4-6
Más sobre usar la suma para restar

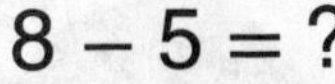

¡Revisemos!

Puedes usar una operación relacionada de suma para ayudarte a restar.

8 – 5 = ?

Piensa: 5 + ? = 8

Puedes usar los cubos para sumar.

Si 5 + 3 = 8, entonces, 8 – 5 = 3.

9 – 7 = ?

Si 7 + 2 = 9,

entonces, 9 – 7 = 2.

ACTIVIDAD PARA EL HOGAR Junte 15 monedas de 1¢ para usarlas como fichas. Invente un problema de resta y pida a su niño(a) que lo resuelva quitando algunas monedas. Pídale que le diga la ecuación de resta. Luego, pídale que le diga la ecuación relacionada de suma que le ayudó a resolver la resta.

Completa cada operación de suma.
Luego, resuelve la operación relacionada de resta.

1. 16 – 7 = ?

Si 7 + 9 = 16,

entonces, 16 – 7 = 9.

2. 14 – 6 = ?

Si 6 + _____ = 14,

entonces, 14 – 6 = _____.

3. 17 – 8 = ?

Si 8 + _____ = 17,

entonces, 17 – 8 = _____.

4. 13 – 7 = ?

Si 7 + _____ = 13,

entonces, 13 – 7 = _____.

Escribe operaciones relacionadas de suma y de resta para ayudarte a resolver.

5. Razonar
José tiene 12 lápices.
Les dio algunos a sus amigos.
Ahora tiene 7 lápices.
¿Cuántos lápices les dio José a sus amigos?

¿De qué manera el problema verbal me ayuda a entender lo que significan los números?

____ + ____ = ____

____ − ____ = ____ ____ lápices

6. Razonamiento de orden superior
Tu amigo te dice que puede usar la operación de suma 4 + 7 = 11 para hallar 11 − 3.
¿Tiene razón tu amigo?

Explica tu respuesta.

7. Práctica para la evaluación
¿Qué operación relacionada de suma te ayuda a resolver 12 − 3 = ?

Ⓐ 10 + 3 = 13
Ⓑ 3 + 6 = 9
Ⓒ 2 + 10 = 12
Ⓓ 3 + 9 = 12

8. Práctica para la evaluación
¿Qué operación relacionada de suma te ayuda a resolver 17 − 7 = ?

Ⓐ 6 + 7 = 13
Ⓑ 7 + 8 = 15
Ⓒ 10 + 7 = 17
Ⓓ 10 + 4 = 14

Nombre ______________________________

Práctica
Herramientas

Práctica adicional 4-7
Explicar estrategias de resta

¡Revisemos! Puedes usar diferentes estrategias para resolver problemas.

Usa una operación de suma para resolver un problema relacionado de resta.

18 − 9 = ?

18
9
?

9 + 9 = 18
18 − 9 = 9

Cuenta hacia adelante para formar 10.

14 − 6 = ?

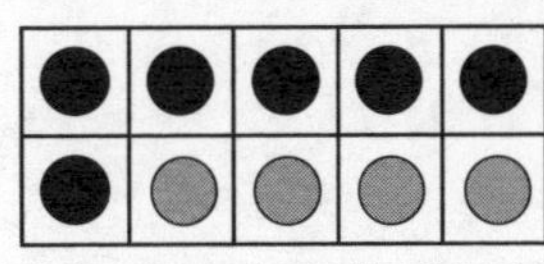
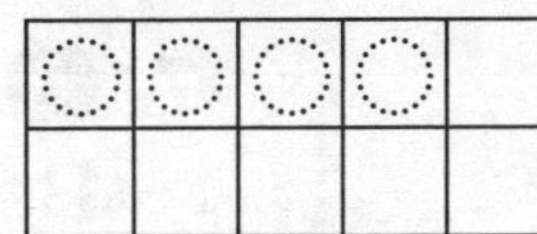

6 + 4 = 10
10 + 4 = 14
14 − 6 = 8

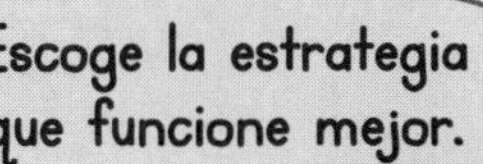
Escoge la estrategia que funcione mejor.

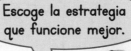

ACTIVIDAD PARA EL HOGAR
Escriba una ecuación de resta como 19 − 9 = ? Pida a su niño(a) que resuelva el problema. Pregúntele qué estrategia usó para resolver el problema: formar 10, usar una operación de suma relacionada, contar u otra estrategia.

Halla cada diferencia.

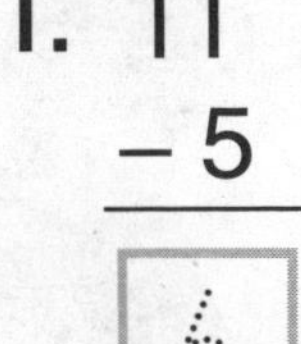

1. 11 − 5 = 6

Piensa: 11 está cerca de 10.

2. 15 − 9 = ___

Piensa: ¿Puede ayudarme alguna operación de suma que yo conozca?

Halla las diferencias.

3. $\begin{array}{r} 15 \\ -\ 7 \\ \hline \square \end{array}$

4. $\begin{array}{r} 14 \\ -\ 5 \\ \hline \square \end{array}$

5. $\begin{array}{r} 12 \\ -\ 9 \\ \hline \square \end{array}$

6. **Razonamiento de orden superior** Usa dibujos, números o palabras para resolver el problema.

Bety tiene 13 muñecas en su cuarto. 4 muñecas tienen el pelo rizado. ¿Cuántas muñecas **NO** tienen el pelo rizado?

____ − ____ = ____ muñecas

7. **Práctica para la evaluación** Beto tiene 10 pelotas de béisbol. Andy tiene 2 menos que Beto. ¿Cuántas pelotas de béisbol tiene Andy?

¿Qué operaciones de suma podrían ayudarte a resolver el problema? Selecciona dos que apliquen.

- ☐ $10 + 0 = 10$
- ☐ $8 + 2 = 10$
- ☐ $9 + 1 = 10$
- ☐ $2 + 8 = 10$

Nombre ______________________

Práctica adicional 4-8

Resolver problemas verbales con operaciones hasta el 20

¡Revisemos! Puedes resolver un problema verbal aunque no sepas el primer número.

Carla trabajó el lunes y el martes.
Trabajó 10 horas el martes.
Trabajó 20 horas en total.
¿Cuántas horas trabajó Carla el lunes?

Escribe una ecuación para mostrar el problema.

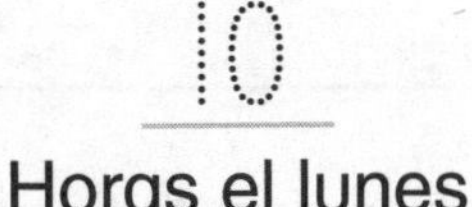
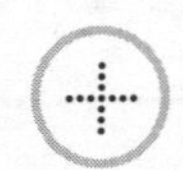

10	+	10	=	20
Horas el lunes		Horas el martes		Horas en total

Carla trabajó 10 horas el lunes.

ACTIVIDAD PARA EL HOGAR
Diga a su niño(a) el siguiente problema: "Tengo algunas monedas de 1¢ en mi mano. Pongo 3 en una alcancía. Ahora tengo 8 monedas en mi mano. ¿Cuántas monedas de 1¢ tenía al principio?". Piense en otro problema o pida a su niño(a) que invente un problema que incluya sumar o restar de una cantidad desconocida.

Escribe una ecuación que represente el cuento y resuélvela. Haz un dibujo para ayudarte.

1. Tony cortó unas flores rojas.
También cortó 7 flores amarillas.
Cortó 15 flores en total.
¿Cuántas flores rojas cortó Tony?

____ + 7 = 15

____ flores rojas

Suma o resta para resolver.

2. Razonar
Silvia tiene 13 dólares.
Gasta 5 dólares en la tienda.
¿Cuántos dólares le quedan a Silvia?
Haz un dibujo y escribe una ecuación para resolver el problema.

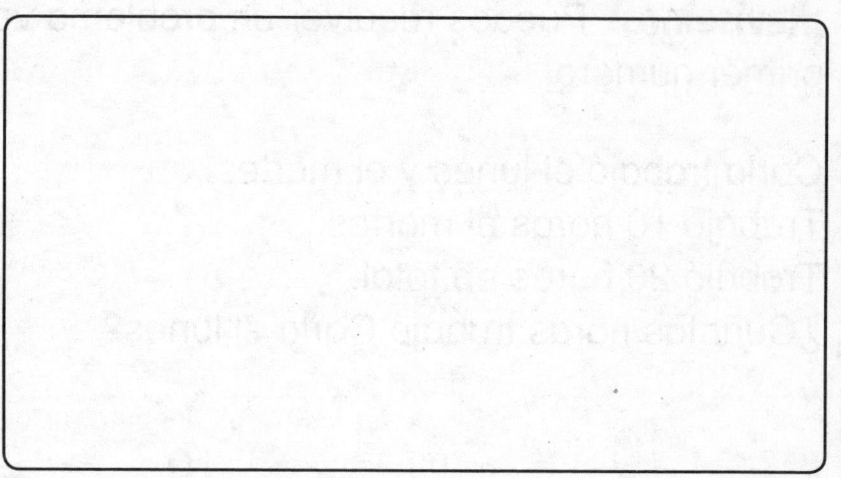

____ ◯ ____ = ____

____ dólares

3. Razonamiento de orden superior
Escribe una ecuación de suma y otra de resta para representar el problema. Luego, resuélvelo.

Leo tiene 14 galletas.
Javier tiene 8 galletas.
¿Cuántas galletas más que Javier tiene Leo?

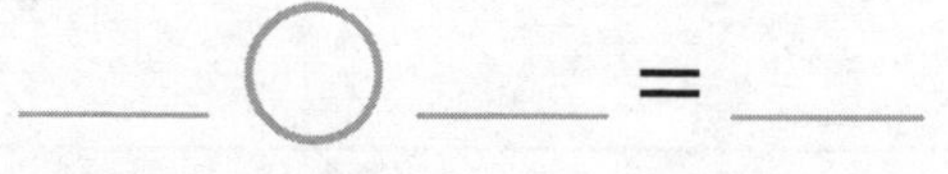

____ ◯ ____ = ____

____ ◯ ____ = ____

Leo tiene ____ galletas más que Javier.

4. Práctica de evaluación
Carlos hizo algunos pastelitos para vender en la escuela.
Luego, su madre le dio 8 pastelitos más.
Ahora tiene 20 pastelitos.
¿Cuántos pastelitos hizo Carlos al principio?

Ⓐ 19 pastelitos

Ⓑ 16 pastelitos

Ⓒ 13 pastelitos

Ⓓ 12 pastelitos

Nombre ____________________

Práctica adicional 4-9
Razonar

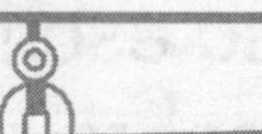

ACTIVIDAD PARA EL HOGAR
Escriba algunos problemas como 15 – 9 = ___ y 7 + 9 = ___. Pida a su niño(a) que escriba o diga un cuento numérico sobre el problema. Luego, pídale que complete la ecuación para representar el cuento.

¡Revisemos! Puedes escribir un cuento numérico para cada problema. Luego, puedes completar la ecuación para representarlo.

12 – 5 = 7

Ceci cortó 12 limones del árbol.
Regaló 5.
¿Cuántos limones tiene Ceci ahora?

Ahora Ceci tiene 7 limones.

9 + 5 = 14

Sara cortó 9 flores.
Luego, cortó 5 más.
¿Cuántas flores cortó Sara en total?
Sara cortó 14 flores en total.

Escribe un cuento numérico que muestre el problema.
Completa la ecuación para que represente tu cuento.

1. 14 – 8 = ____

____
____
____
____

2. 8 + 8 = ____

____
____
____
____

Calcetines Melisa encontró 5 calcetines azules y 3 calcetines morados. Melisa escribió un cuento sobre suma y otro sobre resta sobre los calcetines.

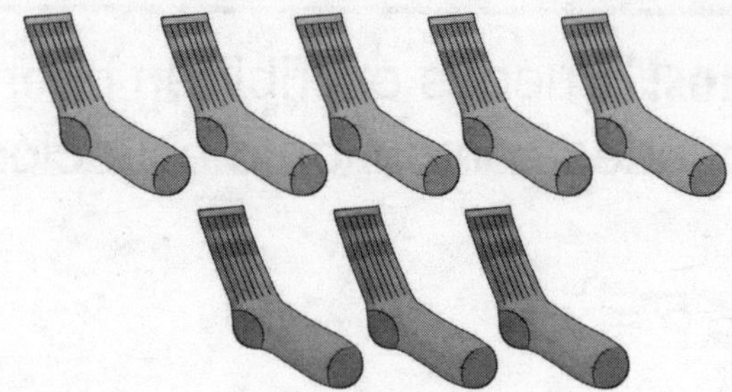

3. **Razonar**
Melisa escribió esta pregunta:
¿Cuántos calcetines encontré en total?

Escribe una ecuación de suma que resuelva la pregunta de Melisa.

____ ◯ ____ = ____ ____ calcetines

4. **Razonar**
Melisa escribió otra pregunta:
¿Cuántos calcetines azules más que morados encontré?

Escribe una ecuación de resta que resuelva la pregunta de Melisa.

____ ◯ ____ = ____ ____ calcetines azules más

5. **Explicar**
¿Están en la misma familia de operaciones las ecuaciones de suma y resta que escribiste para Melisa? Encierra en un círculo **Sí** o **No.** Usa palabras, dibujos o ecuaciones para explicarlo.

Sí **No**

Nombre ______________________

Práctica Herramientas

Práctica adicional 5-1

Hallar los números desconocidos

¡Revisemos! Puedes hallar el número que falta en una ecuación de suma o resta. Añade fichas en la parte vacía del modelo hasta completar 17.

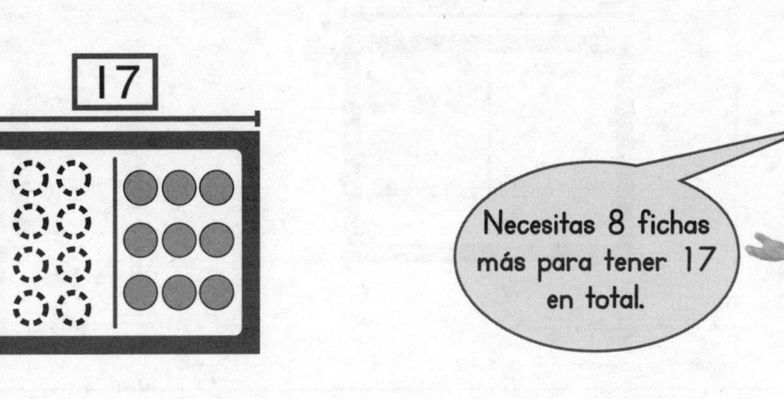

Necesitas 8 fichas más para tener 17 en total.

8 + 9 = 17   17 − 8 = 9

ACTIVIDAD PARA EL HOGAR En una hoja de papel, escriba una ecuación a la que le falte un número, como 7 + ______ = 16. Dé a su niño(a) un grupo de objetos pequeños y pídale que ponga en el papel la cantidad correcta de objetos para representar el número que falta. Repita la actividad con otra ecuación y con una operación diferente, como 18 − ______ = 8.

Dibuja las fichas que faltan y completa la ecuación.

1. 14

8 + ______ = 14

2. 20

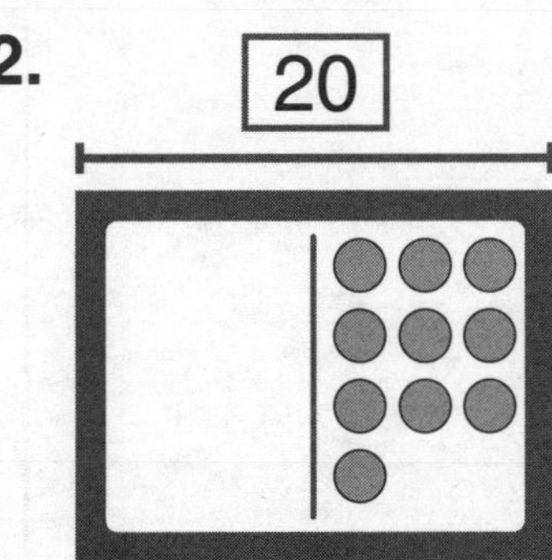

20 − 10 = ______

Completa el tablero como ayuda para hallar los números que faltan.

3. _____ = 8 + 5

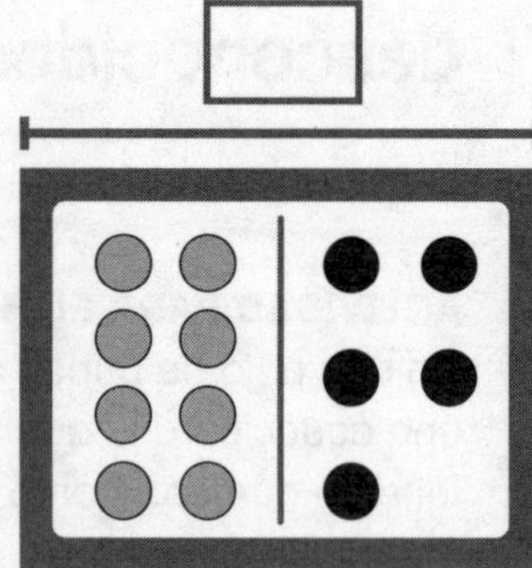

4. 16 − _____ = 9

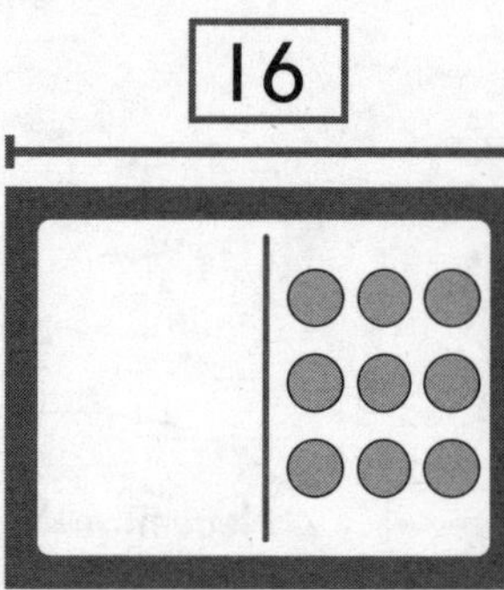

5. 9 + _____ = 18

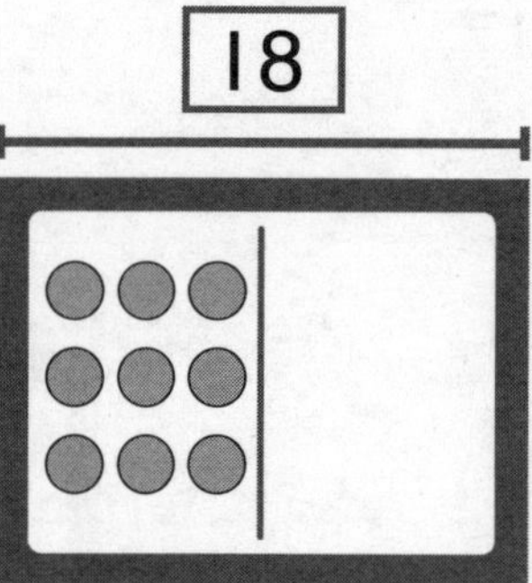

6. Razonamiento de orden superior Halla el número que falta en la ecuación 18 = 10 + _____. Luego, escribe un cuento que represente el problema.

7. Práctica para la evaluación Une con una línea cada número con la ecuación a la que pertenece.

17 − _____ = 10	**8**
_____ + 6 = 14	**5**
4 + _____ = 9	**7**
_____ − 10 = 10	**20**

Nombre ______________________

Práctica adicional 5-2
Ecuaciones verdaderas o falsas

¡Revisemos! Usa los cubos conectables para representar ecuaciones verdaderas y falsas de diferentes tipos.

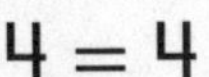
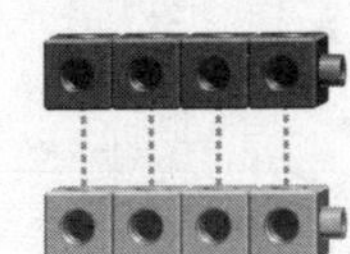

$4 = 4$

Esta ecuación es **verdadera**.

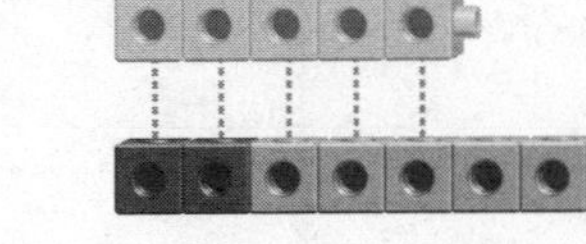

$5 = 2 + 7$

Esta ecuación es **falsa**.

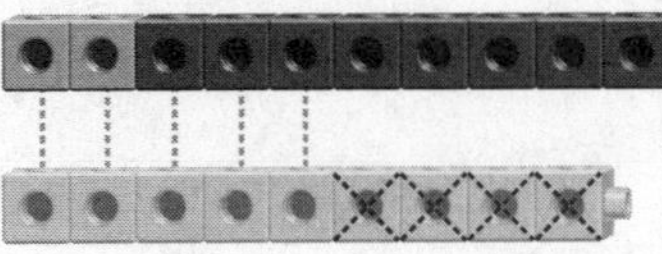
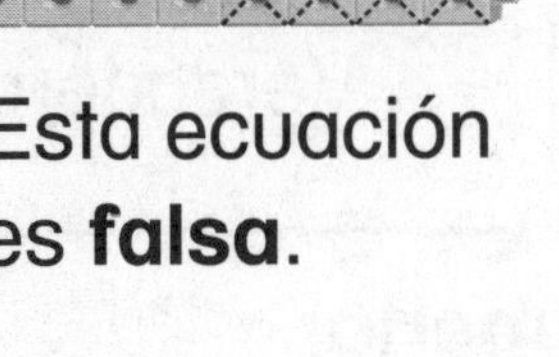

$2 + 8 = 9 - 4$

Esta ecuación es **falsa**.

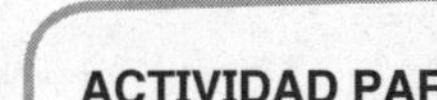
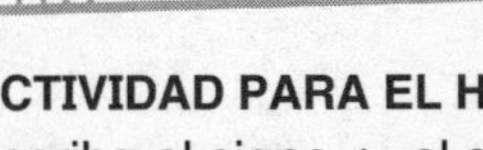

Si los dos lados no son iguales, entonces la ecuación es falsa.

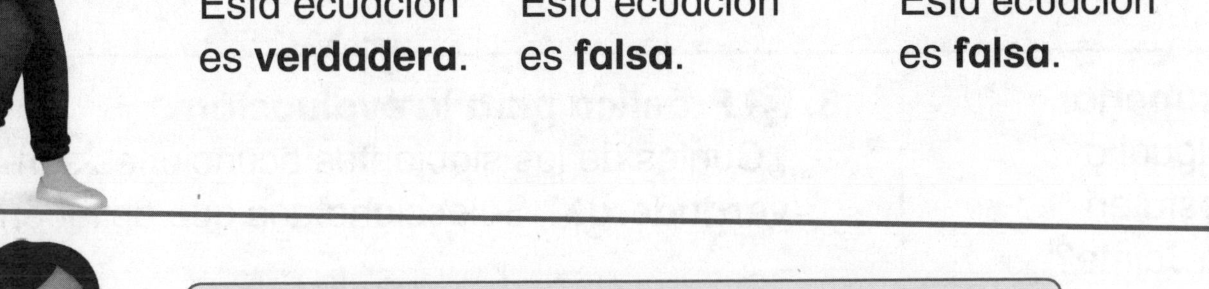
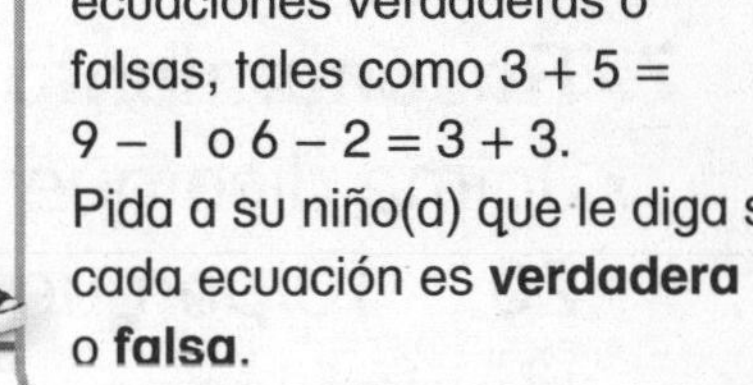

ACTIVIDAD PARA EL HOGAR
Escriba el signo +, el signo – y el signo = en diferentes tarjetas o pedazos de papel. Reúna 20 objetos pequeños como botones o monedas de 1¢. Acomode los objetos y las tarjetas para mostrar ecuaciones verdaderas o falsas, tales como $3 + 5 = 9 - 1$ o $6 - 2 = 3 + 3$. Pida a su niño(a) que le diga si cada ecuación es **verdadera** o **falsa**.

Une los cubos con líneas para emparejarlos. Indica si la ecuación es **Verdadera** o **Falsa**.

1. $9 = 7 + 2$

Verdadera   Falsa

2. $7 + 3 = 9 - 3$

Verdadera   Falsa

3. $10 - 2 = 1 + 7$

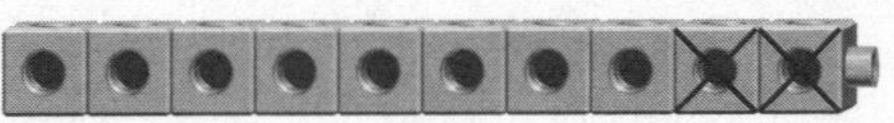
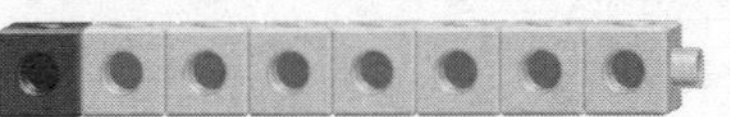

Verdadera   Falsa

Representar Haz dibujos para mostrar cada ecuación. Luego, encierra en un círculo **Verdadera** o **Falsa**.

4. $10 - 2 = 7 + 4$

Verdadera Falsa

5. $6 = 9 - 5$

Verdadera Falsa

6. $8 + 5 = 10 + 3$

Verdadera Falsa

7. Razonamiento de orden superior
Jaime dice que $19 - 10$ es igual a $20 - 10$ porque se usa la resta en los dos lados. ¿Tiene razón Jaime? Explica por qué.

____

____

____

____

____

____

____

8. Práctica para la evaluación
¿Cuáles de las siguientes ecuaciones son **verdaderas**? Selecciona dos que apliquen.

- ☐ $8 - 7 = 11 - 10$
- ☐ $12 - 4 = 6 + 3$
- ☐ $10 - 1 = 9 + 2$
- ☐ $9 + 2 = 10 + 1$

Nombre ______________________

Práctica Herramientas

Práctica adicional 5-3

Crear ecuaciones verdaderas

¡Revisemos! Resolver un lado de una ecuación verdadera puede ayudarte a resolver el otro lado.

$9 + \_\_\_\_ = 7 + 8$

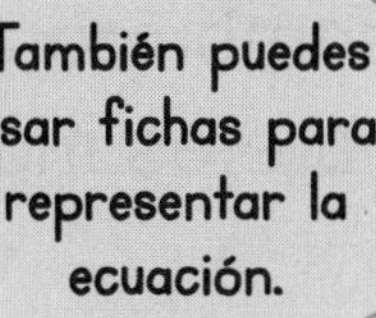

También puedes usar fichas para representar la ecuación.

Los dos lados de una ecuación verdadera deben tener el mismo valor.

Primero, resuelve 7 + 8. $7 + 8 = 15$

Luego, resuelve $9 + \underline{?} = 15$. $9 + \underline{6} = 15$

Por tanto, $9 + \underline{6} = 7 + 8$.

ACTIVIDAD PARA EL HOGAR Escriba un número entre 0 y 20. Pida a su niño(a) que escriba una suma o una resta que dé como resultado ese número. Repita la actividad con otros números. Luego, pídale que le diga un número y entonces usted le dice una suma o resta. Después, pídale que le diga si usted hizo una ecuación verdadera o falsa.

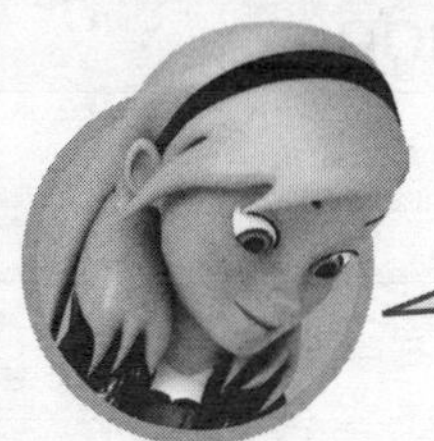

Escribe los números que faltan para hacer las ecuaciones verdaderas. Dibuja fichas como ayuda.

1.

$7 + \_\_\_\_ = 8 + 6$

$8 + 6 = \_\_\_\_$

$7 + \_\_\_\_ = \_\_\_\_$

2.

$2 + 4 = 16 - \_\_\_\_$

$2 + 4 = \_\_\_\_$

$\_\_\_\_ = 16 - \_\_\_\_$

Resuelve los problemas.

3. **Razonar** Gustavo tiene 15 sombreros. Talía tiene 10 sombreros, pero quiere tener la misma cantidad de sombreros que Gustavo. ¿Cuántos sombreros más necesita Talía?

$15 = 10 + \_\_\_$

___ más

4. **Razonar** Laila usa la misma cantidad de fichas que Paco. ¿Qué número haría esta ecuación verdadera?

$8 + 1 = 16 - \_\_\_$

5. **Razonamiento de orden superior** Escribe el número que falta para hacer la ecuación verdadera. Usa dibujos o palabras para explicar cómo lo sabes.

$3 + 4 = 8 - \_\_\_$

6. **Práctica para la evaluación** Dibuja una flecha para mostrar el número que hace la ecuación verdadera.

1 2 3 4 5 6 7 8

$4 + \_\_\_ = 1 + 8$

Nombre ________________

Práctica adicional 5-4
Sumar tres números

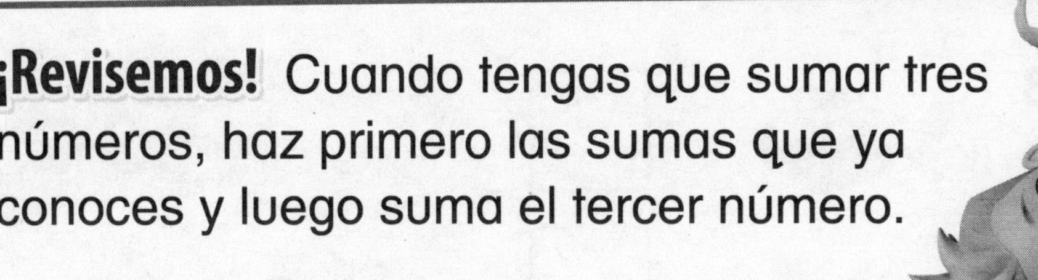

¡Revisemos! Cuando tengas que sumar tres números, haz primero las sumas que ya conoces y luego suma el tercer número.

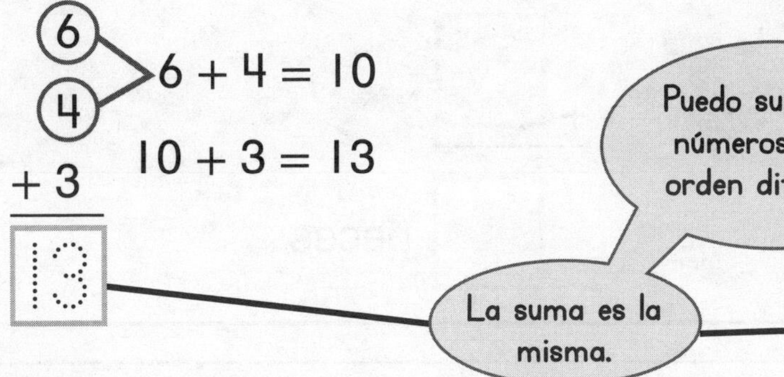

(6) (4) + 3 = 13 → 6 + 4 = 10, 10 + 3 = 13

Puedo sumar los números en un orden diferente.

La suma es la misma.

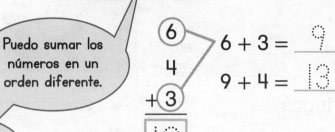

(6) 4 + (3) = 13 → 6 + 3 = 9, 9 + 4 = 13

ACTIVIDAD PARA EL HOGAR Diga a su niño(a) tres números cuya suma sea menor o igual a 20. Pídale que sume los tres números para hallar la suma. Pídale que piense en voz alta a medida que suma los dos primeros números y, luego, el tercer número. Repita la actividad con varios grupos de números.

Halla cada suma usando diferentes maneras. Primero, suma los números encerrados en los círculos. Luego, suma el tercer número.

1. (5) 2 + (5) = ☐ → 5 + 5 = ____, ____ + 2 = ____

(5) (2) + (5) = ☐ → 2 + 5 = ____, ____ + 5 = ____

Suma los números. Encierra en un círculo los números que sumaste primero.

2.

+

tortugas

3.

+

peces

4. **Razonamiento de orden superior**
Explica cómo sumar 3 + 3 + 4.
Usa dibujos, números o palabras.

5. **Práctica para la evaluación** Miguel compra 3 bloques de madera, 6 llantas y 3 latas de pintura. Quiere saber cuántas piezas compró en total.

¿Qué dos números debe sumar primero para usar una suma de dobles?

Ⓐ 3 + 6

Ⓑ 6 + 3

Ⓒ 3 + 3

Ⓓ 6 + 6

Nombre ______________________

Práctica Herramientas

Práctica adicional 5-5
Problemas verbales con tres sumandos

ACTIVIDAD PARA EL HOGAR Junte varios tipos de objetos pequeños, como botones, clips y monedas de 1¢. Diga a su niño(a) un problema verbal usando los objetos. Pídale que sume los objetos y le diga cuántos hay en total.

¡Revisemos! Puedes agrupar los sumandos de diferentes maneras y luego escribir una ecuación.

 +  + 

Sofía tiene algunas frutas. Tiene 3 manzanas, 5 plátanos y 5 peras. ¿Cuántas frutas tiene en total?

Primero, suma los plátanos y las peras.

5 + 5 = 10

Luego, suma las manzanas.

10 + 3 = 13

Sofía tiene 13 frutas en total.

Halla cada suma. Escoge una manera de agrupar los sumandos.

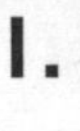
1.   

____ + ____ + ____ = ____

2.   

____ + ____ + ____ = ____

Escribe una ecuación para resolver cada problema.

3. Tobías está jugando con bloques. Tiene 3 bloques rojos, 3 amarillos y 6 azules. ¿Cuántos bloques tiene Tobías en total?

____ + ____ + ____ = ____

____ bloques

4. Ema tiene 7 cuentas verdes, algunas moradas y 6 amarillas. Tiene 17 cuentas en total. ¿Cuántas cuentas moradas tiene Ema?

____ + ____ + ____ = ____

____ cuentas moradas

5. Rita plantó 3 filas de zanahorias, 4 de cebollas y 7 de lechugas. ¿Cuántas filas de verduras plantó Rita en total?

____ + ____ + ____ = ____

____ filas

6. Julián construyó 8 mesas, 3 sillas y 4 escritorios. ¿Cuántos muebles construyó Julián?

____ + ____ + ____ = ____

____ muebles

7. Razonamiento de orden superior Escribe un problema-cuento sobre el almuerzo que represente la siguiente ecuación: $5 + 8 + 2 = 15$.

____

____

____

____

____

____

8. Práctica para la evaluación En el refugio de animales, Cati les da de comer a 2 conejos, 6 perros y 4 gatos. ¿A cuántos animales les da Cati de comer en total?

18	16	15	12
Ⓐ	Ⓑ	Ⓒ	Ⓓ

Nombre ______________________

Práctica adicional 5-6

Resolver problemas verbales de suma y resta

¡Revisemos! Puedes usar la suma o la resta para resolver problemas verbales.

Beto tiene 10 cerezas más que Luis.

Beto tiene 14 cerezas.

¿Cuántas cerezas tiene Luis?

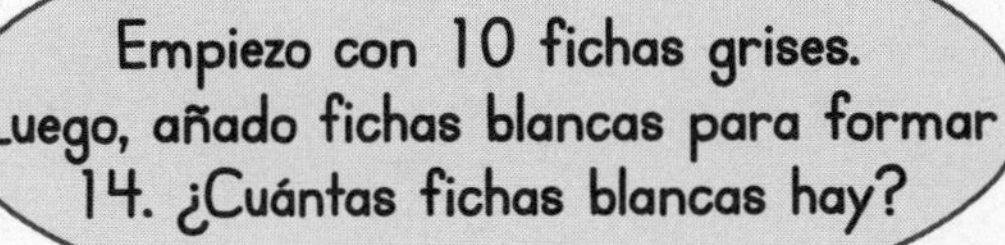

Empiezo con 10 fichas grises. Luego, añado fichas blancas para formar 14. ¿Cuántas fichas blancas hay?

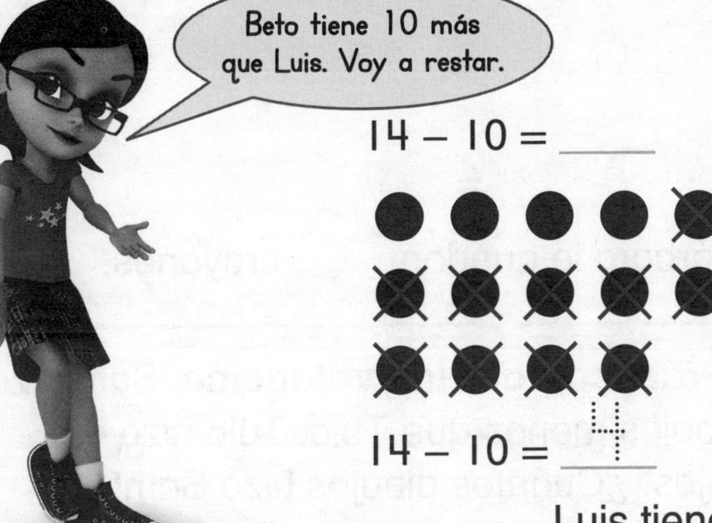

Beto tiene 10 más que Luis. Voy a restar.

14 − 10 = ____

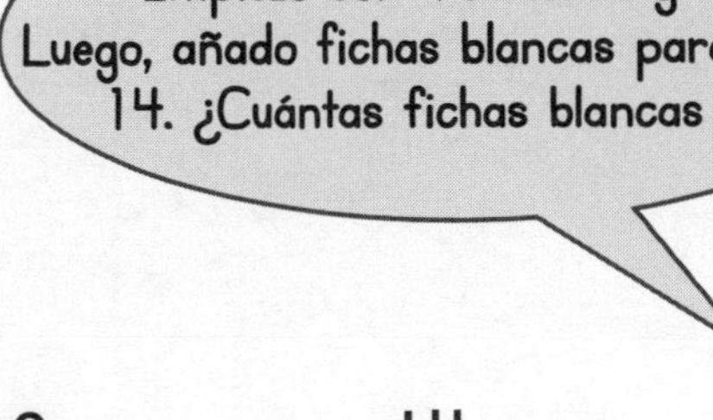

14 − 10 = 4

10 + ____ = 14

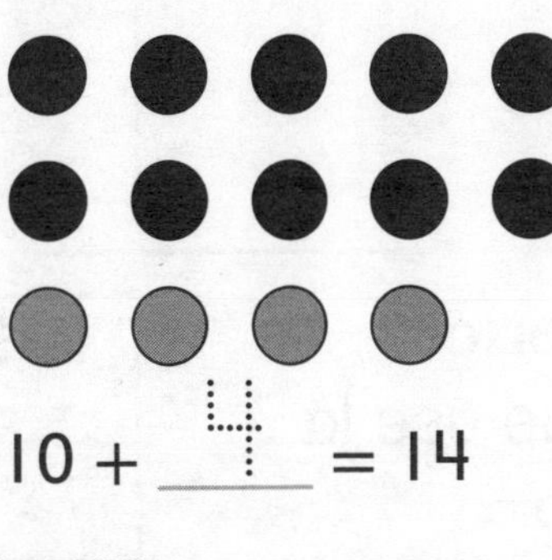

10 + 4 = 14

Luis tiene 4 cerezas.

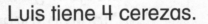

ACTIVIDAD PARA EL HOGAR Diga un cuento que incluya una comparación, como: "Tom tiene 3 tarjetas más que Julia. Tom tiene 10 tarjetas. ¿Cuántas tarjetas tiene Julia?". Pida a su niño(a) que use objetos pequeños para representar el cuento. Luego, pídale que escriba una ecuación que represente el cuento. Repita la actividad con otros problemas de comparación.

Dibuja fichas para mostrar el problema y luego resuélvelo.

1. Selene tiene 10 calabazas. Le da algunas a Nora. Ahora Selene tiene 6 calabazas. ¿Cuántas calabazas le dio Selene a Nora?

____ ◯ ____ = ____

Selene le dio a Nora ____ calabazas.

Dibuja fichas para resolver los problemas.

2. Víctor escribe 10 poemas más que Alicia. Alicia escribe 10 poemas. ¿Cuántos poemas escribe Víctor?

____ ◯ ____ = ____

Víctor escribe ____ poemas.

3. Bárbara tiene 13 crayones. Le da 6 crayones a Javier. ¿Cuántos crayones le quedan a Bárbara?

____ ◯ ____ = ____

A Bárbara le quedan ____ crayones.

4. Razonamiento de orden superior Escribe un problema-cuento que use la palabra **más** y luego resuélvelo.

____

____

____

____

____ ◯ ____ = ____

5. **Práctica para la evaluación** Sam hizo 6 dibujos menos que Tula. Tula hizo 15 dibujos. ¿Cuántos dibujos hizo Sam? Dibuja o tacha fichas y escribe una ecuación que represente el cuento.

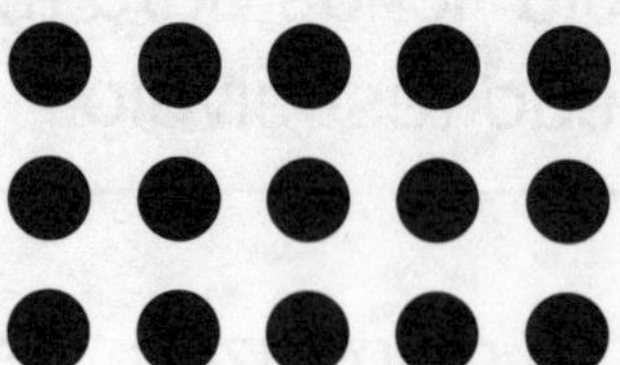

____ ◯ ____ = ____

Sam hizo ____ dibujos.

Nombre ______________________

Práctica adicional 5-7
Precisión

¡Revisemos! Puedes escribir el número que falta para hacer la ecuación verdadera.

$3 + 9 = \_\_\_ + 6$

Primero, resuelve el lado que conoces.

$3 + 9 = 12$

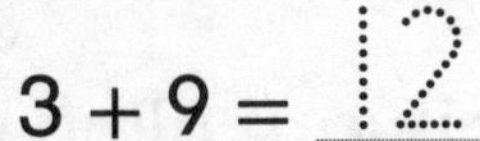

Luego, usa lo que sabes para resolver el otro lado.

$12 = 6 + 6$

Sé que el significado del signo = es "lo mismo que".

12 es un doble: 6 + 6. ¡El número que falta es 6!

$3 + 9 = 6 + 6$ es lo mismo que $12 = 12$.

ACTIVIDAD PARA EL HOGAR Ponga 2 grupos de objetos de no más de 10 objetos cada uno en la mesa para representar una suma. Pida a su niño(a) que le diga qué suma es, por ejemplo: $5 + 7 = 12$. Luego, pídale que reacomode los objetos para representar otra suma y pídale que le diga qué suma es, por ejemplo: $9 + 3 = 12$. Ayude a su niño(a) a escribir una ecuación que muestre que su suma y la de usted son iguales, por ejemplo: $5 + 7 = 9 + 3$.

Escribe el número que haga la ecuación verdadera. Luego, escribe el número que haga iguales los dos lados.

1. $\square - 0 = 7 + 8$

___ = ___

2. $6 + 4 = \square + 9$

___ = ___

3. $8 - 5 = 13 - \square$

___ = ___

Tarea de rendimiento

Damas Jaime y Alma jugaron 12 juegos de damas la semana pasada. Esta semana jugaron 7 juegos el lunes y 2 el miércoles.

4. Explicar Jaime y Alma jugaron 3 juegos más. Jugaron la misma cantidad de juegos que la semana pasada. Completa los espacios en blanco para hacer verdadera la ecuación. Usa +, – o =.

12 ◯ 7 ◯ 2 ◯ 3

Explica por qué escogiste esos signos.

______

______

______

______

______

______

¿Cómo sabes que la ecuación es verdadera?

______

______

______

5. Hacerlo con precisión Alma perdió 4 de los juegos que jugó la semana pasada. ¿Cuántos juegos ganó?

Escribe una ecuación para hallar tu respuesta.

____ ◯ ____ ◯ ____

Alma ganó ____ juegos.

Usa un lenguaje preciso de matemáticas para explicar cómo sabes que la ecuación y la respuesta son correctas.

______

______

______

______

______

______

Nombre ______________________

Práctica adicional 6-1
Organizar datos en tres categorías

¡Revisemos! Puedes hacer marcas de conteo para mostrar datos. Esta tabla de conteo muestra cómo llegan los estudiantes a la escuela.

Ir a la escuela

Carro	Caminando	Autobús escolar
IIII	~~IIII~~ II	~~IIII~~ ~~IIII~~

I equivale a 1 y ~~IIII~~ equivale a 5.

Puedes contar las marcas de conteo de 1 en 1 y de 5 en 5.

4 estudiantes van en carro.
7 estudiantes van caminando.
10 estudiantes van en autobús.
21 estudiantes en total van a la escuela.

ACTIVIDAD PARA EL HOGAR
Pida a su niño(a) que le explique la tabla de la izquierda con sus propias palabras. Asegúrese de que entienda que cada marca de conteo representa 1 y que 4 marcas con 1 marca diagonal representa 5.

Usa la tabla de conteo para responder a cada pregunta.

Globos 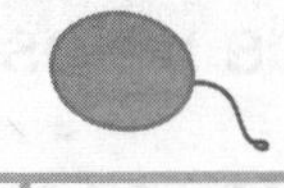

Rojo	Azul	Verde
~~IIII~~	~~IIII~~ II	II

1. ¿Qué color de globo tiene más marcas de conteo?

______

2. ¿Cuántos globos hay en total?

____ globos

Los alumnos de primer grado votaron por su color favorito.
Contesta a cada pregunta sobre la tabla de conteo.

Color favorito

Azul	Rojo	Verde
𝍸 ǀǀ	ǀǀǀ	𝍸 ǀ

3. ¿A cuántos estudiantes les gusta el rojo?

_____ estudiantes

4. ¿A cuántos estudiantes les gusta el verde?

_____ estudiantes

5. ¿Cuántos estudiantes votaron en total?

_____ estudiantes

6. **Razonamiento de orden superior** Escribe una pregunta sobre la tabla de conteo que está arriba y luego contéstala.

____

____

____

____

____

____

7. **Práctica para la evaluación** Usa la tabla de conteo que está arriba. ¿Qué dos oraciones son verdaderas?

- ☐ A 3 estudiantes les gusta el verde.
- ☐ A 7 estudiantes les gusta el azul.
- ☐ El azul y el verde tienen la misma cantidad de votos.
- ☐ El rojo tiene menos votos.

Nombre ____________________

Práctica adicional 6-2
Reunir y representar datos

¡Revisemos! Los datos de la tabla de conteo se pueden usar para completar la pictografía.

Haz dibujos para mostrar a cuántos estudiantes les gusta coleccionar caracoles, estampillas o monedas.

Artículos para coleccionar favoritos

Caracoles	Estampillas	Monedas
|||	~~||||~~ |	||||

Artículos para coleccionar favoritos

Caracoles	🐚	🐚	🐚			
Estampillas	⬚	⬚	⬚	⬚	⬚	⬚
Monedas	◌	◌	◌	◌		

La gráfica muestra que a la mayoría de los estudiantes les gusta coleccionar estampillas.

¿A cuántos estudiantes les gusta coleccionar monedas? A 4 estudiantes

ACTIVIDAD PARA EL HOGAR Haga una tabla de conteo titulada Frutas favoritas. Ponga 4 marcas de conteo al lado de Manzanas, 6 al lado de Plátanos y 3 al lado de Cerezas. Pida a su niño(a) que haga una pictografía para ilustrar los datos. Luego, hágale preguntas sobre la pictografía, como: “¿Cuál es la fruta que menos te gusta?”.

Usa los datos de la pictografía para resolver cada problema.

1. Escribe los artículos en orden del que les gusta más al que les gusta menos.

__________ __________ __________

Les gusta más. Les gusta menos.

2. La gráfica muestra que a ____ estudiantes en total les gusta coleccionar caracoles, estampillas o monedas.

Usa la pictografía para resolver cada problema.

3. ¿Cuántos estudiantes votaron por Lectura? ____ estudiantes.

4. ¿Cuál es la materia escolar favorita?

______

5. **Razonamiento de orden superior** Escribe una pregunta a la que se pueda contestar con los datos de la pictografía. Luego, escribe una ecuación que represente tu pregunta.

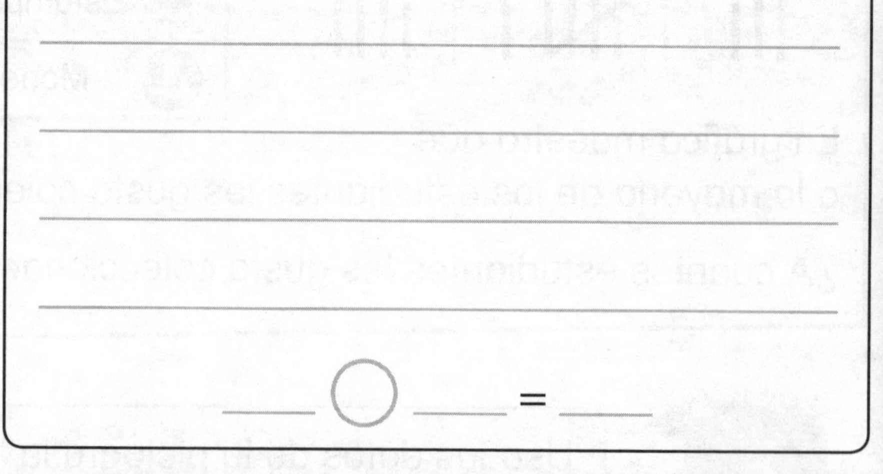

6. **Práctica para la evaluación** ¿Cuántos estudiantes votaron por Ciencias?

Ⓐ 5	Ⓑ 6	Ⓒ 7	Ⓓ 13

7. **Práctica para la evaluación** ¿Cuántos estudiantes votaron en total?

Ⓐ 18	Ⓑ 17	Ⓒ 12	Ⓓ 11

Nombre ____

Práctica
Herramientas

Práctica adicional 6-3
Interpretar datos

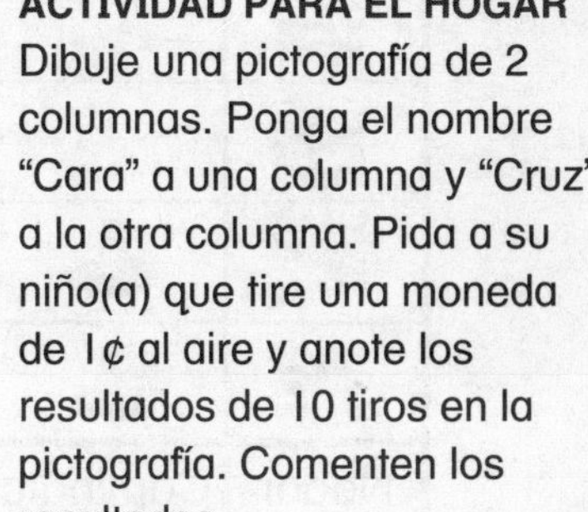

ACTIVIDAD PARA EL HOGAR
Dibuje una pictografía de 2 columnas. Ponga el nombre “Cara” a una columna y “Cruz” a la otra columna. Pida a su niño(a) que tire una moneda de 1¢ al aire y anote los resultados de 10 tiros en la pictografía. Comenten los resultados.

¡Revisemos! La señorita Ortega hizo una encuesta entre sus alumnos. Hizo marcas de conteo para mostrar los datos.

Usa los datos de la tabla de conteo para completar la pictografía.

Calcomanías que nos gustan

Luna	Flor	Estrella
||	卌 ||	卌 |

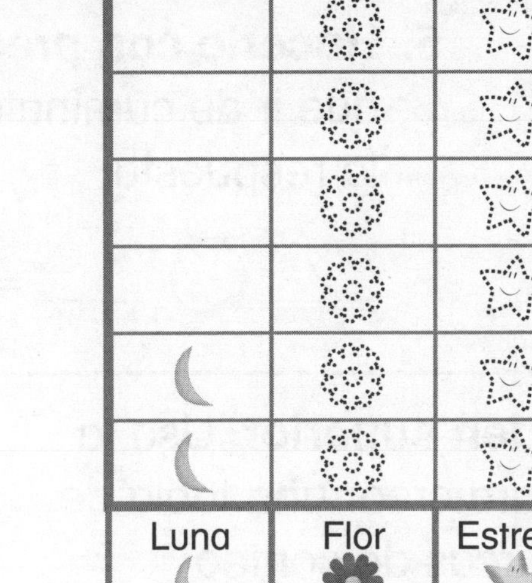

Calcomanías que nos gustan
Luna
Flor
Estrella

Las pictografías muestran los datos de una manera diferente.

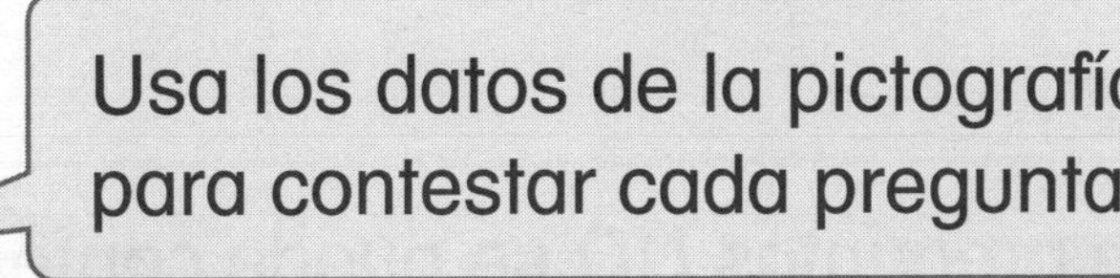

Usa los datos de la pictografía para contestar cada pregunta.

1. ¿Qué calcomanía les gusta menos?

____

2. Escribe las calcomanías en orden de la que les gusta más a la que les gusta menos.

__________ __________ __________

Les gusta más. Les gusta menos.

3. ¿A cuántos estudiantes más les gusta la calcomanía de estrella que la de luna?

_____ estudiantes

Usa la pictografía para contestar a cada pregunta.

Actividades en una excursión		
Nadar	Caminata	Bicicleta

4. Hacerlo con precisión ¿Cuántas personas menos prefieren montar en bicicleta que nadar? Muestra cómo sumaste o restaste para hallar la respuesta.

____ ◯ ____ = ____ ____ menos

5. Hacerlo con precisión ¿Cuántas personas más prefieren nadar que ir de caminata? Muestra cómo sumaste o restaste para hallar la respuesta.

____ ◯ ____ = ____ ____ más

6. Razonamiento de orden superior Usa la pictografía de arriba para crear una tabla de conteo. Escribe las marcas de conteo.

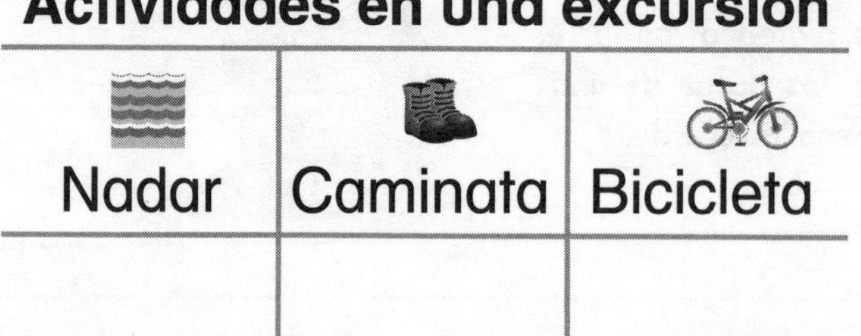

7. Práctica para la evaluación ¿A cuál de estas preguntas **NO** se puede contestar con los datos de la pictografía de los Ejercicios 4 y 5?

Ⓐ ¿Cuántas personas más prefieren nadar que montar en bicicleta?

Ⓑ ¿A cuántas personas les gusta bailar?

Ⓒ ¿Cuántas personas menos prefieren ir de caminata que montar en bicicleta?

Ⓓ ¿Cuántas personas votaron?

Nombre ______________________________

Práctica adicional 6-4
Más sobre interpretar datos

¡Revisemos! Puedes usar una pictografía para resolver problemas.
Alex les preguntó a 13 amigos si les gustaba ponerle mantequilla o mermelada a su pan tostado.
¿Cuántas respuestas de sus amigos le falta anotar?

¿Cómo te gusta el pan tostado?
Mantequilla
Mermelada

Hay 8 dibujos en la gráfica. Si empiezo en el 8, necesito contar 5 más para llegar a 13.

$13 - 8 =$ 5 respuestas

ACTIVIDAD PARA EL HOGAR
Cree una tabla de conteo para contar algunos artículos de la casa. Pida a su niño(a) que haga una pictografía para representar los datos de la tabla. Pregúntele: "¿Qué artículo tiene más respuestas? ¿Cuántas en total?". Luego, pídale que invente un escenario diferente para recoger datos.

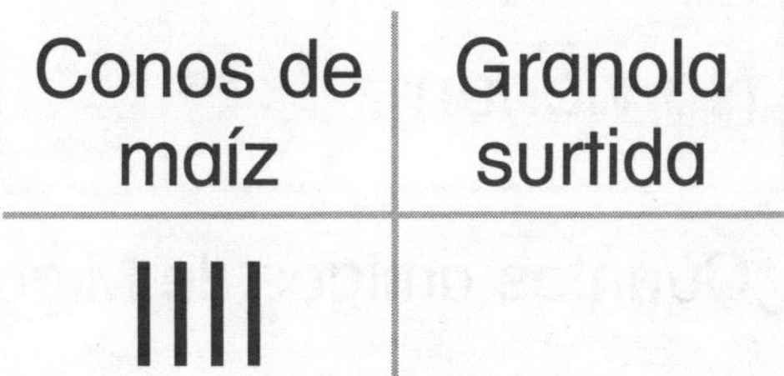

Anota las marcas de conteo que faltan.
Luego, usa la tabla para resolver el problema.

1. Maité les pregunta a 12 familiares cuál es su cereal favorito.
4 personas le dicen que les gustan los conos de maíz.
Al resto le gusta la granola surtida.

¿A cuántas personas les gusta la granola surtida?
_____ personas

Conos de maíz	Granola surtida
||||	

Usa los datos para resolver los problemas.

2. **Razonar** Linda les pregunta a sus amigos si les gusta más el recreo o la clase de gimnasia.

Recreo	Gimnasia
卌 卌	卌 ||

¿Cuántos de sus amigos contestaron a la encuesta? _____ amigos

3. **Razonamiento de orden superior** Escribe un problema que se pueda resolver usando esta pictografía.

____

____

Flores del jardín							
Rosas	🌹	🌹	🌹	🌹	🌹		
Margaritas	🌼	🌼	🌼	🌼	🌼	🌼	🌼

4. **Práctica para la evaluación** Miguel invita a 16 amigos a su fiesta de cumpleaños. Hace una gráfica para saber quiénes vienen y quiénes no.

Fiesta de cumpleaños													
Vienen	☺	☺	☺	☺	☺	☺							
No vienen	☹	☹	☹										

¿Cuántos amigos de Miguel no han respondido todavía? Escribe una ecuación para resolver.

_____ ◯ _____ ◯ _____ _____ amigos

Nombre ______________________________

Práctica adicional 6-5
Entender y perseverar

¡Revisemos! 9 estudiantes contestaron a una encuesta sobre su mascota favorita. 4 votaron por el perro, 3 votaron por el pez y el resto de los estudiantes votó por el gato. ¿Cuántos estudiantes votaron por el gato? Completa la pictografía para mostrar el resultado de la encuesta.

2 estudiantes escogieron el gato como su mascota favorita.

¿Qué estrategias puedes usar para resolver el problema?

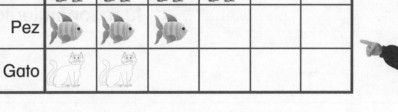

Mascota Favorita

Perro	🐕	🐕	🐕	🐕		
Pez	🐟	🐟	🐟			
Gato	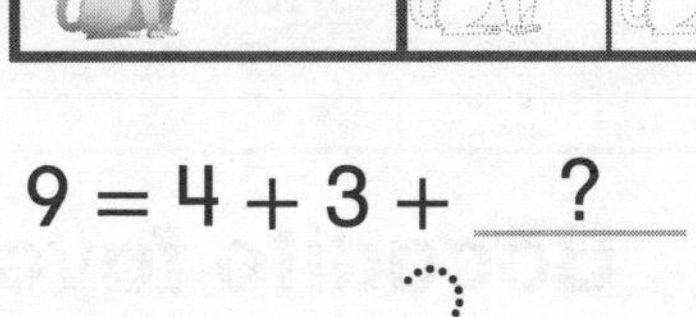					

$9 = 4 + 3 +$ ___?___

$9 = 7 +$ ___2___

ACTIVIDAD PARA EL HOGAR Piense con su niño(a) en una pregunta para hacer a sus amigos o familiares, por ejemplo: "¿Qué prefieres: uvas, plátano o piña?". Anoten los resultados de la encuesta en una tabla de conteo. Piensen en algunas preguntas sobre los datos, por ejemplo: "¿Cuántas personas más prefieren plátano que uvas?". Pida a su niño(a) que escriba una ecuación para resolver el problema.

Usa la pictografía anterior para contestar a la pregunta.

1. 4 estudiantes más contestaron la encuesta. Ahora el gato tiene la mayor cantidad de votos y el pez tiene la menor cantidad. Usa dibujos, palabras o ecuaciones para explicar cómo votaron los 4 estudiantes.

____

Hora de los bocaditos

Felipe les pregunta a sus amigos cuál es su bocadito favorito.

La tabla de conteo de la derecha muestra los resultados.

Bocadito favorito

Pretzels	Yogur
IIII	~~IIII~~ IIII

2. **Razonar** ¿Cuál de los bocaditos es el favorito? ¿Cuántos amigos más escogieron ese bocadito?

____

____

3. **Representar** ¿Cuántos amigos de Felipe contestaron a la encuesta? Escribe una ecuación que muestre tu razonamiento.

____

____

4. **Entender** Felipe añade uvas como la tercera opción de su encuesta. Le pide a la misma cantidad de amigos que contesten a la encuesta. Los resultados de la nueva encuesta se muestran en la tabla de la derecha.
¿Cómo cambiaron los votos?
Usa dibujos, palabras o ecuaciones para explicar tu respuesta.

Bocadito favorito

Pretzels	Yogur	Uvas
III	~~IIII~~ I	IIII

____

____

Nombre ______________________

Práctica adicional 7-1

Contar de 10 en 10 hasta 120

¡Revisemos! Puedes usar marcos de 10 para contar grupos de 10.

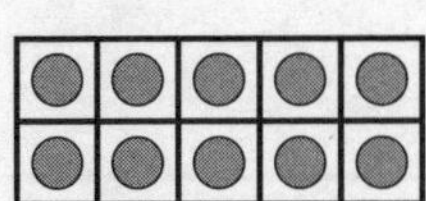

El marco de 10 muestra un grupo de 10.

ACTIVIDAD PARA EL HOGAR
Pida a su niño(a) que practique la cuenta de 10 en 10 hasta el 120. Luego, hágale preguntas como: "¿Cuántos grupos de 10 forman 50? ¿Qué número forman 3 grupos de 10?".

Puedes contar de 10 en 10 los marcos de 10.

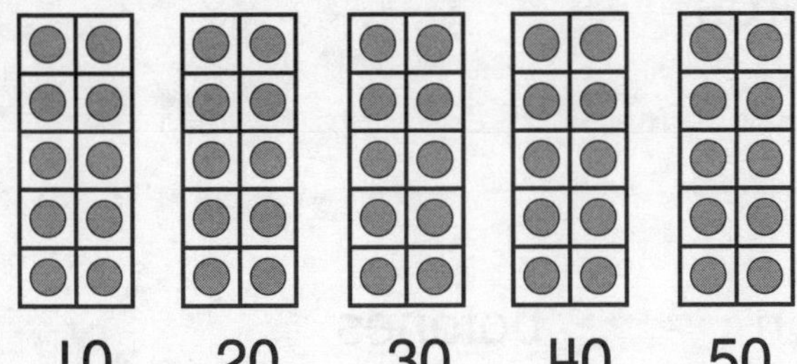

10 20 30 40 50

50 es 5 grupos de 10.

50 es cincuenta.

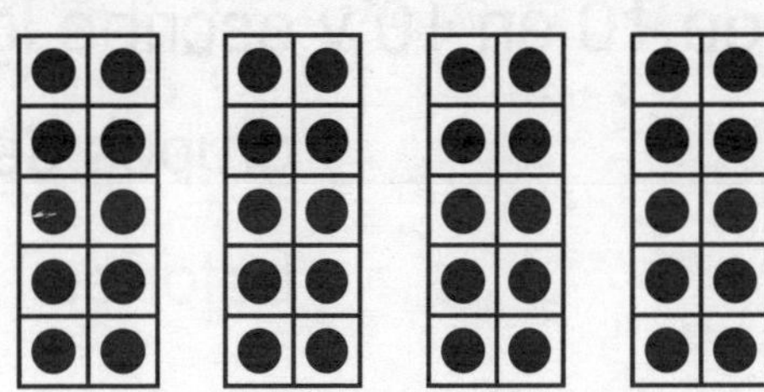

10 20 30 40

40 es 4 grupos de 10.

40 es cuarenta.

Cuenta de 10 en 10. Escribe los números y el número en palabras.

1.

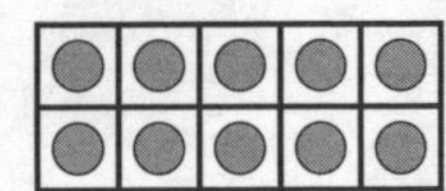
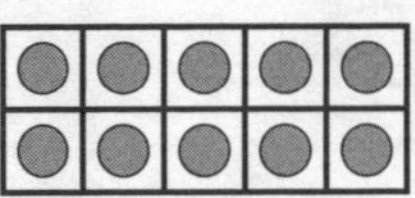
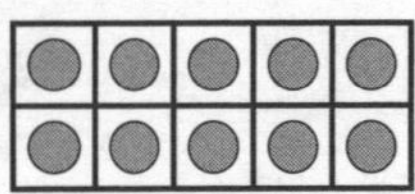
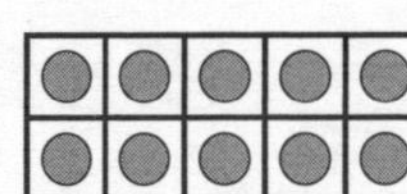
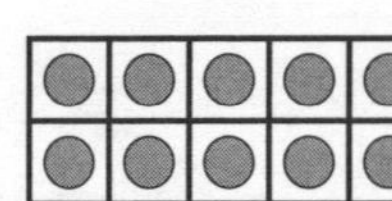
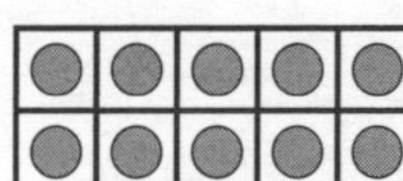

_____ _____ _____ _____ _____ _____ _____

_____ es _____ grupos de 10. _____ es _______________.

Cuenta de 10 en 10. Escribe cada número que falta.

2. ______, 20, ______, ______, 50, ______

3. 70, ______, 90, ______, ______, ______

4. 50, ______, ______, ______, 90, ______

5. ______, ______, 50, ______, ______, 80

6. **Razonamiento de orden superior** Encierra en un círculo los grupos de 10. Luego, cuenta de 10 en 10 y escribe los números.

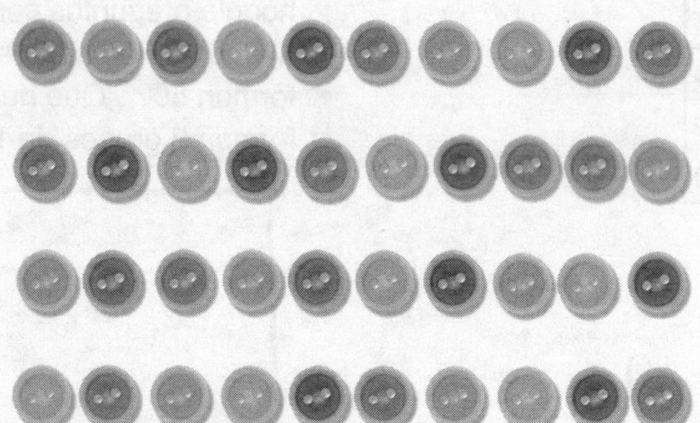

______ grupos de 10

______ botones

2 grupos más de 10 serían ______ botones.

7. **Práctica para la evaluación** Irma compra 2 bolsas de canicas. Cada bolsa tiene 10 canicas. ¿Cuántas canicas compra Irma?

2	12	20	22
Ⓐ	Ⓑ	Ⓒ	Ⓓ

8. **Práctica para la evaluación** Manuel tiene 4 cajas de crayones. Cada caja tiene 10 crayones. ¿Cuántos crayones tiene Manuel?

4	10	14	40
Ⓐ	Ⓑ	Ⓒ	Ⓓ

Nombre ______________________

Práctica Herramientas

Práctica adicional 7-2

Contar de 1 en 1 hasta 120

¡Revisemos! Puedes usar bloques de valor de posición para contar hacia adelante de 1 en 1.

1 centena es igual a 10 decenas.

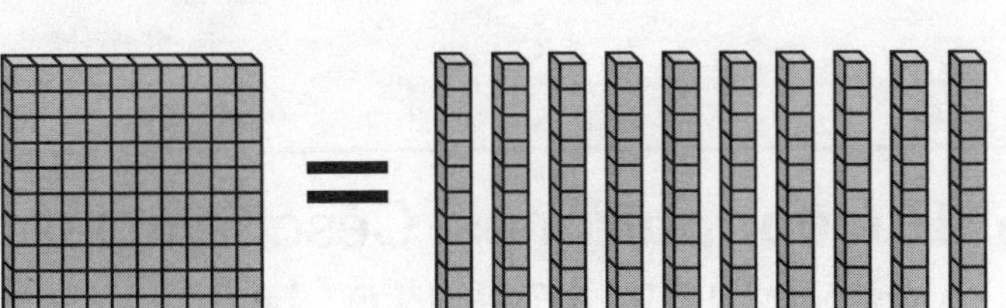

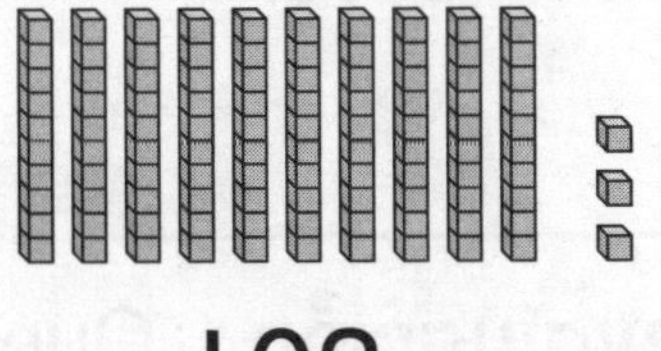

103

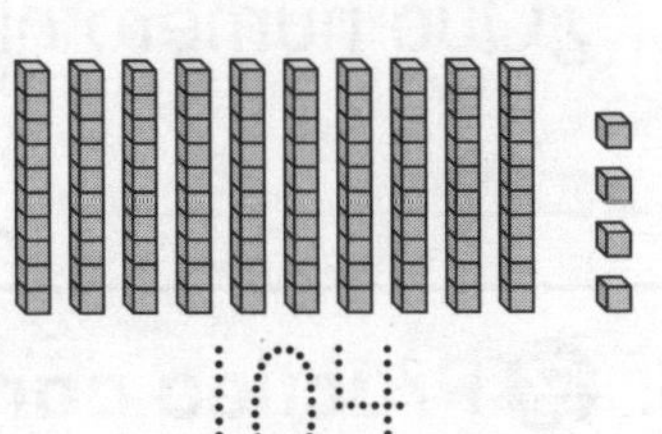

104 105 106

Empieza en 103. Cuenta hacia adelante y te detendrás en 106.

ACTIVIDAD PARA EL HOGAR Diga un número entre 100 y 105. Pida a su niño(a) que cuente de 1 en 1 hasta 120. Repita la actividad con otros números.

Cuenta hacia adelante de 1 en 1. Escribe los números.

1. 105 ______ ______

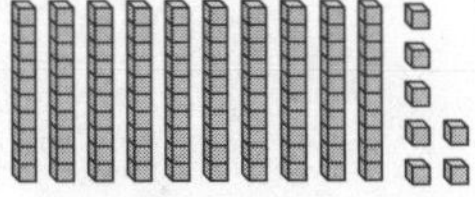

2. ______ 110 ______

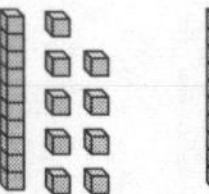
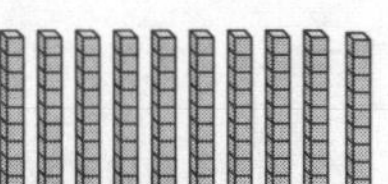
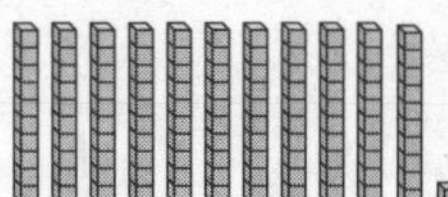

Escribe los números para resolver cada problema.

3. Empieza en 118 y cuenta hacia adelante. ¿Cuáles son los siguientes 2 números que dices?

_____ y _____

4. Empieza en 111 y cuenta hacia adelante. ¿Cuáles son los siguientes 2 números que dices?

_____ y _____

5. Buscar patrones Sandra empieza en 99 y dice: "101, 102, 103, 104..."

¿Qué número olvidó decir Sandra?

_____

6. Buscar patrones César empieza en 107 y dice: "108, 109, 110, 112..."

¿Qué número olvidó decir César?

_____

7. Razonamiento de orden superior Escribe los números que faltan en las tarjetas.

Intenta contar hacia atrás para hallar el número que va antes de 103.
103
105
108
110

8. **Práctica para la evaluación** ¿Qué filas de números están en el orden correcto de 1 en 1? Selecciona dos que apliquen.

- ☐ 99, 101, 102, 103
- ☐ 111, 112, 113, 114
- ☐ 116, 117, 119, 120
- ☐ 108, 109, 110, 111

Nombre ______________________

Práctica adicional 7-3
Contar en una tabla numérica hasta 120

¡Revisemos! Puedes usar una tabla numérica para contar hacia adelante.

1	2	3	4	5	6	7	8	9	10
11	12	13	14	15	16	17	18	19	20
21	22	23	24	25	26	27	28	29	30
31	32	33	34	35	36	37	38	39	40
41	42	43	44	45	46	47	48	49	50
51	52	53	54	55	56	57	58	59	60
61	62	63	64	65	66	67	68	69	70
71	72	73	74	75	76	77	78	79	80
81	82	83	84	85	86	87	88	89	90
91	92	93	94	95	96	97	98	99	100
101	102	103	104	105	106	107	108	109	110
111	112	113	114	115	116	117	118	119	120

¿Qué número viene después de 33? 34

¿Qué número viene después de 34? 35

¿Qué número viene después de 35? 36

33, 34, 35, 36

ACTIVIDAD PARA EL HOGAR Escriba la siguiente serie de números: 15, 16, ____, 18, ____, 20. Pida a su niño(a) que escriba los números que faltan. Si es necesario, reproduzca una parte de la tabla numérica en un papel para que su niño(a) la use cuando escriba los números que faltan. Repita la actividad con otros números.

Cuenta de 1 en 1. Escribe los números. Usa la tabla numérica como ayuda.

1. 71, ______, ______, ______, ______

2. ______, ______, ______, 101, ______

3. ______, ______, ______, ______, 111

4. ______, ______, 65, ______, ______

Cuenta de 1 en 1. Escribe los números. Usa la tabla numérica como ayuda.

5. 40, ______, ______, ______, ______

6. ______, ______, ______, 32, ______

Razonamiento de orden superior Escribe los números que faltan. Busca los patrones.

7.

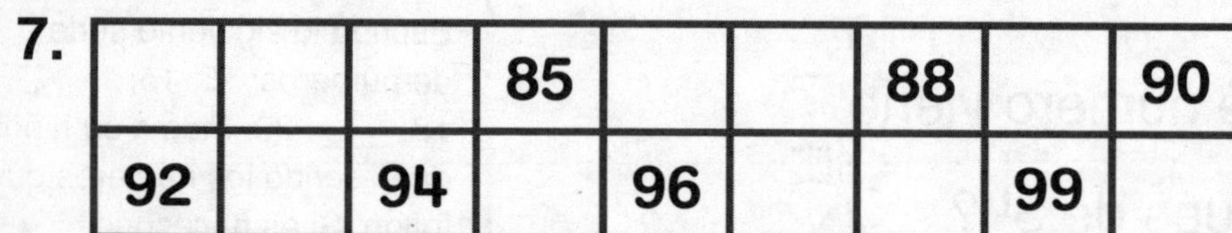

			85			88		90
92		94		96			99	

8.

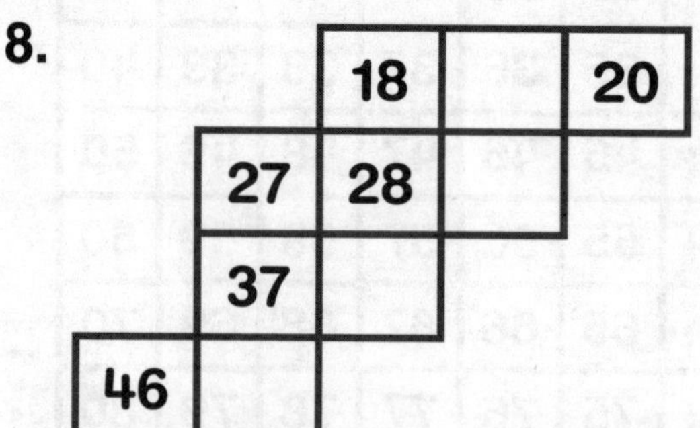

9. **Práctica para la evaluación**
Une con una flecha el número que falta con la tabla numérica.

92 70 55 31

54		56	57	58	59	60

10. **Práctica para la evaluación**
Une con una flecha el número que falta con la tabla numérica.

46 33 84 17

81	82	83		85	86	87

Nombre ______________________

Práctica Herramientas

Práctica adicional 7-4

Contar de 1 en 1 o de 10 en 10 hasta 120

ACTIVIDAD PARA EL HOGAR Cuente de 1 en 1 o de 10 en 10 en voz alta con su niño(a). Si es necesario, pídale que use una tabla numérica. Pregúntele: "¿Qué patrones ves cuando cuentas de 10 en 10?".

¡Revisemos! Puedes contar en una tabla numérica. Cuando cuentas de 10 en 10, el número del dígito de las decenas aumenta en 1, pero el número en el dígito de las unidades queda igual.

21	22	23	24	25	26	27	28	29	30
31	32	33	34	35	36	37	38	39	40
41	42	43	44	45	46	47	48	49	50
51	52	53	54	55	56	57	58	59	60
61	62	63	64	65	66	67	68	69	70
71	72	73	74	75	76	77	78	79	80
81	82	83	84	85	86	87	88	89	90
91	92	93	94	95	96	97	98	99	100
101	102	103	104	105	106	107	108	109	110
111	112	113	114	115	116	117	118	119	120

Empieza en 60.
¿Qué números dices cuando cuentas de 10 en 10?

60, 70, 80, 90, 100, 110, 120

Empieza en 25.
¿Qué números dices cuando cuentas de 10 en 10?

25, 35, 45, 55, 65, 75, 85

Escribe los números que siguen en cada patrón. Usa la tabla numérica como ayuda.

1. Cuenta de 10 en 10.

38, 48, ______, ______, ______, ______

2. Cuenta de 1 en 1.

66, 67, ______, ______, ______, ______

Escribe los números que siguen en cada patrón. Usa la tabla numérica como ayuda.

3. Cuenta de 10 en 10.

17, 27, ______, ______, ______, ______

4. Cuenta de 1 en 1.

108, 109, ______, ______, ______, ______

5. Razonamiento de orden superior Vanesa empezó sus prácticas de béisbol el 5 de mayo. Tiene prácticas cada 10 días. ¿Tendrá prácticas el 19 de mayo?

Escribe **Sí** o **No**. ______

¿Cómo lo sabes?

____

____

____

____

Usa este calendario como ayuda.

Mayo

Domingo	Lunes	Martes	Miércoles	Jueves	Viernes	Sábado
	1	2	3	4	5	6
7	8	9	10	11	12	13
14	15	16	17	18	19	20
21	22	23	24	25	26	27
28	29	30	31			

Escribe 2 fechas más en las que Vanesa tendrá prácticas.

______________ ______________

6. **Práctica para la evaluación** ¿Qué números faltan?

65, __?__, __?__, 95, __?__

____

7. **Práctica para la evaluación** Javier cuenta de 1 en 1. Cuenta: 54, 56, 57, 59. ¿Qué números olvidó contar Javier?

____

Nombre ____________________

Práctica adicional 7-5
Contar con una recta numérica vacía

ACTIVIDAD PARA EL HOGAR Dibuje dos rectas numéricas sin números. Pida a su niño(a) que cuente de 1 en 1 del 53 al 58 en la primera recta numérica. Pídale que cuente de 10 en 10 del 67 al 107 en la segunda recta numérica.

¡Revisemos! Contar hacia adelante es como sumar.

Empieza en 87 y cuenta de 1 en 1 hasta 92.

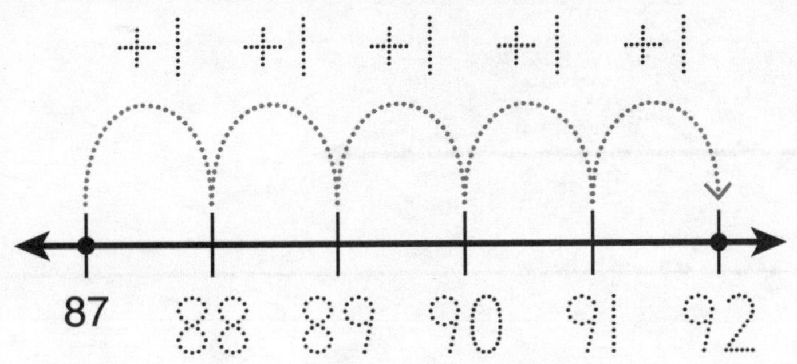

¡Le sumas 1 cada vez que cuentas!

Empieza en 62 y cuenta de 10 en 10 hasta 112.

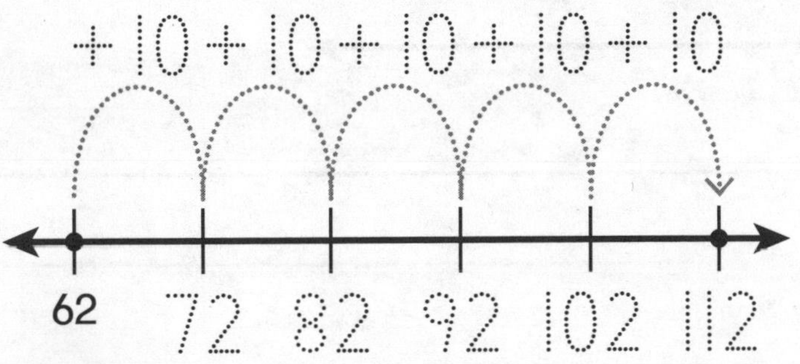

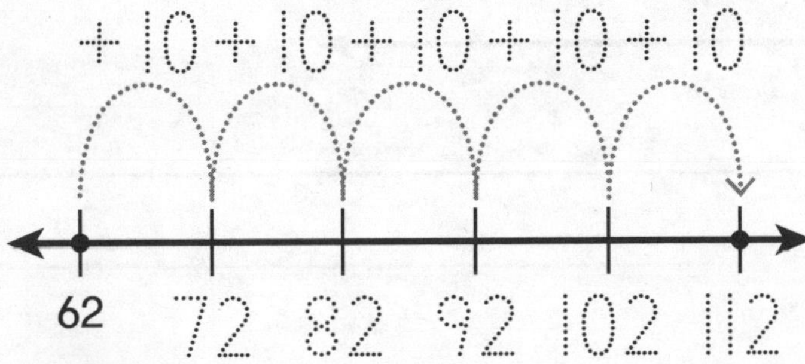

¡Le sumas 10 cada vez que cuentas!

Muestra cómo cuentas en la recta numérica vacía. Puedes usar la suma como ayuda.

1. Empieza en 115 y cuenta de 1 en 1 hasta 120.

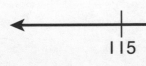

115

Muestra cómo cuentas en la recta numérica vacía. Puedes usar la suma como ayuda.

2. enVision® STEM Hay 16 pollitos durmiendo en un gallinero. Afuera del gallinero, hay 6 pollitos más. ¿Cuántos pollitos hay en total?

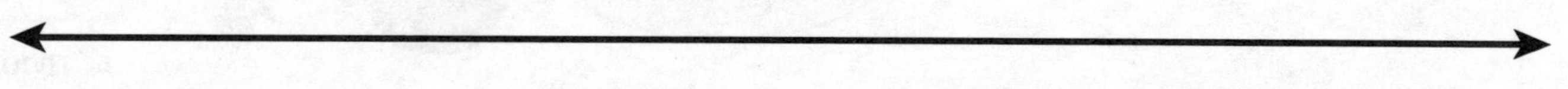

3. Empieza en 18 y cuenta de 10 en 10 hasta 78.

4. Razonamiento de orden superior Lorena empieza a contar en 48. Cuenta de 10 en 10 cuatro veces. Luego, cuenta de 1 en 1 tres veces. ¿Cuál es el último número que dice Lorena? Di cómo lo sabes.

5. Práctica para la evaluación Ben mostró parte de su conteo en esta recta numérica. Escribe los números que faltan. Completa la siguiente oración.

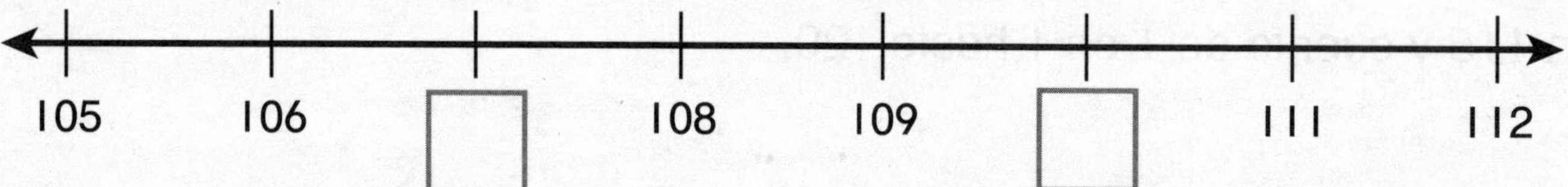

Ben contó de ______ desde ______ hasta ______.

Nombre ______________________

Práctica adicional 7-6

Contar y escribir números

ACTIVIDAD PARA EL HOGAR Junte un grupo de 50 a 120 objetos pequeños y pida a su niño(a) que los cuente de la manera más rápida que se le ocurra. Recuérdele que es más fácil agrupar los objetos que contarlos de 1 en 1. Repita la actividad con una cantidad diferente de entre 50 y 120 objetos.

¡Revisemos! Puedes contar grupos de objetos de 1 en 1 o de 10 en 10.

Cuando cuentas de 1 en 1, cuentas cada objeto por separado.

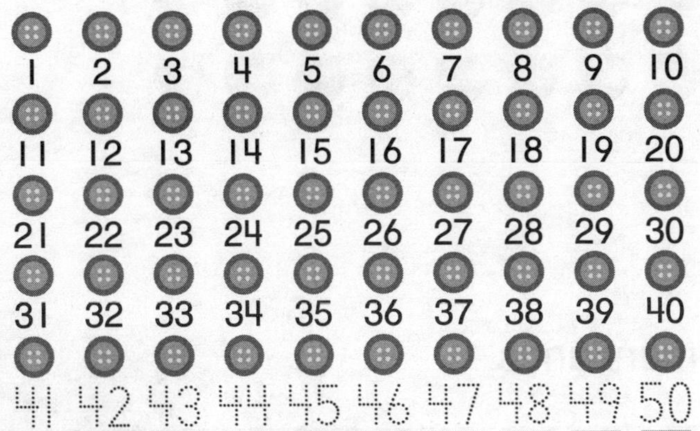

Hay 53 botones.

Cuando cuentas de 10 en 10, cuentas grupos de 10 y luego sumas de 1 en 1.

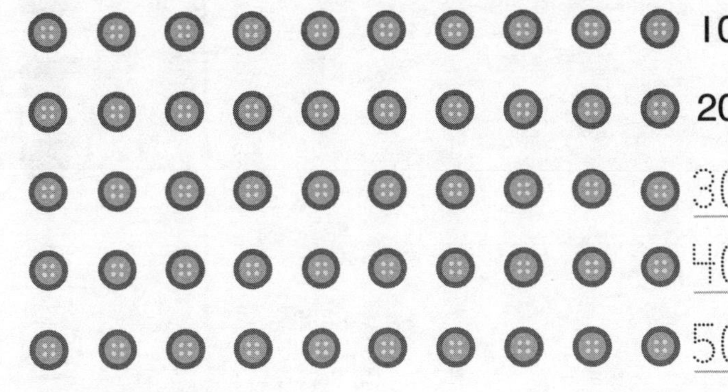

Hay 53 botones.

Cuenta las decenas y las unidades y escribe cuánto hay en total.

1. ____ decenas ____ unidades

____ en total

2. ____ decenas ____ unidades

____ en total

3. 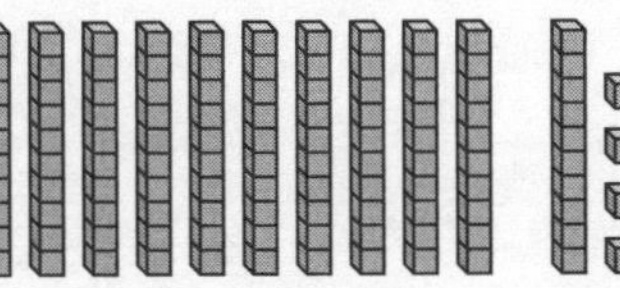

____ decenas ____ unidades

____ en total

Cuenta los objetos. Muestra cómo los contaste y escribe cuántos hay en total.

4.

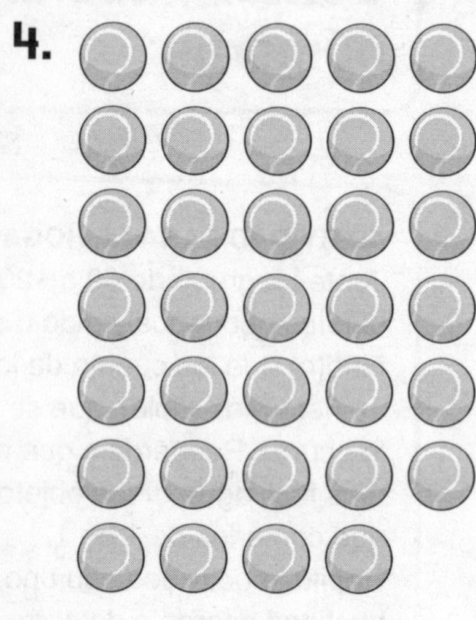

_____ pelotas

5.

_____ manzanas

6. Razonamiento de orden superior
Explica por qué contar de 10 en 10 puede ser más rápido que contar de 1 en 1.

____

____

____

7. Práctica para la evaluación
¿Qué número muestran los bloques?

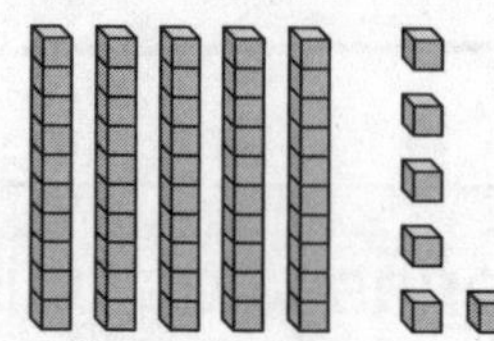

Ⓐ 45

Ⓑ 46

Ⓒ 55

Ⓓ 56

Nombre ______________________________

Práctica adicional 7-7

Razonamientos repetidos

¡Revisemos! Es más fácil contar hacia adelante cuando agrupas los objetos.

Ana Luz tiene algunos carritos en la caja y otros en el piso. ¿Cómo puede contar para saber cuántos hay en total?

Puedo contar hacia adelante desde 100.
100 carritos

101, 102, 103, 104

Como son poquitos carros, yo contaría de 1 en 1. Ana Luz tiene 104 carritos.

ACTIVIDAD PARA EL HOGAR
Hable con su niño(a) sobre cómo contar de 10 en 10 y luego de 1 en 1. ¿Por qué es más fácil? Practiquen agrupando y contando objetos, empezando desde cero, y luego, empezando desde otro número entre 1 y 100.

Agrupa y cuenta hacia adelante con un número que te ayude a hallar cuántos hay en total.

1.

______ dinosaurios

Conté hacia adelante de ____________.

2.

50 osos de peluche

______ osos de peluche

Conté hacia adelante de ____________.

Los pollitos

Alfonso contó 75 pollitos dentro del gallinero. También vio más pollitos fuera del gallinero. ¿Cómo puede Alfonso contar para saber cuántos pollitos hay en total?

3. **Entender** ¿Qué sabes sobre los pollitos? ¿Qué necesitas hallar?

4. **Razonar** ¿En qué te ayudan los dibujos de los pollitos?

5. **Generalizar** ¿Cuántos pollitos hay en total? ¿Qué método abreviado puedes usar para hallar la respuesta?

Nombre ______________________

Práctica adicional 8-1
Formar los números del 11 al 19

¡Revisemos! Cada número del 11 al 19 tiene 1 decena y algunas unidades.

Escribe la cantidad de unidades de cada número.
Luego, escribe el número en palabras.

12	16	11
1 decena	1 decena	1 decena
y 2 unidades	y 6 unidades	y 1 unidad
doce	dieciséis	once

ACTIVIDAD PARA EL HOGAR Escriba los números del 11 al 19 en tarjetas separadas. Muestre cada tarjeta a su niño(a) y pídale que escriba las decenas y unidades que forman ese número al reverso de la tarjeta. Luego, pídale que escriba el nombre de cada número. Haga la misma actividad con todas las tarjetas. Al terminar, tendrán un juego de tarjetas que podrán usar en prácticas futuras.

Escribe los números o los números en palabras que faltan.

1. ______________

14 es 1 decena y 4 unidades.

2. quince

☐ es 1 decena y 5 unidades.

3. diecinueve

☐ es 1 decena y 9 unidades.

4. trece

13 es 1 decena y 3 ______.

Buscar patrones Escribe los números en palabras o números que faltan.

5. ________

17 es 1 decena y 7 unidades.

6. dieciocho

18 es 1 ________ y 8 unidades.

7. Álgebra 10 + ________ = 16

8. Álgebra 12 = ________ + 2

9. Razonamiento de orden superior Escoge un número entre el 15 y el 19. Haz un dibujo para mostrar cómo formas el número usando los marcos de 10. Escribe el número y el número en palabras.

número: ________

número en palabras: ________

10. **Práctica para la evaluación** Une con líneas los números de la izquierda con los números en palabras de la derecha.

10 y 9	trece
1 decena y 0 unidades	diecinueve
1 decena y 2 unidades	once
10 y 3	diez
1 decena y 1 unidad	doce

Nombre ______________________________

Práctica adicional 8-2
Números formados con decenas

¡Revisemos! Puedes contar las decenas para hallar la cantidad de cubos.

El dígito de las decenas te dice cuántos grupos de 10 hay.

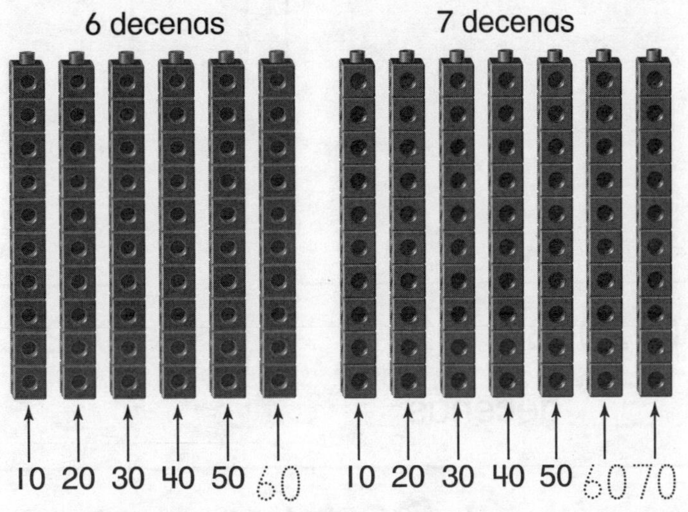

¡Como no hay cubos que sobran, el dígito de las unidades siempre es 0!

ACTIVIDAD PARA EL HOGAR
Diga un número de decenas entre 1 y 9 y pregunte a su niño(a) cuánto es en total. Por ejemplo: 2 decenas son 20.

Cuenta para hallar cuántas decenas hay.

1.

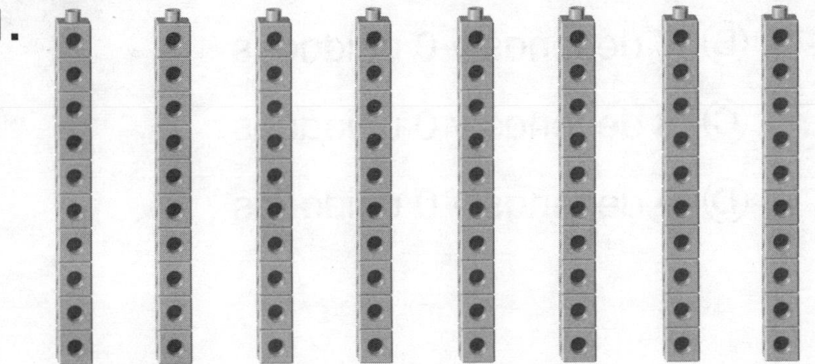

____, ____, ____, ____, ____, ____, ____, ____

____ decenas y ____ unidades

2.

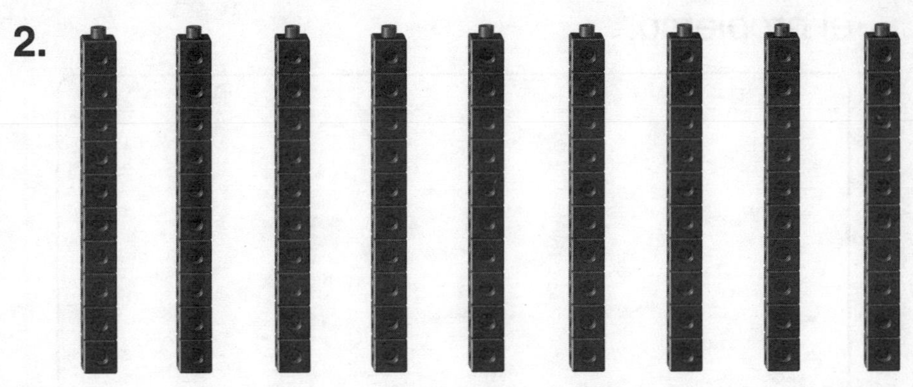

____, ____, ____, ____, ____, ____, ____, ____, ____

____ decenas y ____ unidades

Razonar Dibuja los cubos que representen cada conteo que se muestra. Luego, escribe el total de decenas.

3. 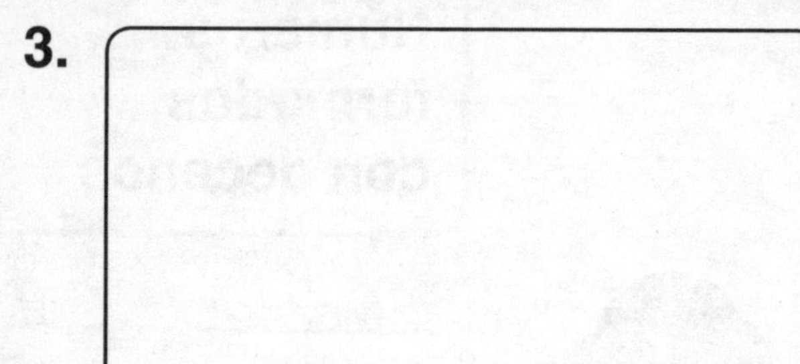

10, 20, 30, 40, 50, 60, 70

_____ decenas

4. 

10, 20, 30

_____ decenas

5. 

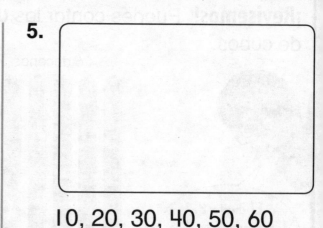

10, 20, 30, 40, 50, 60

_____ decenas

6. Razonamiento de orden superior Mirna tiene 5 bolsas. Hay 10 canicas en cada bolsa. No hay canicas fuera de las bolsas. ¿Cuántas canicas tiene Mirna en total? Haz un dibujo para resolver el problema.

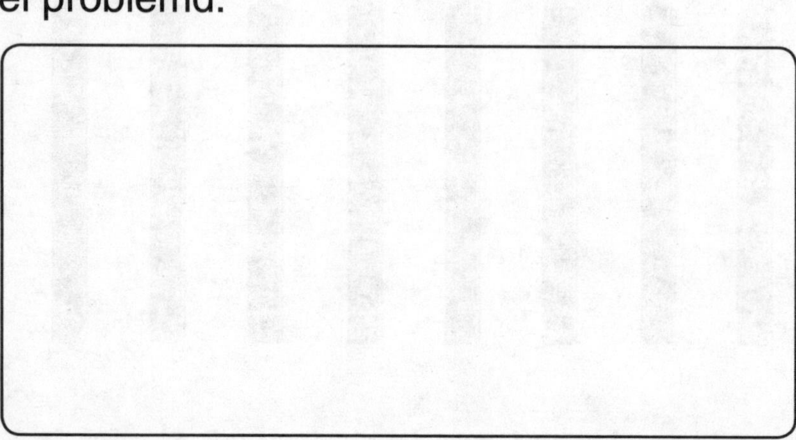

Mirna tiene _____ canicas.

7. Práctica para la evaluación Gaby compró un cuaderno que tiene 90 hojas. ¿Qué frase representa las 90 hojas?

Ⓐ 6 decenas y 0 unidades

Ⓑ 7 decenas y 0 unidades

Ⓒ 8 decenas y 0 unidades

Ⓓ 9 decenas y 0 unidades

Nombre ____________________

Práctica adicional 8-3

Contar con grupos de decenas y unidades

¡Revisemos! Puedes contar de 10 en 10 y luego contar los sobrantes de 1 en 1.

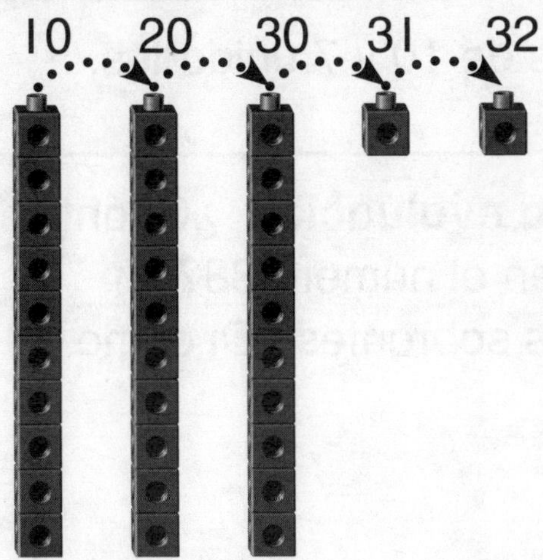

3 grupos de 10 y 2 unidades

32 en total

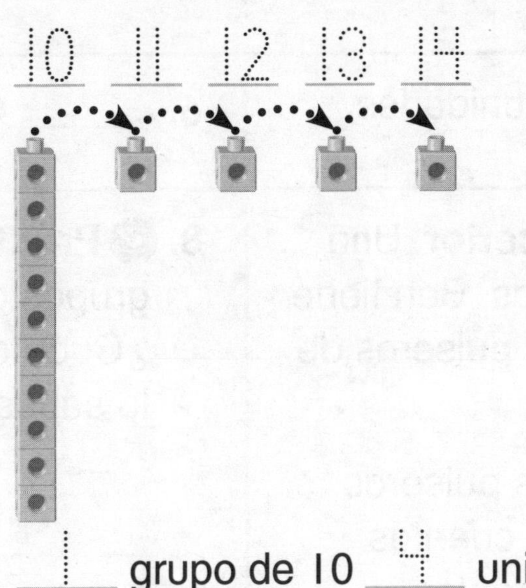

1 grupo de 10 4 unidades

14 en total

ACTIVIDAD PARA EL HOGAR
Haga una pila con 25 monedas de 1¢. Pida a su niño(a) que forme grupos de 10 monedas. Pregúntele: "¿Cuántos grupos de 10 monedas hay? ¿Cuántas monedas sobran?". Repita la actividad con hasta 40 monedas.

Cuenta de 10 en 10 y de 1 en 1. Luego, escribe los números.

1. ____ ____ ____ ____ ____ ____

____ grupos de 10

____ unidades

____ en total

2. ____ ____ ____ ____ ____ ____

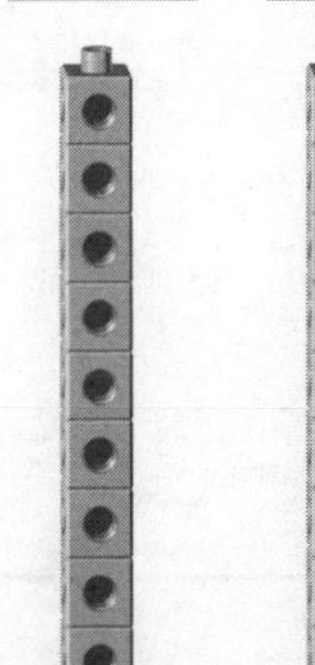
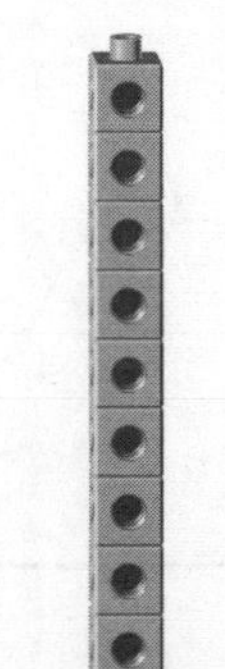
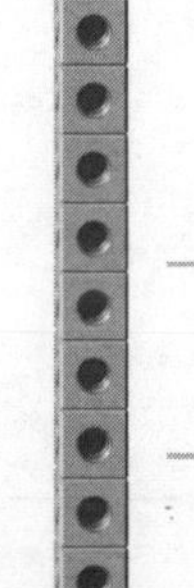

____ grupos de 10

____ unidades

____ en total

Razonar Escribe el número que falta.

3. _____ es 1 grupo de 10 y 2 unidades.

4. 31 es _____ grupos de 10 y 1 unidad.

5. 14 es 1 grupo de 10 y _____ unidades.

6. _____ es 2 grupos de 10 y 7 unidades.

7. **Razonamiento de orden superior** Una pulsera se hace con 10 cuentas. Ben tiene 34 cuentas en total. ¿Cuántas pulseras de 10 cuentas puede hacer?

Haz un dibujo para mostrar las pulseras que Ben puede hacer con sus cuentas. Luego, dibuja las cuentas sobrantes.

8. **Práctica para la evaluación** ¿Cuántos grupos de 10 hay en el número 38? ¿Cuántas unidades sobrantes? Di cómo lo sabes.

____

____

____

____

Piensa en lo que significa "sobrantes".

Nombre ______________________

Práctica adicional 8-4
Decenas y unidades

¡Revisemos! Puedes usar un tablero para mostrar las decenas y las unidades.

3 decenas es 30.

4 unidades es 4.

3 decenas y 4 unidades es 34.

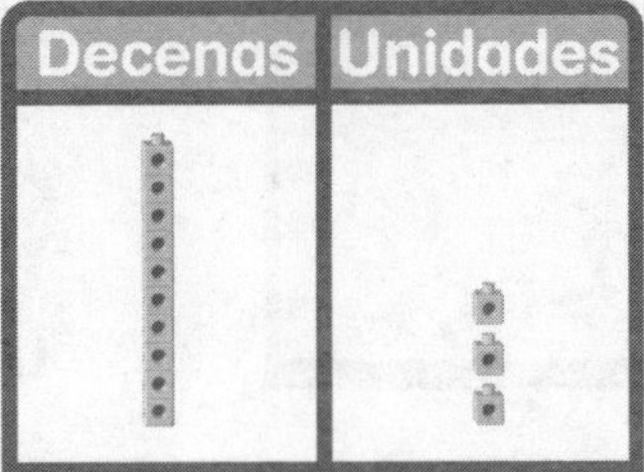

1 decena es 10.

3 unidades es 3.

1 decena y 3 unidades es 13.

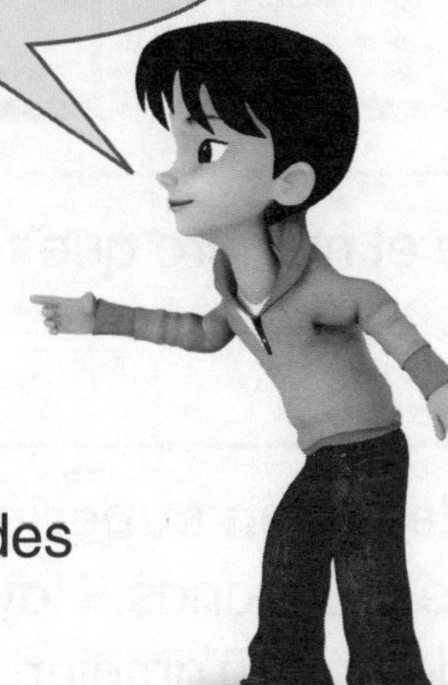

ACTIVIDAD PARA EL HOGAR Haga una tabla y divídala en dos columnas. Nombre la columna de la izquierda "Decenas" y escriba el número 3. Nombre la columna de la derecha "Unidades" y escriba el número 4. Pida a su niño(a) que haga un dibujo que muestre ese número. Pídale que use los términos *decenas* y *unidades* para describir cuántos hay.

Cuenta las decenas y las unidades. Luego, escribe los números.

1.

Decenas	Unidades

_____ decenas es _____.

_____ unidades es _____.

_____ decenas y _____ unidades es _____.

2.

Decenas	Unidades

_____ decenas es _____.

_____ unidades es _____.

_____ decenas y _____ unidades es _____.

Cuenta las decenas y las unidades. Luego, escribe los números.

3. 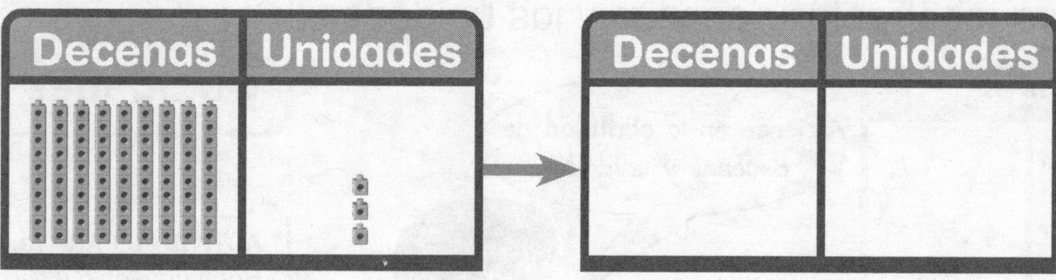

_____ decenas y _____ unidades es _____.

4. **Razonar** Escribe el número que falta.

6 decenas y _____ unidades es lo mismo que 60.

5. **Razonamiento de orden superior** Sara compró 4 cajas de manzanas. Hay 10 manzanas en cada caja. También compró una bolsa con 8 manzanas. ¿Cuántas manzanas compró Sara?

Haz un dibujo para resolver el problema.

Sara compró _____ manzanas.

6. **Práctica para la evaluación** Una caja contiene 4 filas de 10 DVD y 2 DVD más en la parte de arriba. ¿Cuántos DVD caben en la caja? Escribe los números que faltan.

_____ decenas y _____ unidades es _____.

_____ DVD

Nombre ______________________________

Práctica adicional 8-5
Más sobre decenas y unidades

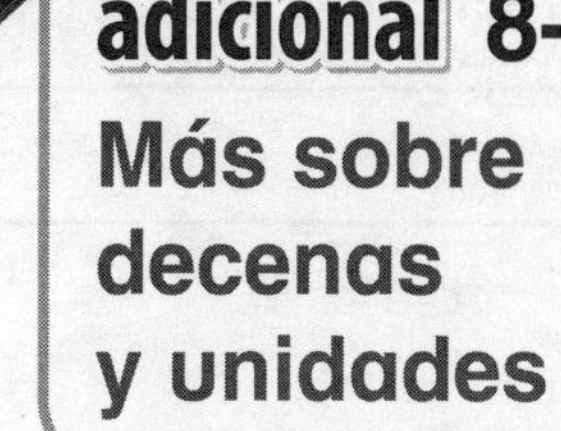

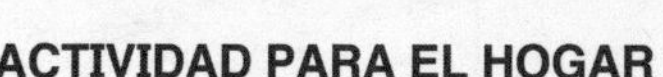

ACTIVIDAD PARA EL HOGAR
Dé a su niño(a) un número entre 0 y 99 y pídale que dibuje un modelo para representarlo. Cuando termine el modelo, pídale que cuente de 10 en 10 y de 1 en 1 para comprobar que el modelo representa correctamente el número. Asegúrese de que su niño(a) señale una línea cada vez que cuente de 10 en 10 y un punto cuando cuente de 1 en 1. Repita la actividad con otros números.

¡Revisemos! Puedes mostrar con un dibujo las decenas y las unidades que forman un número.

¿Cuántas decenas y unidades hay en 56?

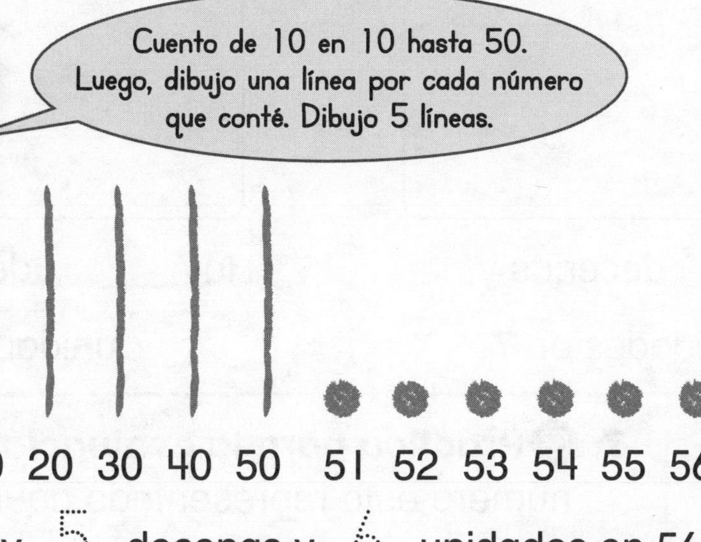

Cuento de 10 en 10 hasta 50.
Luego, dibujo una línea por cada número que conté. Dibujo 5 líneas.
Después, cuento de 1 en 1 desde 50 hasta 56. Dibujo un punto por cada número que cuento. Dibujo 6 puntos.
10 20 30 40 50 51 52 53 54 55 56

Hay 5 decenas y 6 unidades en 56.

Escribe los números y dibuja un modelo para mostrar cada número. Cuenta de 10 en 10 y de 1 en 1 para comprobar.

1. Hay ____ decenas y ____ unidades en 72.

2. Hay ____ decenas y ____ unidades en 43.

Representar Dibuja modelos como ayuda para hallar el número de decenas y unidades en cada número.

3.

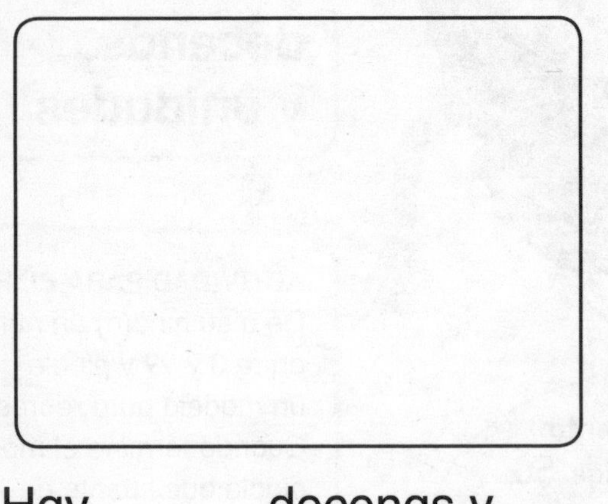

Hay _____ decenas y _____ unidades en 58.

4.

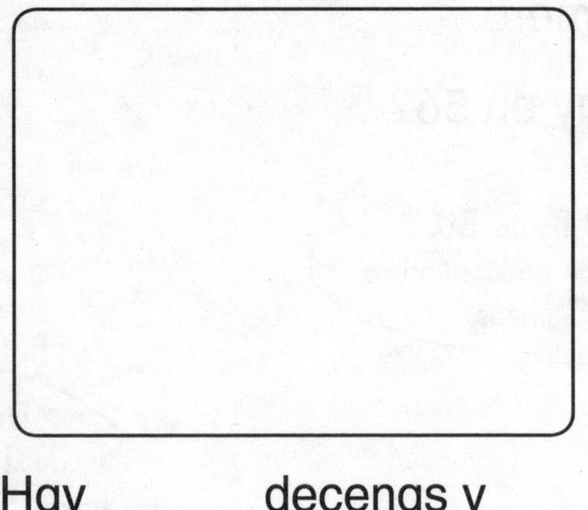

Hay _____ decenas y _____ unidades en 7.

5.

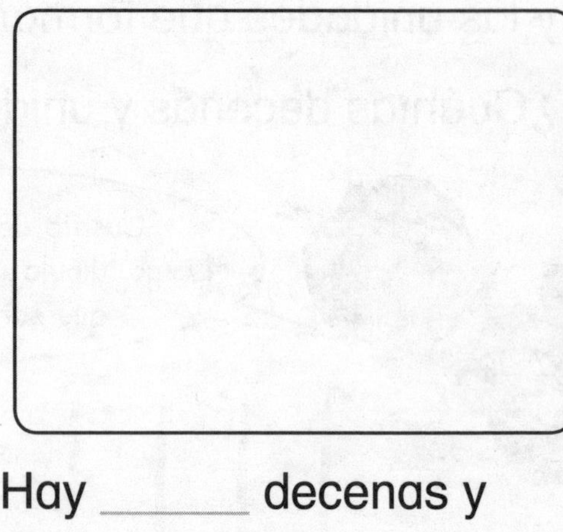

Hay _____ decenas y _____ unidades en 90.

6. Razonamiento de orden superior Mayra empezó a dibujar un modelo para el número 84, pero no lo terminó. Ayúdala a terminar su modelo.

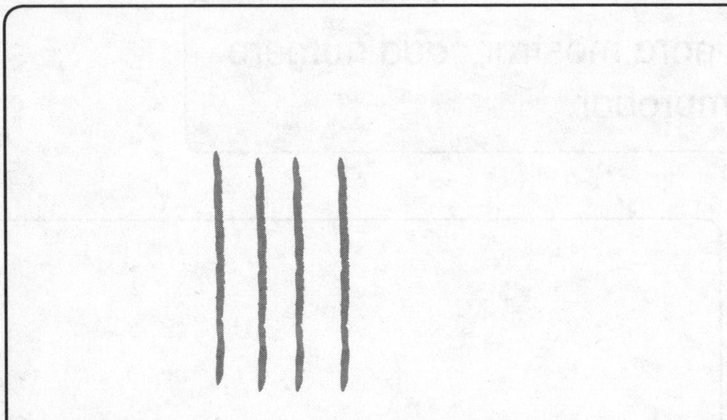

7. Práctica para la evaluación ¿Qué número está representado aquí?

Ⓐ 15

Ⓑ 11

Ⓒ 50

Ⓓ 51

Nombre ______________________________

Práctica adicional 8-6
Nombres diferentes para el mismo número

ACTIVIDADES PARA EL HOGAR
Escriba un número de dos dígitos. Pida a su niño(a) que escriba el número de decenas y unidades que hay en el número. Luego, pídale que use otra manera de escribir las decenas y unidades en el número. Por ejemplo, 26 es 2 decenas y 6 unidades. También es 1 decena y 16 unidades.

¡Revisemos! Puedes descomponer un número de distintas maneras.

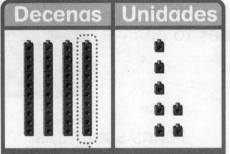

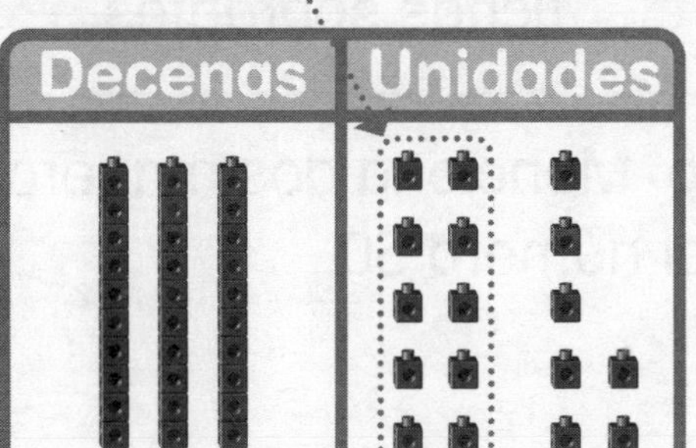

47 es 4 decenas y 7 unidades.

47 es 3 decenas y 17 unidades.

Recuerda: puedes descomponer una decena para formar 10 unidades.

Descompón el número de diferentes maneras.
Usa o dibuja cubos como ayuda.

1. Escribe dos maneras de mostrar 24.

24 es _____ decenas y _____ unidades.

24 es _____ decena y _____ unidades.

2. Escribe dos maneras de mostrar 38.

38 es _____ decenas y _____ unidades.

38 es _____ decenas y _____ unidades.

Resuelve los problemas.

3. Escribe un número de dos dígitos. Luego, descompón el número de dos maneras distintas.

Mi número: ______

Manera 1: _____ decenas y _____ unidades

Manera 2: _____ decenas y _____ unidades

4. Buscar patrones Patty tiene 47 fichas. Coloca algunas en pilas de 10. Muestra dos maneras.

_____ pilas y _____ fichas sobrantes

_____ pilas y _____ fichas sobrantes

5. Un número tiene 6 decenas y 8 unidades. ¿De qué otra manera se puede nombrar el número?

6. Sentido numérico Menciona dos maneras de descomponer el número 50.

Manera 1: _____ decenas y _____ unidades.

Manera 2: _____ decenas y _____ unidades.

7. Razonamiento de orden superior ¿Qué número se muestra en el tablero?

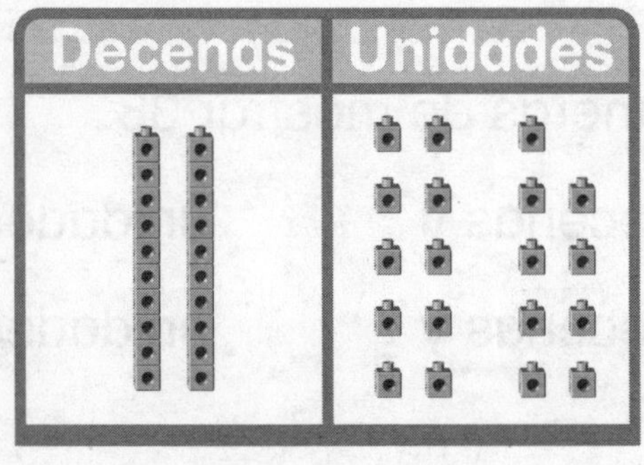

______

8. Práctica para la evaluación ¿De qué maneras se puede descomponer el número 32? Selecciona dos que apliquen.

- ☐ 2 decenas y 3 unidades
- ☐ 3 decenas y 2 unidades
- ☐ 3 decenas y 12 unidades
- ☐ 2 decenas y 12 unidades

Nombre ______________________________

Práctica Herramientas

Práctica adicional 8-7
Buscar y usar la estructura

¡Revisemos! Puedes hacer una lista para resolver problemas.

¿Cuáles son todas las maneras en las que se puede mostrar 49 con decenas y unidades?

Decenas	Unidades
4	9
3	19
2	29
1	39
0	49

Hacer una lista te ayuda a ver el patrón y a asegurarte de que encontraste todas las maneras.

ACTIVIDAD PARA EL HOGAR
Diga a su niño(a) un número de 2 dígitos y pregúntele: "¿De cuántas maneras puedes mostrar este número?". Pídale que haga una lista con las decenas y unidades que usaría para mostrar cada manera. Repita la actividad con varios números de 2 dígitos.

Haz una lista para resolver cada problema. Puedes usar cubos como ayuda.

1. Mark quiere mostrar 34 con decenas y unidades. ¿Cuáles son todas las maneras de hacerlo?

Decenas	Unidades

2. Maya quiere mostrar 28 con decenas y unidades. ¿Cuáles son todas las maneras de hacerlo?

Decenas	Unidades

Tarea de rendimiento

Flores Rafa quiere plantar 53 flores. En cada caja puede plantar un grupo de 10 flores. En cada maceta puede plantar una flor.

¿Cuántas cajas y macetas puede usar Rafa para plantar las flores?

Lista de Rafa

Cajas	Macetas
5	3
4	13
3	23
2	33
1	43

3. **Razonar** Rafa hizo una lista de las cajas y macetas que puede usar. ¿Escribió todas las maneras posibles? Di cómo lo sabes. Si Rafa olvidó alguna manera, escríbela.

4. **Explicar** ¿Hay alguna manera en la que Rafa puede plantar las 53 flores usando cajas únicamente? Explica cómo lo sabes.

5. **Buscar patrones** ¿De cuántas maneras diferentes puede Rafa plantar las flores en cajas y macetas? ¿Cómo puedes usar un patrón para asegurarte de que has encontrado todas las maneras?

Nombre ______________________

Práctica adicional 9-1
1 más, 1 menos; 10 más, 10 menos

ACTIVIDAD PARA EL HOGAR
Escriba un número de dos dígitos. Pida a su niño(a) que escriba los números que son 1 más que, 1 menos que, 10 más que y 10 menos que ese número. Si es necesario, dele monedas o fichas como ayuda. Repita la actividad con varios números de 2 dígitos.

¡Revisemos! Puedes usar bloques de valor de posición para mostrar 1 más que, 1 menos que, 10 más que o 10 menos que.

34

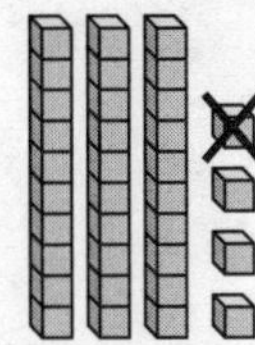

Puedes tachar 1 cubo para mostrar 1 menos que 34.

1 menos que 34 es 33.

Puedes añadir 1 cubo para mostrar 1 más que 34.

1 más que 34 es 35.

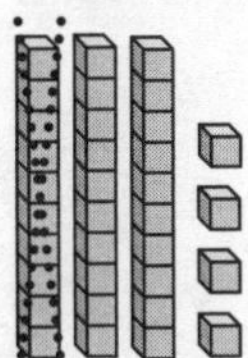

Puedes tachar 1 decena para mostrar 10 menos que 34.

10 menos que 34 es 24.

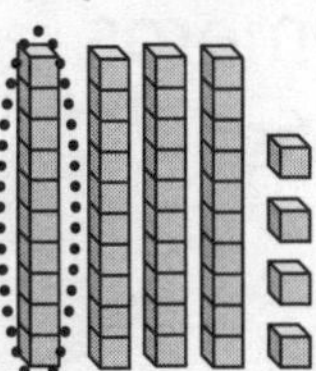

Puedes añadir 1 decena para mostrar 10 más que 34.

10 más que 34 es 44.

Completa cada oración.

1\.

1 más que 23 es ______.

1 menos que 23 es ______.

2\.

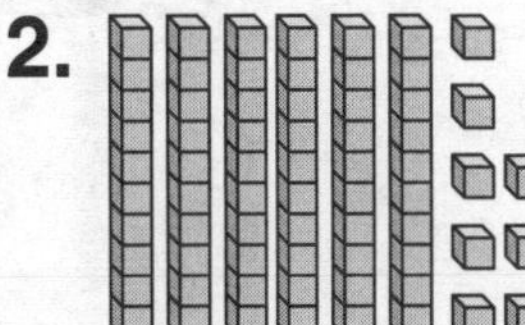

10 menos que 68 es ______.

10 más que 68 es ______.

Resuelve cada problema. Puedes hacer dibujos para ayudarte.

3. **24**

1 más que 24 es _____.

1 menos que 24 es _____.

10 más que 24 es _____.

10 menos que 24 es _____.

4. **67**

1 más que 67 es _____.

1 menos que 67 es _____.

10 más que 67 es _____.

10 menos que 67 es _____.

5. **Razonamiento de orden superior** Sigue las flechas. Escribe los números que sean 1 más, 1 menos, 10 más o 10 menos.

Puedes hacer dibujos para ayudarte.

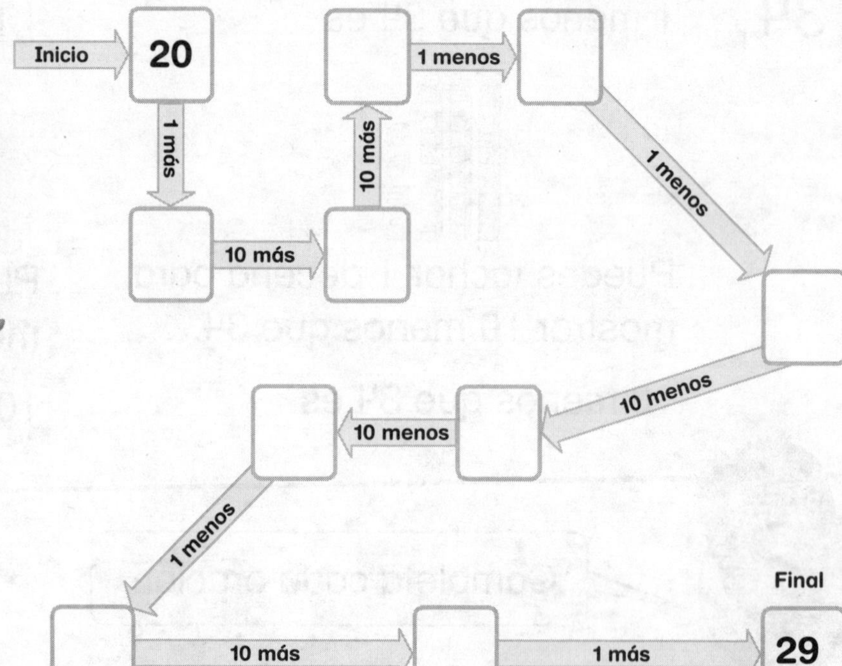

6. **Práctica para la evaluación** Une con una línea cada número con su descripción.

23	1	13	55
10 más que 3	1 más que 54	10 menos que 33	1 menos que 2

Nombre ______________________

Práctica adicional 9-2

Hallar números en una tabla de 100

¡Revisemos! Puedes usar una tabla de 100 para hallar 1 más, 1 menos, 10 más o 10 menos que un número.

1	2	3	4	5
11	12	13	14	15
21	22	23	24	25
31	32	33	34	35
41	42	43	44	45

¿Qué números son 1 más, 1 menos, 10 más y 10 menos que 23?

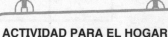

Mira el número que está después del 23 para hallar 1 más.

1 más que 23 es 24.

Mira el número que está debajo del 23 para hallar 10 más.

10 más que 23 es 33.

Mira el número que está antes del 23 para hallar 1 menos.

1 menos que 23 es 22.

Mira el número que está encima del 23 para hallar 10 menos.

10 menos que 23 es 13.

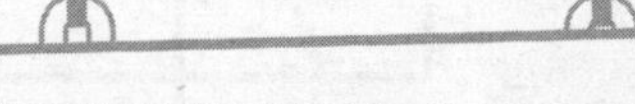

ACTIVIDAD PARA EL HOGAR Escriba un número entre 11 y 89 en una hoja. Pida a su niño(a) que escriba el número que es 1 más, 1 menos, 10 más y 10 menos que ese número. Repita la actividad con otros números. Comente los patrones que descubra su niño(a).

Usa una tabla de 100 para completar cada oración.

1. 1 más que 77 es ______.
1 menos que 77 es ______.
10 más que 77 es ______.
10 menos que 77 es ______.

2. 1 más que 62 es ______.
1 menos que 62 es ______.
10 más que 62 es ______.
10 menos que 62 es ______.

3. 1 más que 89 es ______.
1 menos que 89 es ______.
10 más que 89 es ______.
10 menos que 89 es ______.

Completa la parte de la tabla de 100 para hallar 1 más, 1 menos, 10 más o 10 menos.

4.

5.

6.

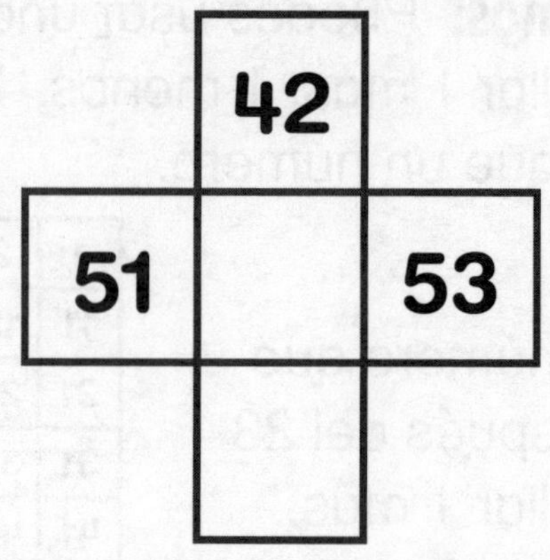

7. Razonamiento de orden superior ¿Cómo puedes usar los bloques de valor de posición y la tabla de 100 para mostrar el número que es 10 más que 43? ¿Cuál es el número?

8. Práctica para la evaluación Completa la tabla para hallar 1 más, 1 menos, 10 más y 10 menos.

24

35

Nombre ______________________

Práctica adicional 9-3
Comparar números

¡Revisemos! Puedes comparar números para decidir si un número es mayor o menor que otro número.

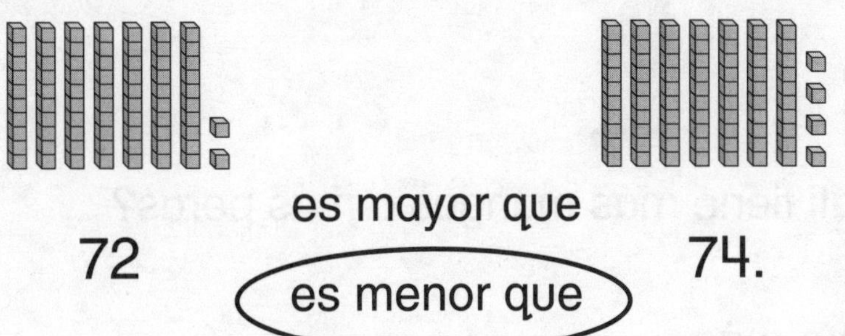

72 es mayor que / es menor que (encerrado en un círculo) 74.

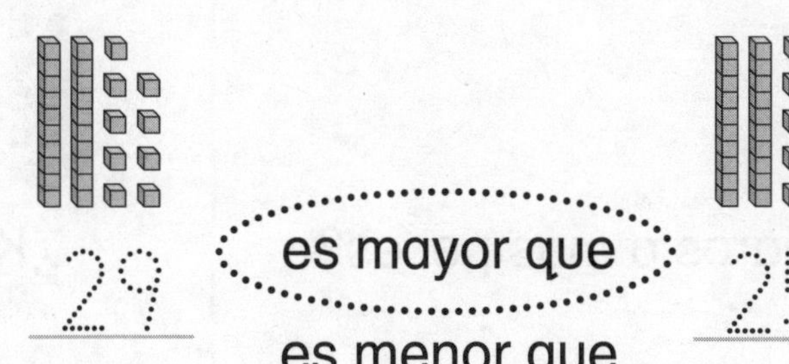

29 es mayor que (encerrado en un círculo) / es menor que 25.

ACTIVIDAD PARA EL HOGAR
Dé a su niño(a) 2 números de 2 dígitos y pídale que complete una de estas oraciones: _____ es mayor que _____ o _____ es menor que _____. Si es necesario, pídale que haga dibujos. Trate de usar números donde el dígito de las decenas o de las unidades sea el mismo. Esto hará que su niño(a) compare solo las decenas o solo las unidades para determinar cuál es mayor o menor.

Escribe un número que represente cada modelo. Luego, encierra en un círculo **es mayor que** o **es menor que**.

1.

_____ es mayor que / es menor que _____

2.

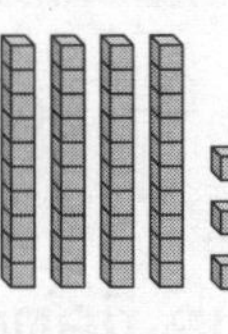

_____ es mayor que / es menor que _____

3.

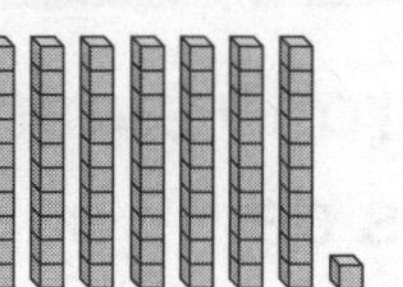

_____ es mayor que / es menor que _____

Resuelve cada problema y completa cada oración.

4. Tom cuenta 29 peces y 22 pájaros en el zoológico.

¿Tom cuenta más pájaros o más peces?

Tom cuenta más ___________.

_____ es mayor que _____.

5. Kati tiene 18 mangos y 21 peras.

¿Kati tiene más mangos o más peras?

Tiene más ___________.

_____ es menor que _____.

6. Razonamiento de orden superior Adán escribió un número mayor que 50 y menor que 54. ¿Qué números pudo haber escrito Adán? Explícalo.

7. Práctica para la evaluación Martín tiene más de 41 canicas y menos de 43 canicas. Maya tiene más de 47 canicas y menos de 49 canicas. Une con líneas para mostrar la cantidad de canicas que tienen Martín y Maya.

Canicas de Martín	40
Canicas de Maya	42
	48
	50

Práctica adicional 9-4

Comparar números con símbolos (>, <, =)

¡Revisemos!
Puedes usar < para indicar que un número es menor que otro.
Puedes usar > para indicar que un número es mayor que otro.
Puedes usar = para indicar que un número es igual a otro.

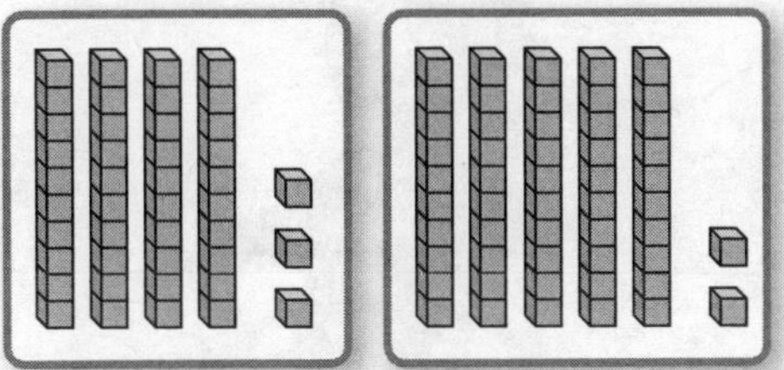

43 (<) 52

43 es menor que 52.

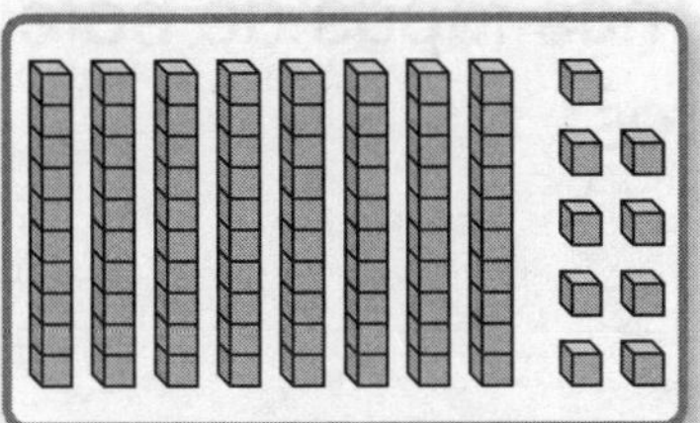

89 (>) 75

89 es mayor que 75.

ACTIVIDAD PARA EL HOGAR
Escriba 2 números de dos dígitos. Deje un espacio entre los números. Pida a su niño(a) que escriba <, > o = para comparar los números. Luego, pídale que lea la oración, reemplazando los símbolos con "es mayor que", "es menor que" o "es igual a". Repita la actividad con otros números.

Escribe >, < o = para completar la oración.
Luego, escribe **mayor que**, **menor que** o **igual a**.

1.

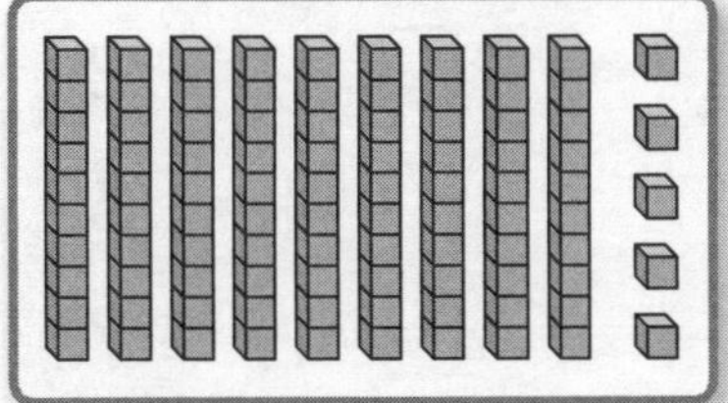

94 ( ) 95

94 es ______________ 95.

2.

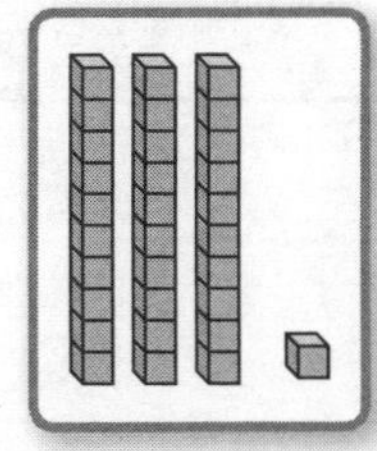

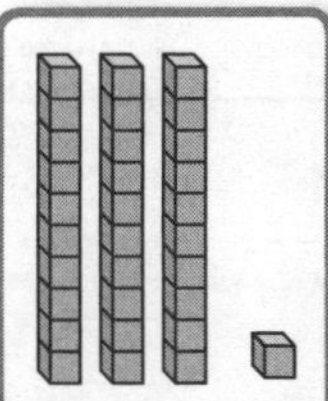

31 ( ) 31

31 es ______________ 31.

Escribe >, < o = para comparar los números.

3. 45 ◯ 50

4. 97 ◯ 97

5. 21 ◯ 12

6. 33 ◯ 63

7. Hacerlo con precisión Brando tiene 79 tapas de botella y Gloria tiene 88. ¿Quién tiene más tapas de botellas? Escribe >, < o = para comparar los números. Luego, resuelve el problema.

¡Hay que usar los símbolos correctamente!

_____ ◯ _____ o _____ ◯ _____

_____________ tiene más tapas de botellas.

8. Razonamiento de orden superior Escoge 2 números. Escribe 2 oraciones para comparar los números. En una oración usa **es mayor que, es menor que** o **es igual a**. En la otra oración usa >, < o. =

____

____

____

9. Práctica para la evaluación Nora escribió estas cuatro ecuaciones para la clase. ¿Qué ecuaciones **NO** son verdaderas? Escoge tres.

- ☐ $62 < 27$
- ☐ $18 > 24$
- ☐ $42 < 52$
- ☐ $17 = 71$

Nombre ______________________

Práctica Herramientas

Práctica adicional 9-5

Comparar números en una recta numérica

¡Revisemos! Puedes usar una recta numérica para comparar números. Halla un número que sea menor que 64 y un número que sea mayor que 64.

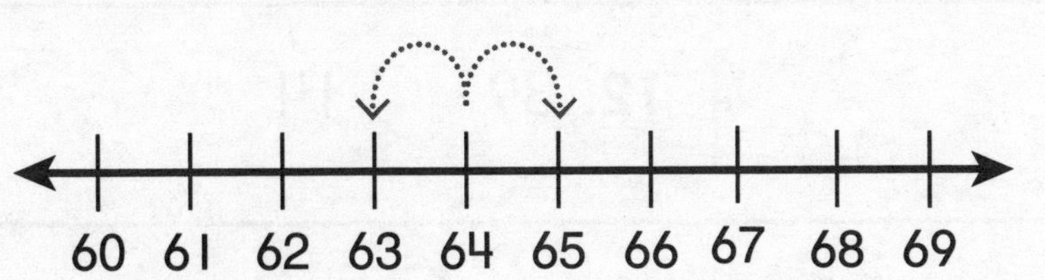

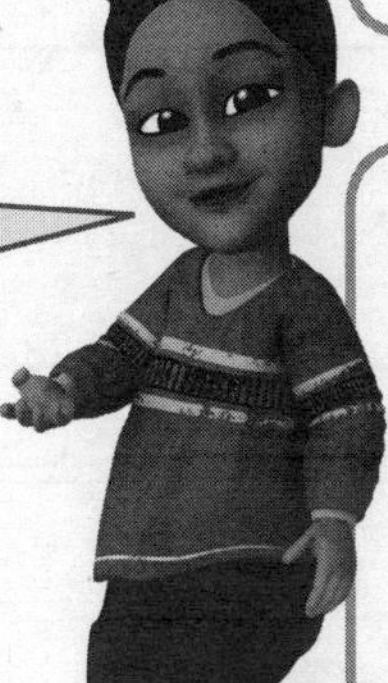

En una recta numérica, los números de la izquierda son menores y los de la derecha son mayores.

63 < 64 65 > 64

63 es menor que 64. 65 es mayor que 64.

ACTIVIDAD PARA EL HOGAR
Haga tarjetas para los números 40 a 50 y para los símbolos >, <, y =. Escoja una tarjeta y pida a su niño(a) que escoja otra tarjeta con un número que sea mayor o menor que el número de su tarjeta. Pídale que ponga la tarjeta con el símbolo correcto entre los dos números. Repita la actividad con otros números hasta 99.

Escribe un número o los símbolos > o < para que cada comparación sea correcta. Usa la recta numérica como ayuda.

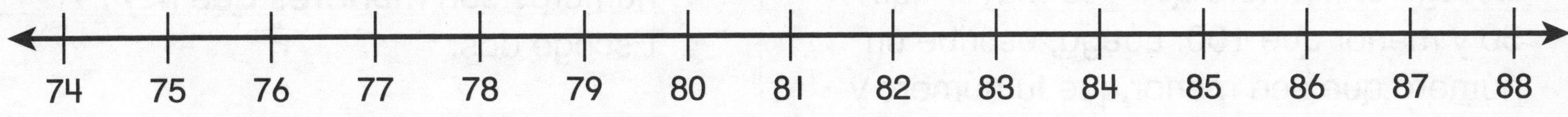

1. _____ < 84

2. 82 > _____

3. 78 < _____

4. 84 ◯ 88

5. 76 ◯ 75

6. 74 ◯ 81

Escribe > o < para hacer correcta cada comparación. Dibuja una recta numérica para ayudarte si es necesario.

7. 29 ◯ 42

8. 63 ◯ 71

9. 34 ◯ 28

10. 47 ◯ 53

11. 87 ◯ 76

12. 39 ◯ 14

13. 77 ◯ 63

14. 24 ◯ 34

15. 89 ◯ 99

16. Andrés está pensando en un número que es menor que 52 y mayor que 40. Su número tiene 3 unidades. ¿Cuál es el número de Andrés?

______

17. Representar ¿Qué número es menor que 23 y mayor que 21?

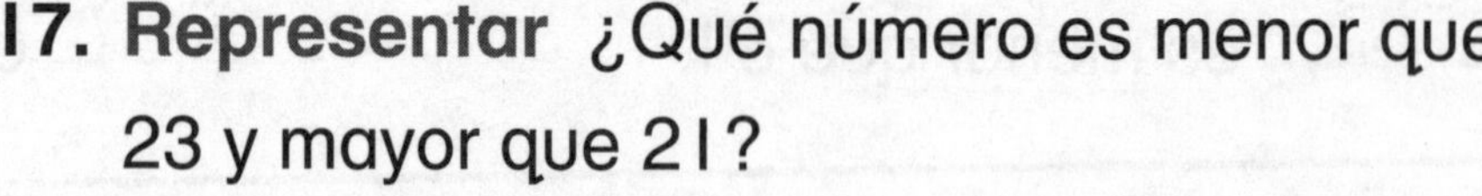
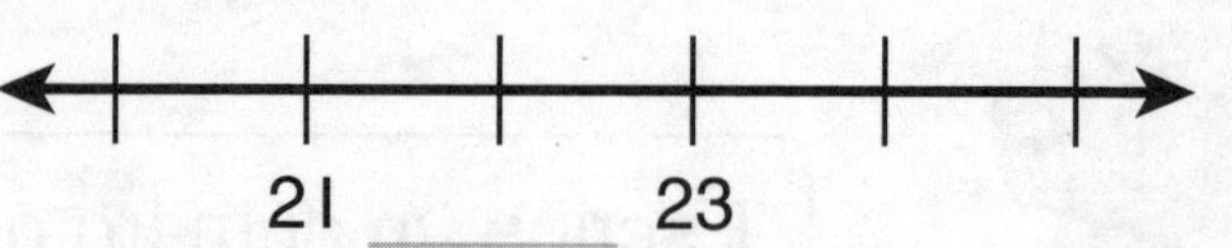

18. Razonamiento de orden superior Escoge un número que sea mayor que 50 y menor que 100. Luego, escribe un número que sea menor que tu número y otro número que sea mayor que tu número.

______ es menor que ______.

______ es mayor que ______.

19. Práctica para la evaluación ¿Qué números son **menores que (<)** 79? Escoge dos.

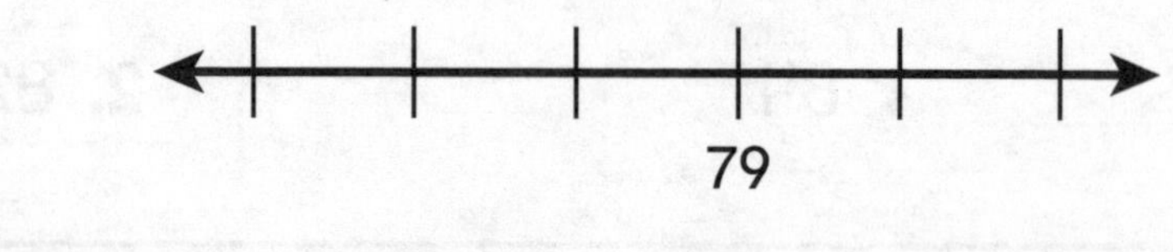

- [ ] 75
- [ ] 78
- [ ] 80
- [ ] 81

Nombre ______________________

Práctica Herramientas

Práctica adicional 9-6

Entender y perseverar

¡Revisemos! Hacer una lista te ayuda a entender el problema.

Puedo usar la primera pista para hacer una lista de las respuestas posibles.
Después, puedo usar la segunda pista para reducir mi lista y encontrar la respuesta.

82 55 52 47

El número de Ian es menor que 60.
Los números podrían ser 47, 52 y 55.

Ian dice que su número tiene un 2 en el lugar de las unidades.
El número de Ian es 52.

ACTIVIDAD PARA EL HOGAR Diga a su niño(a) que usted está pensando en un número. Dele pistas como ayuda para adivinar, por ejemplo: "Es mayor que 70 y menor que 80, y tiene un 5 en el lugar de las unidades". Repita la actividad con otros números y pistas. Luego, pida a su niño(a) que piense en un número y le dé pistas a usted.

Entiende los problemas para encontrar el número secreto en la siguiente lista. Muestra tu trabajo.

48 98 62 92

1. El número de Ben es menor que 90.
Su número puede ser

______________________.

El número de Ben **NO** tiene un 4 en el lugar de las decenas.

El número es ______.

2. El número de Tim es mayor que 50.
Su número podría ser

______________________.

Tim dice que su número tiene un 8 en el lugar de las unidades.

El número es ______.

Números en figuras Felipe escoge un número secreto de los números de la derecha. Te da pistas para ayudarte a encontrarlo. ¿Cuál es el número secreto?

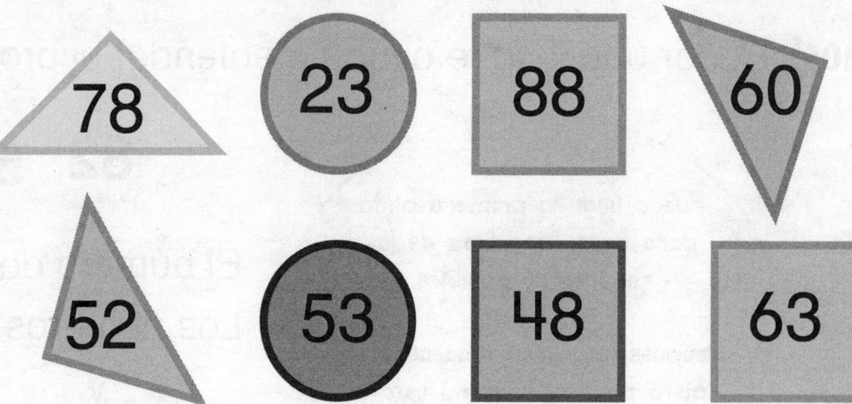

Pistas de Felipe:
- El número **NO** está en un cuadrado.
- El número tiene un 3 en el lugar de las unidades.
- El número es mayor que 50.

3. **Entender** ¿Cuál es tu plan para resolver el problema?

____

____

____

____

¿Cumple tu respuesta con todas las pistas?

4. **Explicar** ¿Cuál es el número secreto? ¿Cómo sabes que tu respuesta es correcta?

____

____

____

____

____

Número secreto: _____

Nombre ______________________________

Práctica Herramientas

Práctica adicional 10-1

Sumar decenas usando modelos

¡Revisemos! Si sabes sumar unidades, puedes sumar decenas.

40 + 50 = ?

40 + 50 es lo mismo que 4 decenas + 5 decenas.

4 decenas + 5 decenas = 9 decenas

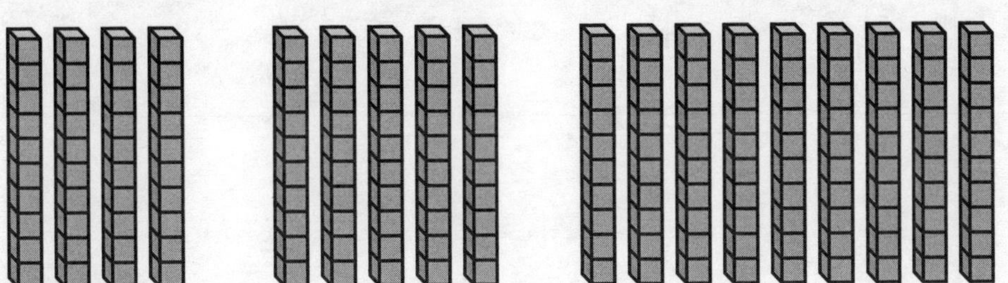

9 decenas es 90. Por tanto, 40 + 50 = 90.

ACTIVIDAD PARA EL HOGAR Cuente de 1 en 1 del 1 al 10 con su niño(a). Luego, cuenten de 10 en 10 del 10 al 100. Comenten de qué manera estas secuencias de conteo son similares. ¿Cuál es la relación entre los números al contar de 1 en 1 y de 10 en 10?

Escribe los números que completan cada ecuación.

1. 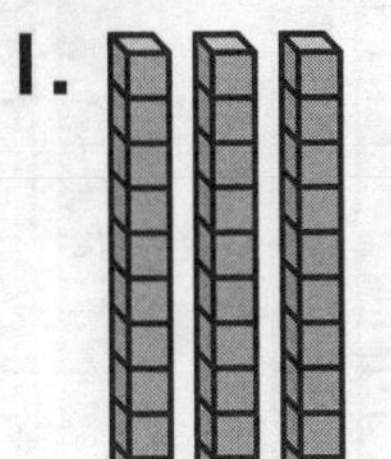 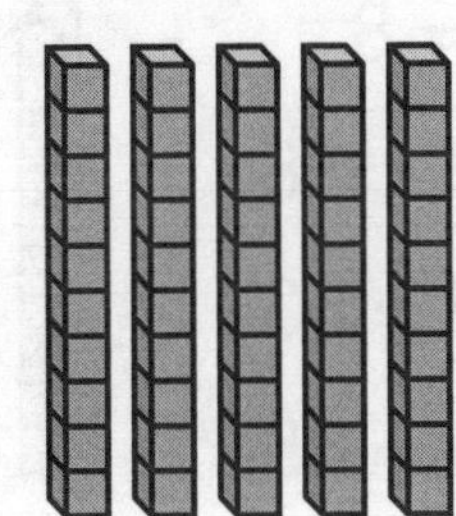

___ decenas + ___ decenas = ___ decenas

_____ + _____ = _____

2. 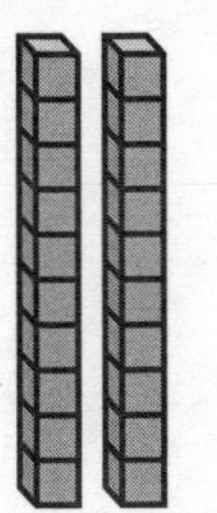 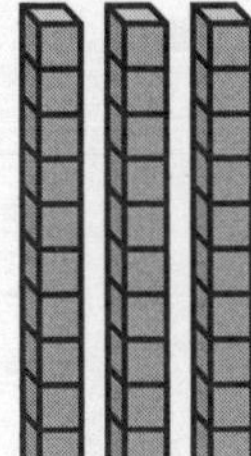

___ decenas + ___ decenas = ___ decenas

_____ + _____ = _____

Escribe los números que completan cada ecuación.

3. Entender Miguel y Tina compraron algunas cajas de paletas heladas. Miguel compró 3 cajas y Tina compró 4 cajas. Cada caja tiene 10 paletas heladas. ¿Cuántas paletas heladas compraron?

_____ + _____ = _____

_____ paletas heladas

4. Entender Rita y Bruno tienen 4 paquetes de pilas cada uno. Cada paquete tiene 10 pilas. ¿Cuántas pilas tienen Rita y Bruno en total?

_____ + _____ = _____

_____ pilas

5. Razonamiento de orden superior Explica cómo el resolver 8 + 2 te puede ayudar a resolver 80 + 20.

____

____

____

____

6. Práctica para la evaluación ¿Qué ecuación representa el dibujo?

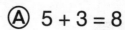

Ⓐ 5 + 3 = 8

Ⓑ 50 + 30 = 80

Ⓒ 50 + 3 = 53

Ⓓ 5 + 30 = 35

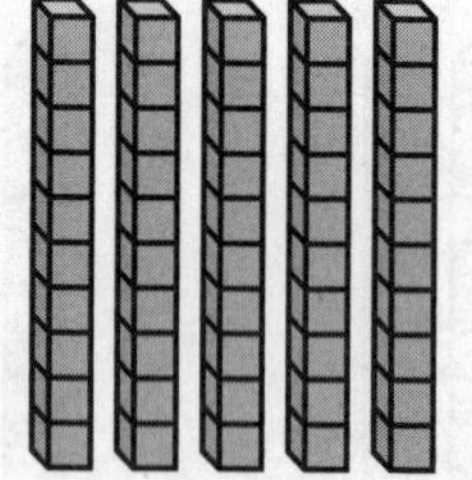

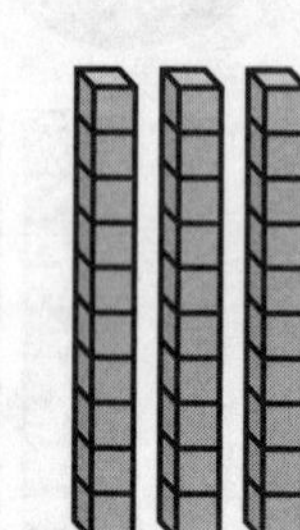

Nombre ____________________

Práctica Herramientas

Práctica adicional 10-2

Cálculo mental: 10 más que un número

¡Revisemos! Puedes sumar mentalmente 10 a cualquier número.

34 + 10 = ____

Imagina que te mueves hacia abajo 1 casilla en una tabla de 100.

21	22	23	24	25	26	27	28	29	30
31	32	33	34	35	36	37	38	39	40
41	42	43	44	45	46	47	48	49	50

34 + 10 = 44

O suma 1 al dígito de las decenas.

3 + 1 = 4, por tanto, 3 decenas + 1 decena = 4 decenas. El dígito de las unidades permanece igual.

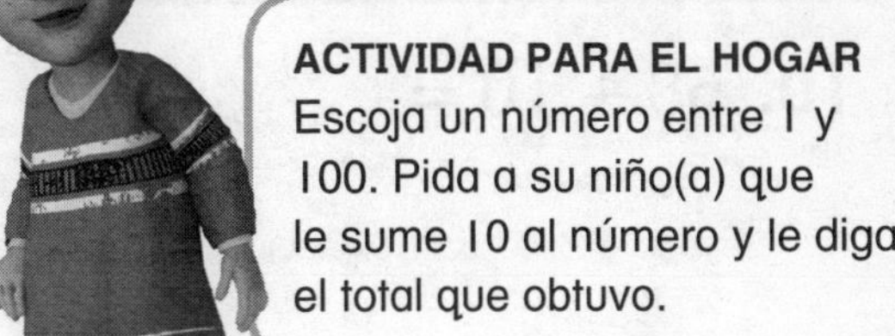

ACTIVIDAD PARA EL HOGAR Escoja un número entre 1 y 100. Pida a su niño(a) que le sume 10 al número y le diga el total que obtuvo.

Calcula mentalmente para resolver cada ecuación.

1. 55 + 10 = ____

2. 10 + 10 = ____

3. 83 + 10 = ____

4. 16 + 10 = ____

5. 15 + 10 = ____

6. 36 + 10 = ____

Calcula mentalmente para resolver los siguientes problemas.

7. 22 + 10 = ____

8. 47 + 10 = ____

9. 78 + 10 = ____

10. 58 + 10 = ____

11. 14 + 10 = ____

12. 59 + 10 = ____

13. 85 + 10 = ____

14. 52 + 10 = ____

15. 38 + 10 = ____

16. Razonamiento de orden superior La clase del maestro Valdez revisó 63 palabras de vocabulario. El martes, revisaron algunas palabras más.

Ahora la clase ha revisado 73 palabras. ¿Cuántas palabras de vocabulario revisó la clase el martes?

____ palabras

17. Práctica para la evaluación Une con una línea cada par de sumandos con su total.

75	28 + 10
64	65 + 10
38	19 + 10
47	54 + 10
29	37 + 10

Nombre ____________________

Práctica adicional 10-3

Sumar decenas y unidades usando una tabla de 100

¡Revisemos! Puedes usar una tabla de 100 para sumar 2 números de dos dígitos.

24 + 30 = ?

Empieza en 24.

Baja 3 filas para sumar 30.

Te detienes en 54.

Por tanto, 24 + 30 = 54.

1	2	3	4	5	6	7	8	9	10
11	12	13	14	15	16	17	18	19	20
21	22	23	24	25	26	27	28	29	30
31	32	33	34	35	36	37	38	39	40
41	42	43	44	45	46	47	48	49	50
51	52	53	54	55	56	57	58	59	60
61	62	63	64	65	66	67	68	69	70
71	72	73	74	75	76	77	78	79	80
81	82	83	84	85	86	87	88	89	90
91	92	93	94	95	96	97	98	99	100

ACTIVIDAD PARA EL HOGAR
Use una tabla de 100. Dé a su niño(a) un número de un dígito, como 7. Pídale que le sume un múltiplo de 10, como 30. Repita la actividad con otros números de un dígito y de dos dígitos.

Usa una tabla de 100 para sumar.

1. 10 + 36 = ____

2. 15 + 8 = ____

3. 20 + 58 = ____

4. 11 + 40 = ____

5. 40 + 13 = ____

6. 7 + 34 = ____

Cuenta de 10 en 10 para hallar los números que faltan.

7. Sentido numérico 5, 15, _____, 35, _____

8. Sentido numérico 9, _____, 29, 39, _____

9. Razonamiento de orden superior Mario tiene 8 canicas. Compra algunas más. Ahora tiene 28 canicas. ¿Cuántas canicas compró Mario?

Haz un dibujo para resolver el problema.

Mario compró _____ canicas.

Usa la tabla de 100 para resolver cada problema.

1	2	3	4	5	6	7	8	9	10
11	12	13	14	15	16	17	18	19	20
21	22	23	24	25	26	27	28	29	30
31	32	33	34	35	36	37	38	39	40
41	42	43	44	45	46	47	48	49	50
51	52	53	54	55	56	57	58	59	60
61	62	63	64	65	66	67	68	69	70
71	72	73	74	75	76	77	78	79	80
81	82	83	84	85	86	87	88	89	90
91	92	93	94	95	96	97	98	99	100

10. Práctica para la evaluación ¿Qué ecuaciones **NO** son verdaderas? Escoge dos.

- ☐ $1 + 10 = 11$
- ☐ $8 + 60 = 78$
- ☐ $3 + 70 = 73$
- ☐ $8 + 40 = 84$

11. Práctica para la evaluación ¿Cuál es el sumando que falta?

$6 + \underline{\ \ ?\ \ } = 76$

Ⓐ 70
Ⓒ 10
Ⓑ 60
Ⓓ 7

Nombre ________________

Práctica Herramientas

Práctica adicional 10-4

Sumar decenas y unidades usando una recta numérica vacía

¡Revisemos! Puedes usar diferentes estrategias para hallar 30 + 29 en una recta numérica.

Empieza en 30.
Suma las decenas y luego las unidades.

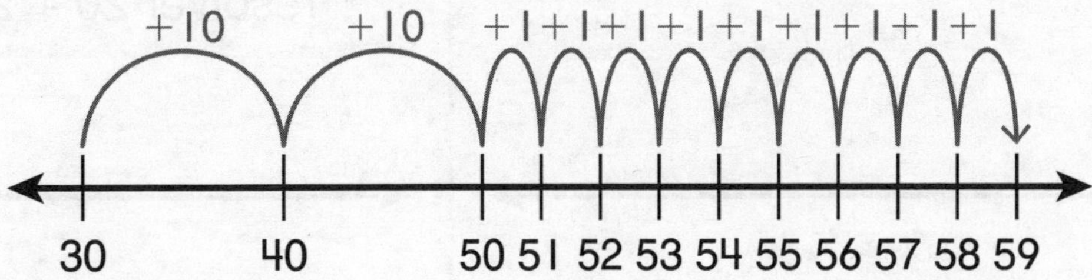

Empieza en 29. Suma las decenas.

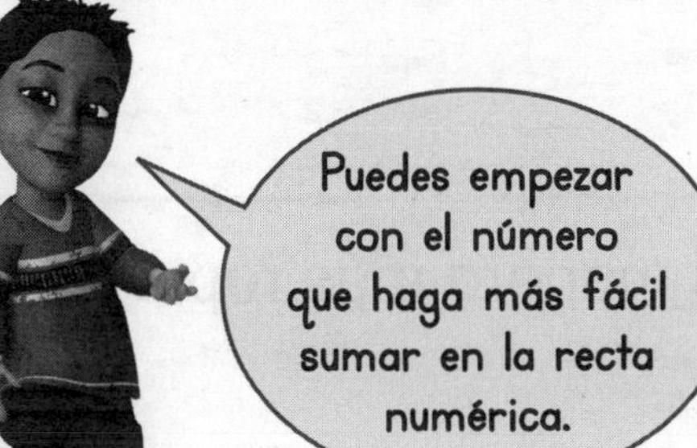

Puedes empezar con el número que haga más fácil sumar en la recta numérica.

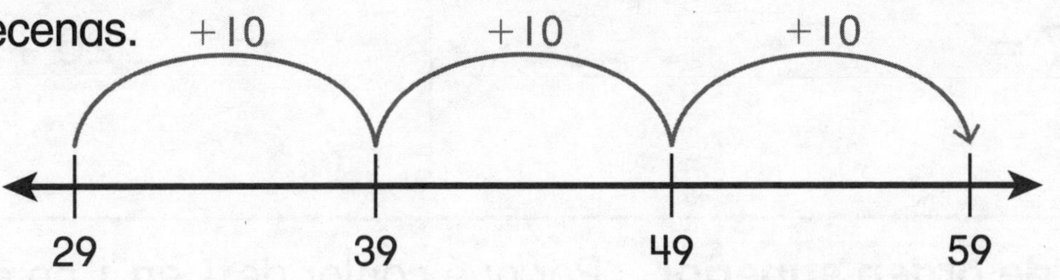

30 + 29 = 59

ACTIVIDAD PARA EL HOGAR
Dibuje una recta numérica vacía en una hoja. Dé a su niño(a) una ecuación de suma que tenga un número de dos dígitos y un número de un dígito. Pídale que haga la suma usando la recta numérica.

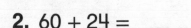

Usa las rectas numéricas para sumar.

1. 80 + 18 = ____

2. 60 + 24 = ____

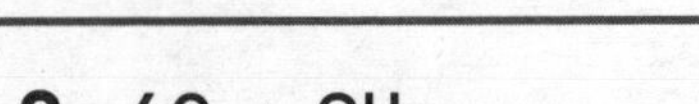

Cuenta hacia adelante para sumar. Muestra tu trabajo en la recta numérica.

3. Cuenta hacia adelante de 1 en 1 para resolver 42 + 7.

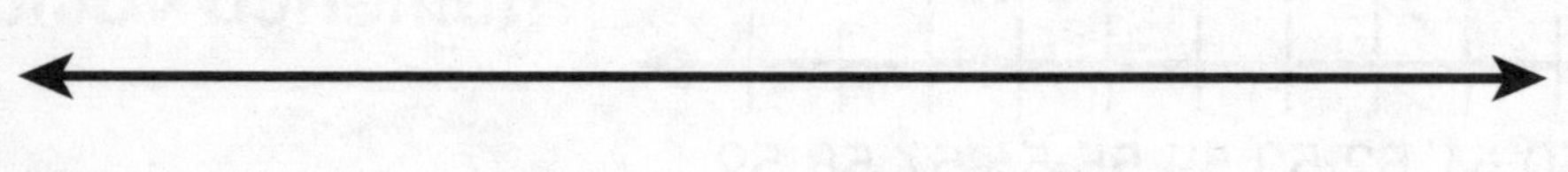

42 + 7 = _____

4. Cuenta hacia adelante de 5 en 5 para resolver 20 + 25.

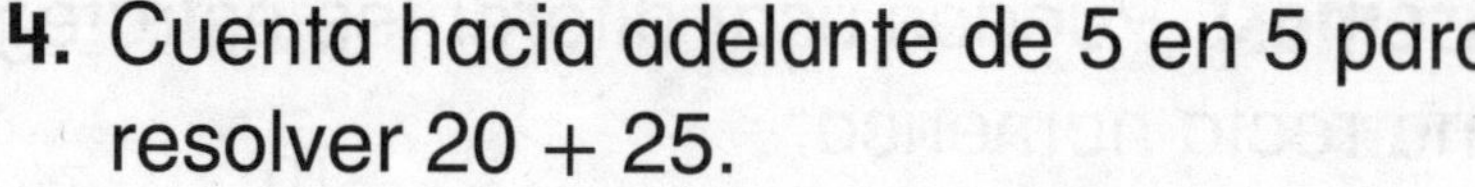

20 + 25 = _____

5. Razonamiento de orden superior ¿Por qué contar de 1 en 1 no es la manera más rápida de sumar 20 + 26 en una recta numérica?

____

____

6. Práctica para la evaluación Resuelve 42 + 30 en la recta numérica vacía. Muestra tu trabajo.

42 + 30 = _____

Nombre ______________________________

Práctica adicional 10-5

Sumar decenas y unidades usando modelos

ACTIVIDAD PARA EL HOGAR Dé a su niño(a) un múltiplo de 10, como 50. Pídale que le sume un número de un dígito, como 4. Repita la actividad con otros múltiplos de 10 y otros números de un dígito.

¡Revisemos! Dibujar decenas y unidades te puede ayudar a sumar.

Las líneas son decenas y los puntos son unidades.

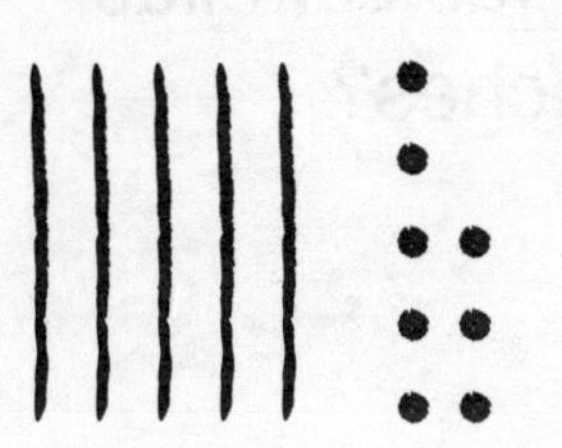

50 + 8 = 58

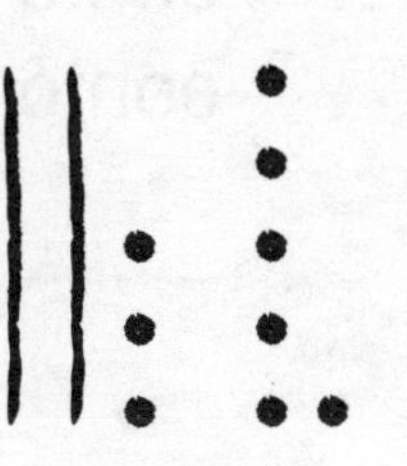

23 + 6 = 29

Suma. Dibuja bloques para mostrar tu trabajo.

1.

20 + 2 = ______

2.

45 + 30 = ______

Representar Escribe una ecuación para representar cada problema. Dibuja bloques como ayuda si es necesario.

3. Andy tiene 19 marcadores. Le dan 21 marcadores más. ¿Cuántos marcadores tiene Andy ahora?

_____ = _____ + _____

_____ marcadores

4. enVision® STEM Ted contó 30 estrellas en una noche. Otra noche, contó 5 estrellas. ¿Cuántas estrellas contó Ted en las dos noches?

_____ = _____ + _____

_____ estrellas

Escribe el número que falta en cada problema.

5. Álgebra

70 + _____ = 76

6. Álgebra

_____ + 8 = 28

7. Álgebra

50 + 3 = _____

8. Razonamiento de orden superior Jorge tiene 4 lápices. Sus amigos le dan unos más. Ahora tiene 24 lápices. ¿Cuántos lápices le dieron a Jorge sus amigos? Haz un dibujo para resolver el problema.

_____ lápices

9. ☑ **Práctica para la evaluación** Halla el número que falta.

71 + __?__ = 77

Ⓐ 6
Ⓑ 10
Ⓒ 60
Ⓓ 70

Nombre ______________________________

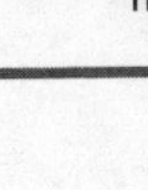

Práctica Herramientas

Práctica adicional 10-6
Formar una decena para sumar

¡Revisemos! Puedes dibujar bloques de valor de posición para hallar 24 + 8.
A veces, puedes formar 10 cuando sumas.

24 + 8
24 + 6 + 2

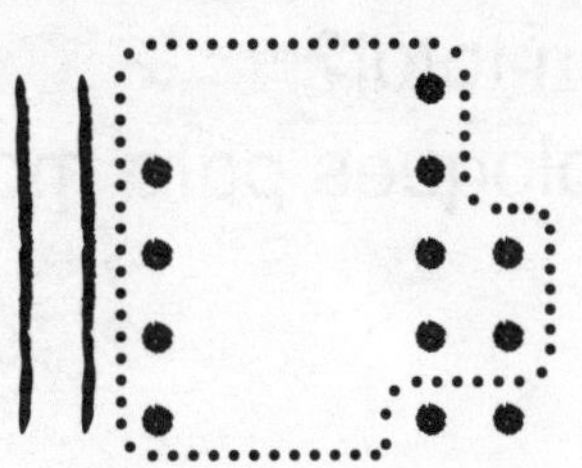

30 + 2 = 32

Por tanto, 24 + 8 = 32.

Hay 3 decenas y 2 unidades.

ACTIVIDAD PARA EL HOGAR Pida a su niño(a) que use monedas de 1¢ para hallar la suma de 26 + 5. Pídale que forme grupos de 10 centavos para explicar su respuesta.

Dibuja bloques y forma 10 para sumar.

1. 47 + 7

Pienso: 47 + ____ = 50

Por tanto, descompongo 7 en ____ + ____.

50 + ____ = ____ Por tanto, 47 + 7 = ____.

2. 55 + 6

Pienso: 55 + ____ = 60

Por tanto, descompongo 6 en ____ + ____.

60 + ____ = ____ Por tanto, 55 + 6 = ____.

Resuelve cada problema.

3. **Usar herramientas** Susi tiene ahorradas 16 monedas de 1¢. Luego, se encuentra 6 monedas de 1¢ más.
¿Cuántas monedas de 1¢ tiene Susi ahora?
Dibuja bloques para mostrar tu trabajo.

_____ monedas de 1¢

4. **Usar herramientas** Héctor maneja 26 vueltas. Ana maneja 7 vueltas.
¿Cuántas vueltas manejaron Héctor y Ana en total?
Dibuja bloques para mostrar tu trabajo.

_____ vueltas

5. **Razonamiento de orden superior** Explica cómo hallar 35 + 9. Usa ecuaciones para mostrar tu razonamiento.

____
____
____
____
____

6. **Práctica para la evaluación** Explica cómo usar la estrategia de formar 10 para hallar 9+ 27.

____
____
____
____
____

Nombre ______________________

Práctica
Herramientas

Práctica adicional 10-7

Sumar usando el valor de posición

¡Revisemos! Halla 28 + 27.
Puedes dibujar bloques para ayudarte a sumar.

Primero suma las unidades.
8 + 7 = 15
15 tiene 1 decena y 5 unidades.

Luego, suma las decenas.
20 + 20 + 10 = 50
Suma el resto de las unidades.
50 + 5 = 55

Hay 5 decenas y 5 unidades.

Por tanto, 28 + 27 = 55.

ACTIVIDAD PARA EL HOGAR
En esta actividad, use monedas de 10¢ para representar decenas y monedas de 1¢ para representar unidades. Pida a su niño(a) que use las monedas para hallar 18 + 27. Cuando su niño(a) vea 15 monedas de 1¢, anímelo a formar 10 intercambiando 10 monedas de 1¢ por 1 moneda de 10¢. Repita esta actividad con sumas de números de dos dígitos.

Suma. Dibuja bloques o una recta numérica como ayuda.

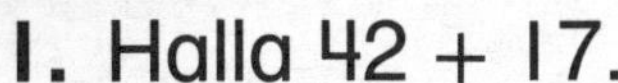

1. Halla 42 + 17.

2 + 7 = ______

40 + 10 = ______

42 + 17 = ______

2. Halla 33 + 28.

3 + 8 = ______

30 + 20 = ______

33 + 28 = ______

Resuelve. Puedes dibujar bloques o una recta numérica como ayuda.

3. Razonar A Fred le gusta armar veleros. Tiene 34 veleros grandes y 26 pequeños. ¿Cuántos veleros armó Fred en total? Escribe una ecuación que muestre el problema.

_____ veleros

4. Razonar María aplaude 15 veces. Luego, aplaude 22 veces más. ¿Cuántas veces aplaude María en total? Escribe una ecuación que muestre el problema.

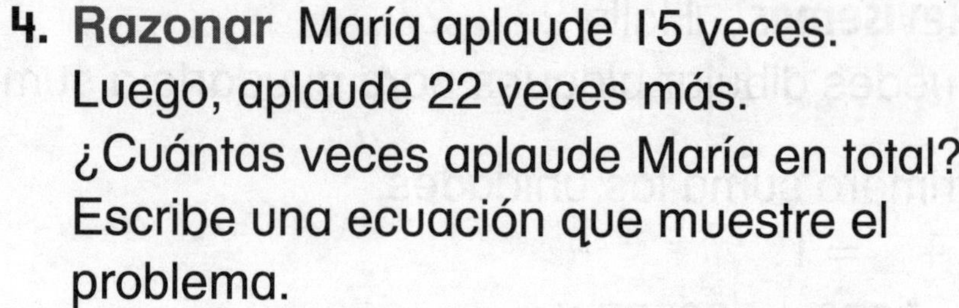

_____ veces

5. Razonamiento de orden superior Escribe dos sumandos con los cuales **NO** necesites formar 10 para sumarlos. Luego, resuelve el problema.

_____ + _____ = _____

6. Práctica para la evaluación ¿En cuáles de las ecuaciones de suma puedes formar 10 para sumar? Escoge dos que apliquen.

- ☐ $24 + 14 =$ ___?___
- ☐ $17 + 25 =$ ___?___
- ☐ $16 + 13 =$ ___?___
- ☐ $26 + 14 =$ ___?___

Nombre ______________________

Práctica adicional 10-8
Practicar la suma usando estrategias

¡Revisemos! Dibujaste bloques para hallar la suma de 34 + 18.

¿Puedes formar 10?

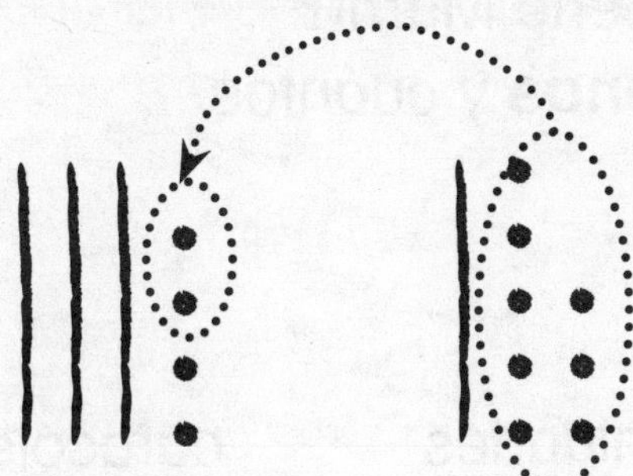

Hay 5 decenas.

Hay 2 unidades.

34 + 18 = 52

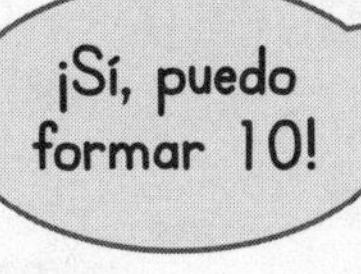

ACTIVIDAD PARA EL HOGAR Haga bloques de valor de posición con papel (tiras largas para las decenas y cuadritos para las unidades) o use objetos para representar decenas y unidades. Escriba una ecuación como esta: número de dos dígitos + número de dos dígitos, como 35 + 17. Pida a su niño(a) que represente el problema con las tiras y cuadritos de papel o con los objetos y que forme 10 para resolver. Repita con otros problemas parecidos.

Halla cada suma. Resuelve de la manera que prefieras. Dibuja o explica lo que hiciste.

1. 49 + 14 = ____

2. 56 + 10 = ____

Halla cada suma. Resuelve de la manera que prefieras.

3. **Razonar** Celina tiene 27 monedas de plata y 30 de cobre. ¿Cuántas monedas tiene Celina en total?

____ monedas

4. **Vocabulario** Marni colecciona caracoles. Tiene 33 caracoles grises y 37 blancos. ¿Cuántos caracoles tiene Marni? Escribe cuántas **decenas** y cuántas **unidades**.

____ decenas ____ unidades ____ caracoles

5. **Razonamiento de orden superior** Edna colecciona camisetas deportivas. Tiene 16 camisetas de fútbol y 24 de básquetbol. También tiene 12 gorras. ¿Cuántas camisetas tiene Edna en total? Haz un dibujo y escribe una ecuación para mostrar tu trabajo.

____ camisetas

6. **Práctica para la evaluación** Óscar usa bloques de valor de posición para mostrar 67 + 29. ¿Cuáles de los siguientes modelos representan el problema? Escoge dos que apliquen.

☐ ☐ ☐ ☐

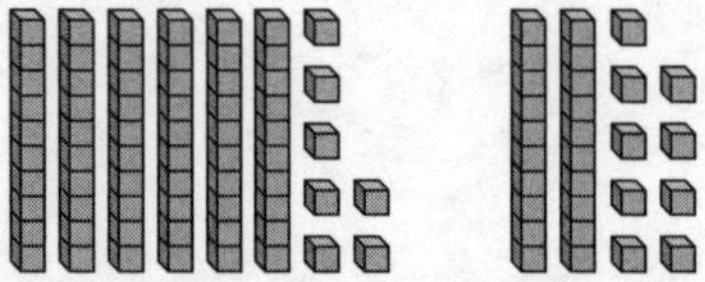

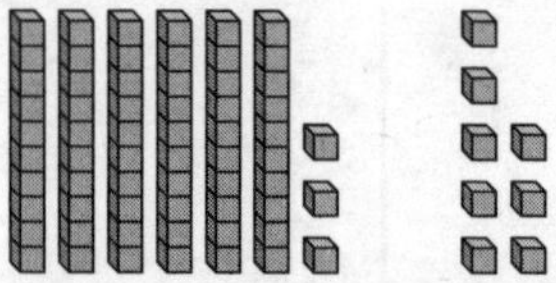

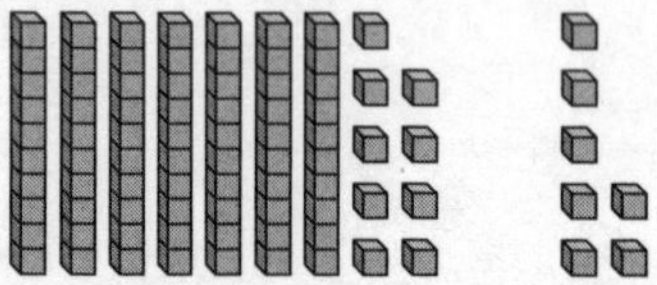

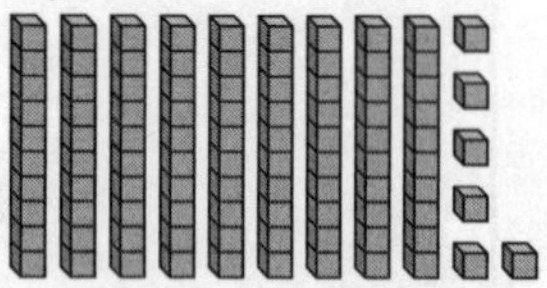

Nombre ______________________________

Práctica Herramientas

Práctica adicional 10-9

Representar con modelos matemáticos

¡Revisemos!

Manolo tiene una caja con 24 crayones.
Encuentra otra caja con 13 crayones
y decide poner todos los crayones juntos.

¿Cuántos crayones tiene en total?
Resuelve y escribe la ecuación.

Puedes usar dibujos para representar el problema. Suma las decenas y luego suma las unidades.

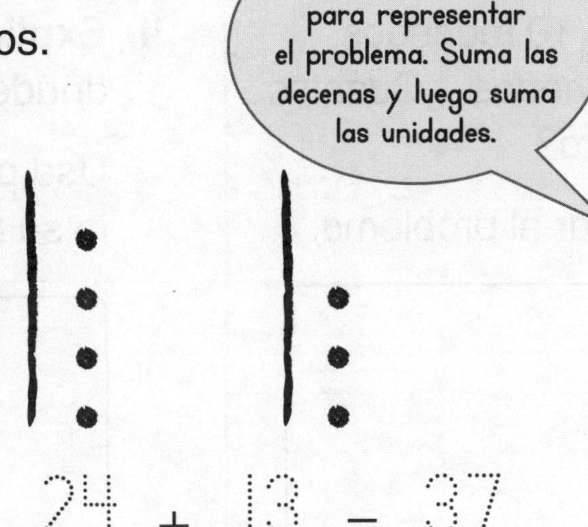

24 + 13 = 37

ACTIVIDAD PARA EL HOGAR Escriba con su niño(a) cuentos numéricos en los cuales se sumen dos cantidades. Pídale que represente cada cuento usando un dibujo y luego escriba una ecuación que corresponda.

Usa dibujos para representar y resolver el problema.
Luego, escribe la ecuación.

1. Hay 31 cartas de baraja en una pila.
Julio pone otras 15 cartas.
¿Cuántas cartas hay en la pila ahora?

_____ + _____ = _____ cartas

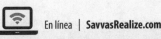

Colección de monedas
Goyo, Clara y Tim tienen cada uno una colección de monedas.

2. **Representar** Goyo tiene 10 monedas. Clara le da a Goyo 24 monedas. ¿Cuántas monedas tiene Goyo ahora?

Haz un dibujo para mostrar el problema.

3. **Razonar** Escribe una ecuación que represente el cuento.

_____ ◯ _____ = _____

¡Haz dibujos para representar tu trabajo!

4. **Explicar** Tim dice que puede formar 10 si añade 32 monedas a 28. ¿Tiene razón?

Usa palabras o dibujos para explicar cómo lo sabes.

Escribe una ecuación para hallar la suma.

_____ ◯ _____ = _____

_____ monedas

Nombre ____________________

Práctica Herramientas

Práctica adicional 11-1
Restar decenas usando modelos

¡Revisemos! Si sabes cómo restar unidades, sabes cómo restar decenas.

$40 - 20 = ?$

$40 - 20$ es lo mismo que 4 decenas − 2 decenas.

4 decenas − 2 decenas = 2 decenas

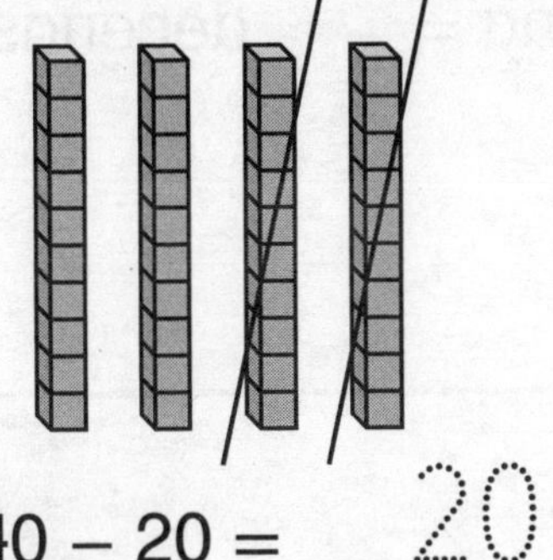

$40 - 20 =$ 20

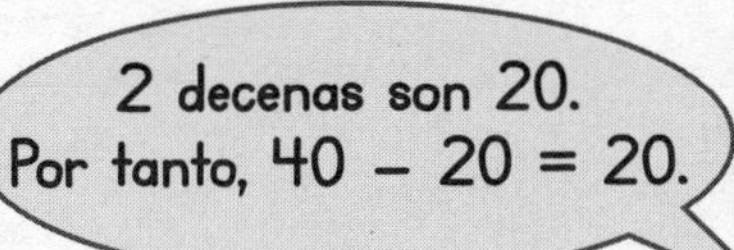

2 decenas son 20.
Por tanto, 40 − 20 = 20.

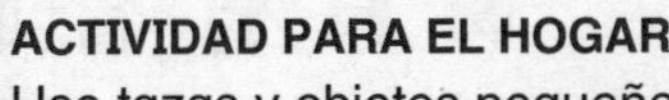

ACTIVIDAD PARA EL HOGAR Use tazas y objetos pequeños como botones o clips. Llene 8 tazas con 10 objetos pequeños cada una. Pida a su niño(a) que cuente los objetos. Luego, quite una o dos tazas y pregúntele cuántos objetos quedan. Repita la actividad y pida a su niño(a) que escriba una ecuación para mostrar cuántos objetos quedan.

Tacha los bloques que se necesiten para resolver el problema.

1.

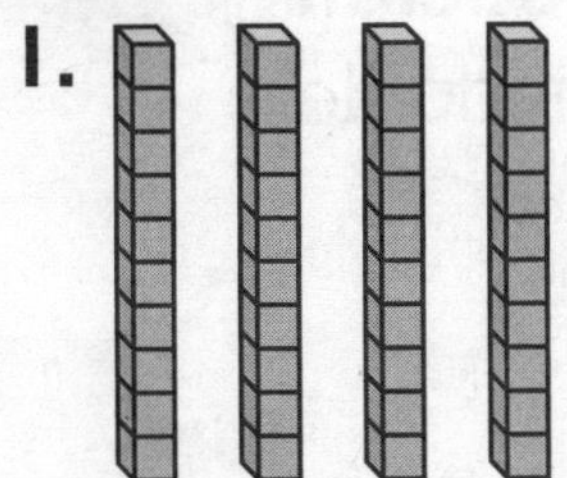

___ decenas − 3 decenas = ___ decena

_____ − _____ = _____

2.

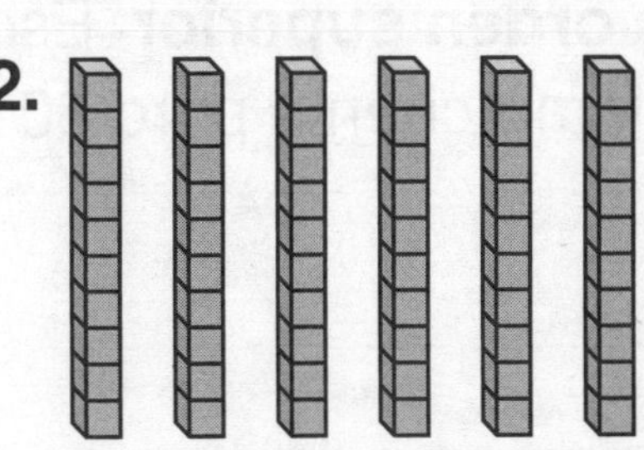

___ decenas − 2 decenas = ___ decenas

_____ − _____ = _____

Tacha los bloques que se necesiten para resolver el problema.

3. 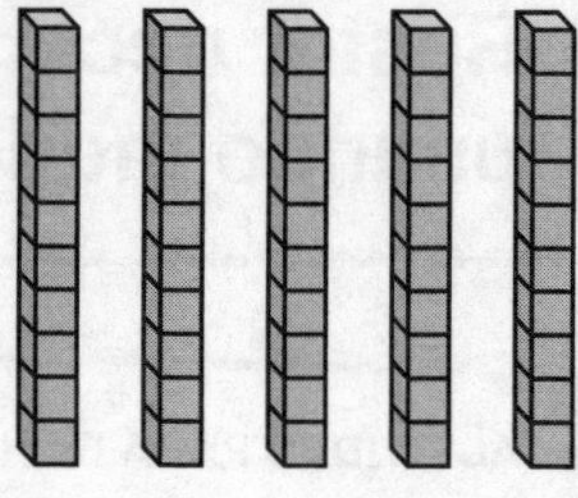

____ decenas – 3 decenas = ____ decenas

______ – ______ = ______

4. 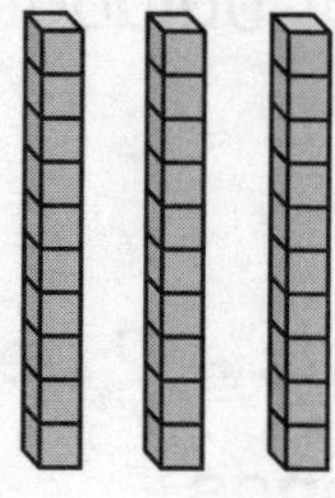

____ decenas – 1 decena = ____ decenas

______ – ______ = ______

5. **enVision**® STEM Mely hizo una herramienta para aplastar latas. Tiene 70 latas que aplastar. Mely aplasta 20 latas. ¿Cuántas latas le quedan por aplastar a Mely? Escribe una ecuación y resuélvela.

______ – ______ = ______ latas

6. **Razonamiento de orden superior** Escribe y resuelve un problema-cuento para 80 – 50.

____

____

____

____

7. **Práctica para la evaluación** ¿Qué número es el resultado de 7 decenas – 3 decenas?

Ⓐ 20

Ⓑ 30

Ⓒ 40

Ⓓ 50

Nombre ______________________

Práctica Herramientas

Práctica adicional 11-2

Restar decenas usando una tabla de 100

ACTIVIDAD PARA EL HOGAR
Practique el conteo de 10 en 10 hacia adelante y hacia atrás con su niño(a). Cuente los primeros números y deje que su niño(a) continúe. También puede intentar contar alternando los números con su niño(a).

¡Revisemos! Puedes usar una tabla de 100 para restar decenas.

50 − 30 = ?

30 es __3__ decenas

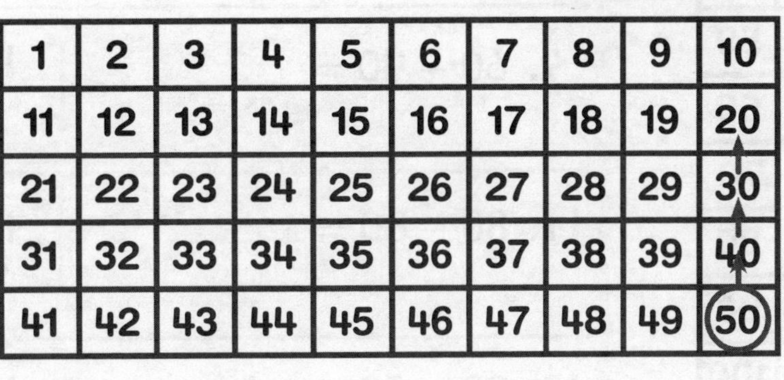

1	2	3	4	5	6	7	8	9	10
11	12	13	14	15	16	17	18	19	20
21	22	23	24	25	26	27	28	29	30
31	32	33	34	35	36	37	38	39	40
41	42	43	44	45	46	47	48	49	50

Por cada decena que quito, me muevo una fila hacia arriba en la tabla de 100.

50 − 30 = __20__

Usa la tabla parcial de 100 para resolver cada problema.
Debes estar listo para explicar tu trabajo.

41	42	43	44	45	46	47	48	49	50
51	52	53	54	55	56	57	58	59	60
61	62	63	64	65	66	67	68	69	70
71	72	73	74	75	76	77	78	79	80

1. 80 − 30 = ____

2. 70 − 10 = ____

3. 80 − 20 = ____

4. 60 − 10 = ____

Usa la tabla de 100 para restar. Debes estar listo para explicar tu trabajo.

1	2	3	4	5	6	7	8	9	10
11	12	13	14	15	16	17	18	19	20
21	22	23	24	25	26	27	28	29	30
31	32	33	34	35	36	37	38	39	40
41	42	43	44	45	46	47	48	49	50
51	52	53	54	55	56	57	58	59	60
61	62	63	64	65	66	67	68	69	70
71	72	73	74	75	76	77	78	79	80
81	82	83	84	85	86	87	88	89	90
91	92	93	94	95	96	97	98	99	100

5. 20 – 10 = _____

6. 90 – 30 = _____

7. 80 – 30 = _____

8. 80 – 40 = _____

9. 60 – 40 = _____

10. 70 – 20 = _____

11. 80 – 80 = _____

12. 20 – 20 = _____

13. 80 – 50 = _____

14. 90 – 20 = _____

15. Razonamiento de orden superior Usa la tabla de 100 para resolver el problema. Luego, explica cómo obtuviste tu respuesta.

90 – 80 = _____

____

____

____

16. Práctica para la evaluación
La maestra Rivas tenía que calificar 30 exámenes de ortografía en total. Calificó 10 exámenes.

¿Cuántos exámenes de ortografía le faltan por calificar?

Ⓐ 10

Ⓑ 20

Ⓒ 30

Ⓓ 40

Nombre ______________________________  Práctica Herramientas

Práctica adicional 11-3

Restar decenas usando una recta numérica vacía

¡Revisemos! Puedes usar una recta numérica vacía para restar.

Halla 90 – 50.

Marca el 90 en la recta numérica.

Como estás contando hacia atrás, debes marcar el 90 en el lado derecho.

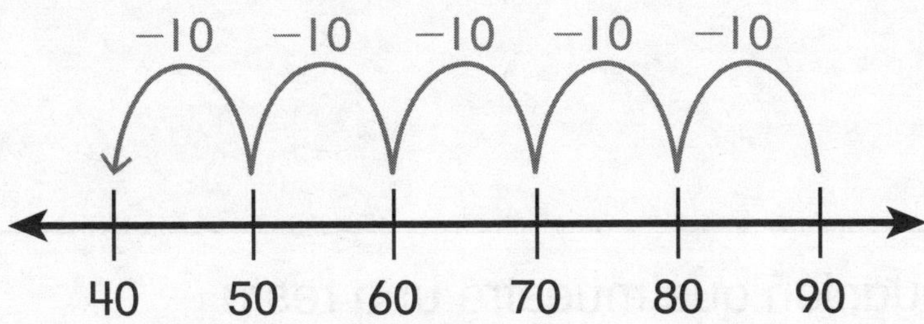

Cuenta hacia atrás de 10 en 10 hasta que hayas restado 50.

¿En qué número terminaste? 

ACTIVIDAD PARA EL HOGAR
Dé a su niño(a) los siguientes problemas de resta para resolver: 20 – 10, 90 – 30, 80 – 50 y 30 – 30. Pídale que dibuje una recta numérica vacía y resuelva los problemas. Si su niño(a) tiene dificultad, ayúdelo(a) a dibujar la recta numérica vacía y escriba el primer número en la recta.

Usa las rectas numéricas para restar. Debes estar listo para explicar tu trabajo.

1.

80 – 40 = 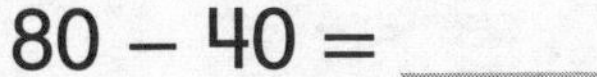 _____

2.

70 – _____ = 10

Usa rectas numéricas vacías para restar.

3.

40 – 30 = _____

4. **Razonamiento de orden superior** Escribe una ecuación que muestre una resta con decenas. Muestra el problema en la recta numérica vacía y resuélvelo.

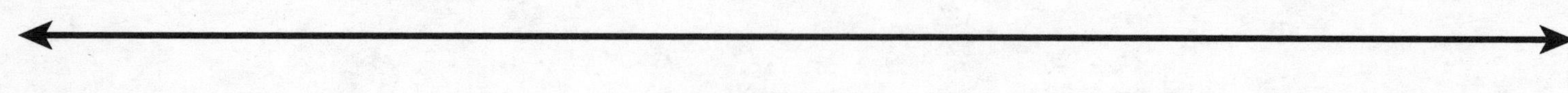

_____ – _____ = _____

5. **Práctica para la evaluación** Halla 90 – 40. Explica tu trabajo.

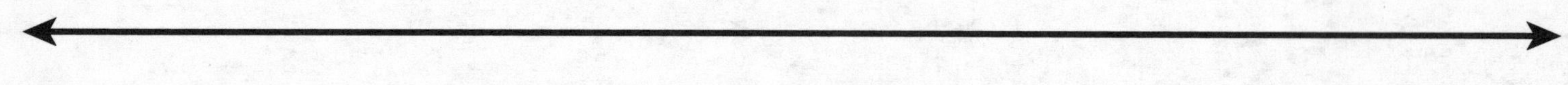

____

____

Nombre ______________________

Práctica Herramientas

Práctica adicional 11-4

Usar la suma para restar decenas

¡Revisemos! Puedes usar las sumas para restar decenas.

$90 - 50 = ?$ Imagínate una parte de una tabla de 100.

41	42	43	44	45	46	47	48	49	50
51	52	53	54	55	56	57	58	59	60
61	62	63	64	65	66	67	68	69	70
71	72	73	74	75	76	77	78	79	80
81	82	83	84	85	86	87	88	89	90

$50 +$ <u>40</u> $= 90$; por tanto,

$90 - 50 =$ <u>40</u>.

Si empiezo en 50, me muevo hacia abajo 4 filas para llegar a 90.

ACTIVIDAD PARA EL HOGAR Practique con su niño(a) el conteo de 10 en 10. Empiece en un múltiplo de 10 y pida a su niño(a) que continúe la secuencia. Luego, practiquen la suma de diferentes múltiplos de 10 (del 10 al 90 solamente).

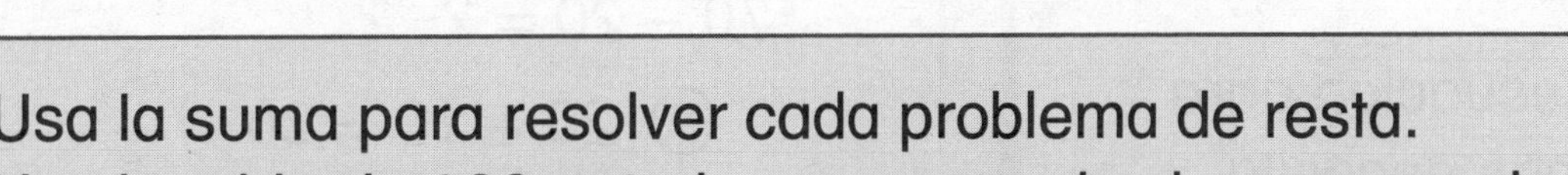

Usa la suma para resolver cada problema de resta.
Usa la tabla de 100 anterior como ayuda si es necesario.

1. $50 +$ _____ $= 70$; por tanto,

$70 - 50 =$ _____.

2. $60 +$ _____ $= 90$; por tanto,

$90 - 60 =$ _____.

Usa la suma para resolver cada problema de resta.
Haz un dibujo para mostrar tu razonamiento.

3. 20 + _____ = 40; por tanto,

40 − 20 = _____.

4. 30 + _____ = 80; por tanto,

80 − 30 = _____.

5. 60 + _____ = 70; por tanto,

70 − 60 = _____.

6. 40 + _____ = 90; por tanto,

90 − 40 = _____.

7. **Razonamiento de orden superior** Rita va a pintarles las uñas de las manos a 8 amigas. Ya les pintó las uñas a 4 amigas. Si cada amiga tiene 10 uñas, ¿cuántas uñas le falta pintar a Rita?

Escribe y resuelve una ecuación para mostrar cuántas uñas más necesita pintar Rita.

_____ − _____ = _____

_____ uñas

8. **Práctica para la evaluación** ¿Qué ecuación de suma podrías usar para ayudarte a resolver el siguiente problema de resta?

70 − 20 = ?

Ⓐ 20 + 10 = 30

Ⓑ 70 + 20 = 90

Ⓒ 20 + 50 = 70

Ⓓ 10 + 10 = 20

Nombre ______________________

Práctica Herramientas

Práctica adicional 11-5
Cálculo mental: Diez menos que un número

ACTIVIDAD PARA EL HOGAR
Dé a su niño(a) un número de 2 dígitos y pídale que reste mentalmente 10 a ese número. Pídale que le explique cómo encontró la respuesta. Repita la actividad con otros números de 2 dígitos.

¡Revisemos! Puedes restarle mentalmente 10 a cualquier número.

72 − 10 = ?

Imagina que te mueves 1 fila hacia arriba en una tabla de 100.

51	52	53	54	55	56	57	58	59	60
61	62	63	64	65	66	67	68	69	70
71	72	73	74	75	76	77	78	79	80

O resta 1 al dígito de las decenas.

7 decenas − 1 decena = 6 decenas

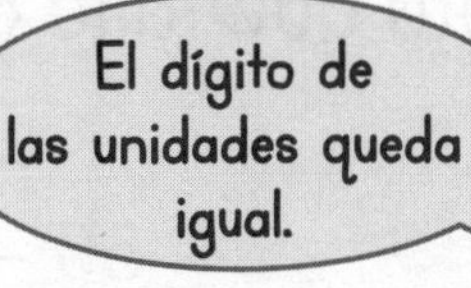
El dígito de las unidades queda igual.

72 − 10 = 62

Calcula mentalmente para resolver los problemas.

1. 85 − 10 = ____

2. 37 − 10 = ____

3. 59 − 10 = ____

4. 41 − 10 = ____

5. 75 − 10 = ____

6. 16 − 10 = ____

Calcula mentalmente para resolver los problemas.

7. 29 − 10 = ____

8. 14 − 10 = ____

9. 28 − 10 = ____

10. 45 − 10 = ____

11. 78 − 10 = ____

12. 13 − 10 = ____

13. **Álgebra** Escribe el número que falta en cada ecuación.

☐ + 10 = 50

50 − ☐ = 40

70 − 10 = ☐

14. **Razonamiento de orden superior** Escoge dos números de la lista y escríbelos en los espacios vacíos de la ecuación para que la ecuación sea verdadera.

25 34 45 55 68 72

____ − 10 = ____

15. **Práctica para la evaluación** Dibuja líneas. Une los problemas de la izquierda con los números de la derecha.

49 − 10 = ____	6
85 − 10 = ____	39
16 − 10 = ____	51
61 − 10 = ____	75

Nombre ______________________

Práctica adicional 11-6
Usar estrategias para practicar la resta

ACTIVIDAD PARA EL HOGAR Revise con su niño(a) las operaciones de resta hasta 10. Hablen sobre cómo las operaciones de resta hasta 10 se relacionan con las operaciones de resta con decenas hasta 100. Explíquele que la única diferencia es que se están restando decenas en lugar de unidades.

¡Revisemos! Puedes usar la suma para resolver los problemas de resta.

$80 - 50 = ?$

Cambia la ecuación de resta a una ecuación de suma.

$50 + ? = 80$

Cuenta desde 50 para hallar el número que falta.

50, 60, 70, 80

50 + 30 = 80; por tanto, 80 – 50 = 30.

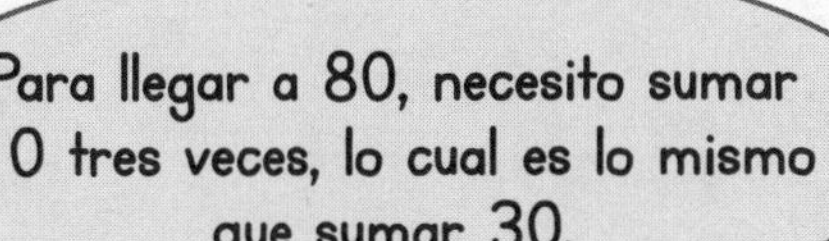

Para llegar a 80, necesito sumar 10 tres veces, lo cual es lo mismo que sumar 30.

Usa la recta numérica para resolver los problemas de resta.

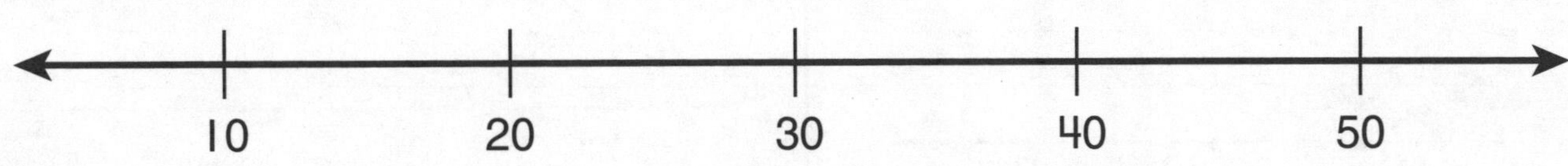

1. 40 – 20 = ____

2. 50 – 10 = ____

3. 30 – 20 = ____

Resuelve cada problema.

4. **Explicar** Escoge cualquier estrategia para resolver 80 – 30. Di cómo resolviste el problema.

____

____

5. **Sentido numérico** Escribe una ecuación de suma relacionada para la siguiente ecuación de resta.

57 – 10 = 47

_____ + _____ = _____

6. **Razonamiento de orden superior** ¿Escogerías una tabla de 100 para resolver 90 – 80? ¿Por qué? Si no, ¿qué estrategia sería mejor?

____

____

____

____

____

7. **Evaluación** Explica cómo puedes usar una recta numérica para resolver 70 – 50.

____

____

____

____

____

____

Nombre ______________________________

Práctica Herramientas

Práctica adicional 11-7
Representar con modelos matemáticos

¡Revisemos! Puedes usar lo que sabes de matemáticas para resolver nuevos problemas.

Gustavo tiene 30 calcomanías. Pegó 20 en su libro. ¿Cuántas calcomanías le quedan?

Haz un dibujo:

Escribe una ecuación:

$30 - 20 = ?$

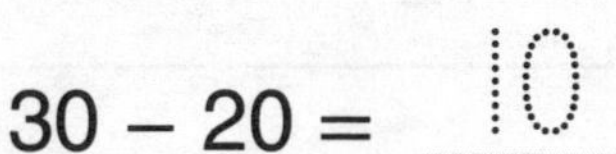

$30 - 20 =$ 10

Puedo representar los problemas matemáticos de diferentes maneras.

ACTIVIDAD PARA EL HOGAR Dé a su niño(a) un problema de resta como este: 70 – 20. Pídale que le diga dos estrategias diferentes para resolverlo.

Usa dibujos, modelos o ecuaciones para resolver los problemas. Muestra tu trabajo.

1. Tom tenía 40 canciones en su lista. Luego, quitó 10 canciones. ¿Cuántas canciones quedan todavía en su lista?

_____ canciones

2. Tere vio 24 hormigas. 10 hormigas se metieron al hormiguero. ¿Cuántas hormigas quedan?

_____ hormigas

Tarea de rendimiento

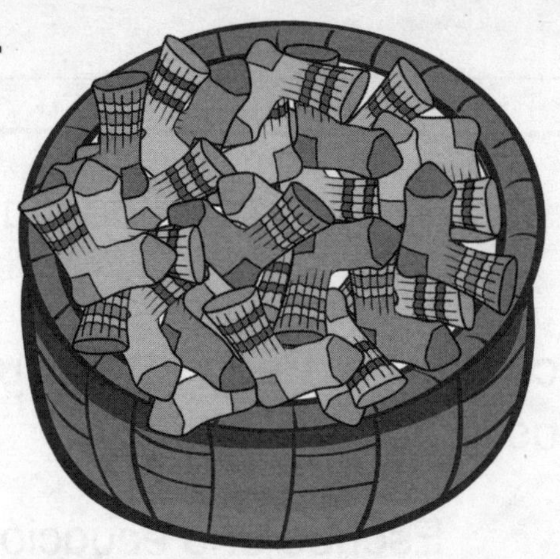

Emparejar calcetines Juan tenía 80 calcetines en una canasta. Acomodó 50 en una pila.

¿Cuántos calcetines falta acomodar?

3. **Usar herramientas** ¿Qué herramienta o herramientas puedes usar para resolver este problema?

4. **Representar** Haz un dibujo y escribe una ecuación para resolver este problema.

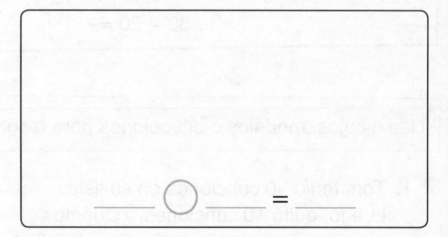

5. **Entender** ¿Cómo puedes asegurarte de que tu respuesta tiene sentido?

Nombre ______________________

Práctica Herramientas

Práctica adicional 12-1

Comparar y ordenar según la longitud

ACTIVIDAD PARA EL HOGAR
Dé a su niño(a) tres objetos caseros de diferentes tamaños, como un control remoto, un lápiz y una cuchara. Pídale que los ponga en orden del más largo al más corto.

¡Revisemos! Puedes describir la longitud de varios objetos comparándolos entre sí.

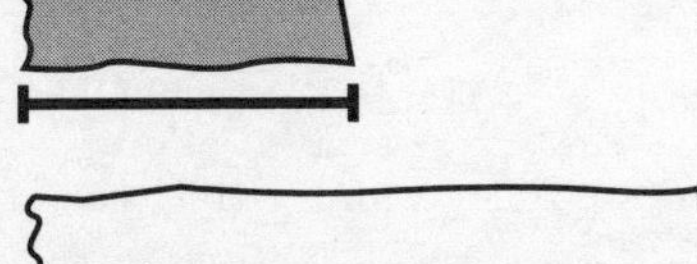

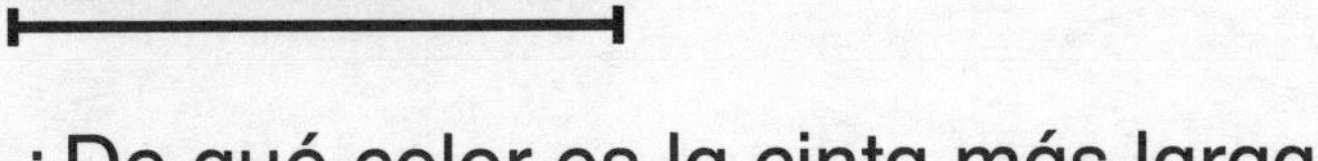

¿De qué color es la cinta más larga? Blanco

¿De qué color es la cinta más corta? Gris

Escribe el número del objeto más largo.
Luego, escribe el número del objeto más corto.

1. 1:

2:

3:

El más largo: _____ El más corto: _____

2. 1:

2:

3:

El más largo: _____ El más corto: _____

Encierra en un círculo el objeto más largo. Tacha el objeto más corto.

3.

4.

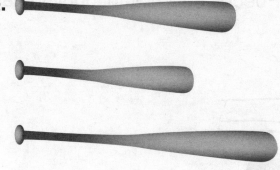

5. Razonamiento de orden superior Escribe estos 3 objetos en orden del más largo al más corto.

Carro Bicicleta Avión

____

____

____

6. Práctica para la evaluación ¿Qué lista muestra el orden del libro más largo al más corto?

1: 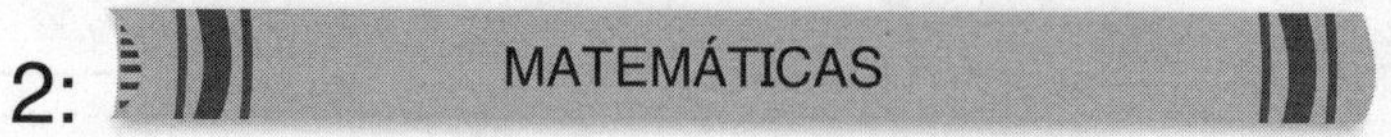

2: MATEMÁTICAS

3: 

Ⓐ Libro 1, Libro 2, Libro 3

Ⓑ Libro 2, Libro 1, Libro 3

Ⓒ Libro 2, Libro 3, Libro 1

Ⓓ Libro 3, Libro 2, Libro 1

Nombre ________________

Práctica adicional 12-2
Medición indirecta

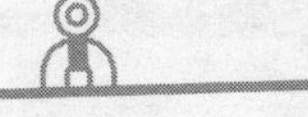

¡Revisemos! Puedes comparar la longitud de 2 objetos sin ponerlos uno al lado del otro.

Puedo usar la mesa para saber si el sofá o el escritorio es más largo.

El sofá es más largo que la mesa. El escritorio es más corto que la mesa.

Esto significa que el sofá es más largo que el escritorio.

ACTIVIDAD PARA EL HOGAR Ubique sobre la mesa 3 objetos que tengan diferentes longitudes. Señale el objeto que tenga una longitud media. Pida a su niño(a) que use las palabras *más largo* y *más corto* para comparar los otros dos objetos con el del medio. Luego, pídale que ordene los 3 objetos del más largo al más corto.

Encierra en un círculo el dibujo del objeto más corto. Usa la cuerda gris como ayuda.

1.

2.

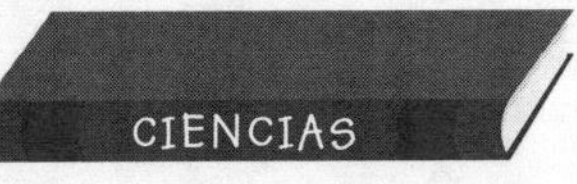

Encierra en un círculo el dibujo del objeto más corto. Usa la cuerda gris como ayuda.

3.

4.

5.

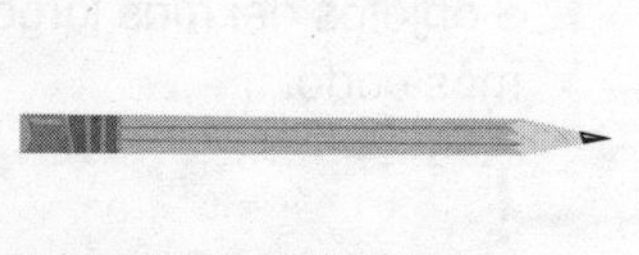

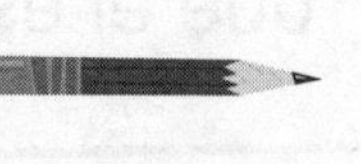

6.

7. Razonamiento de orden superior
Andrea tiene 3 velas. Explica cómo puede usar la vela B para saber si la vela A es más baja o más alta que la vela C.

8. Práctica para la evaluación
Encierra en un círculo la figura más corta. Usa la cuerda gris como ayuda.

Nombre ____________________

Práctica adicional 12-3
Usar unidades para medir la longitud

¡Revisemos! Puedes usar objetos más pequeños para medir la longitud de objetos más largos. El objeto más pequeño será la unidad de longitud.

Usa clips para medir la longitud del libro.

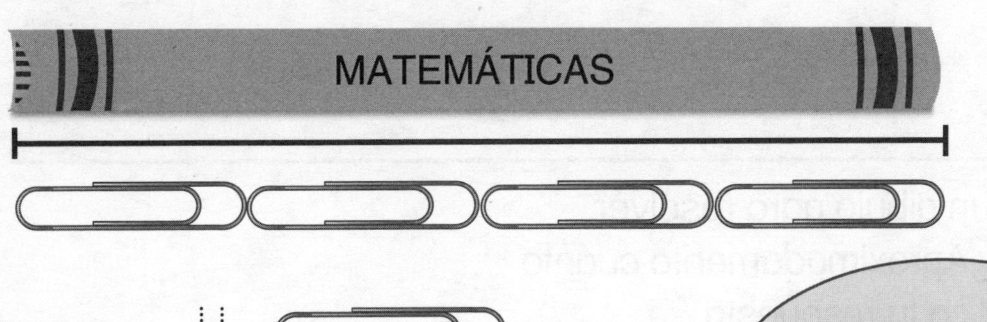

Medida: 4

Usa clips que tienen la misma longitud. ¡Asegúrate de que no haya espacios ni sobreposiciones!

ACTIVIDAD PARA EL HOGAR
Pida a su niño(a) que mida las longitudes de varios objetos pequeños. Use clips, u otros objetos del mismo tamaño, como la unidad de longitud.

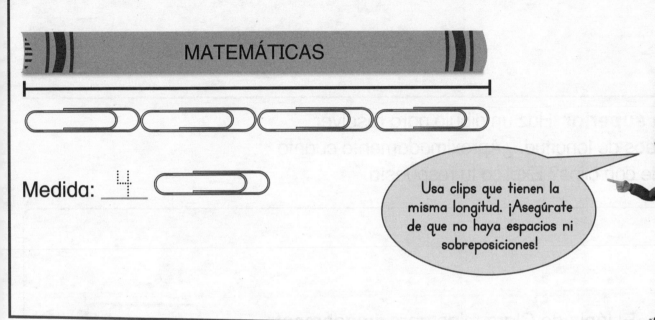

Usa clips para medir la longitud.

1.

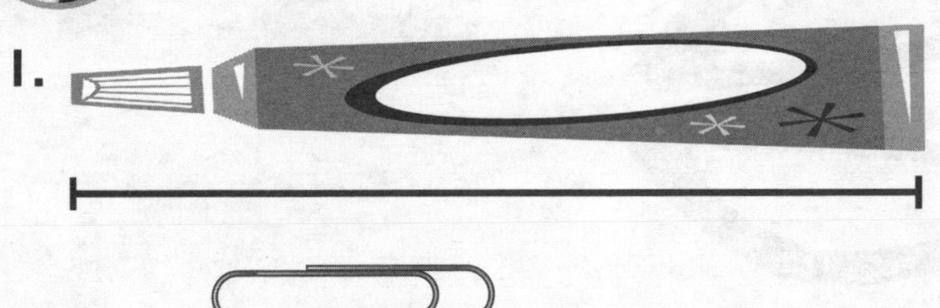

____

2.

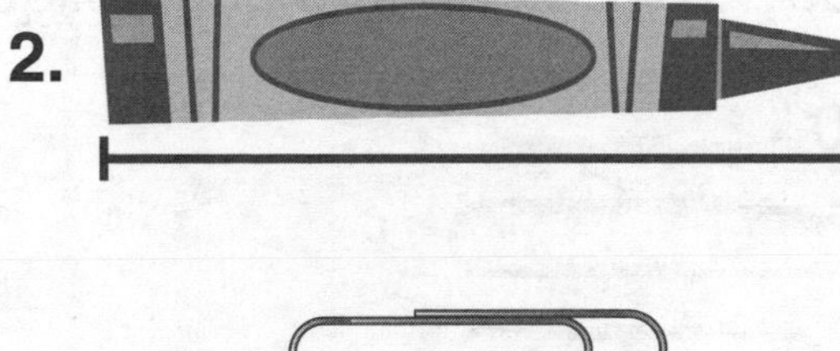

____

Usa clips para medir la longitud.

3. 

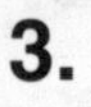

4. 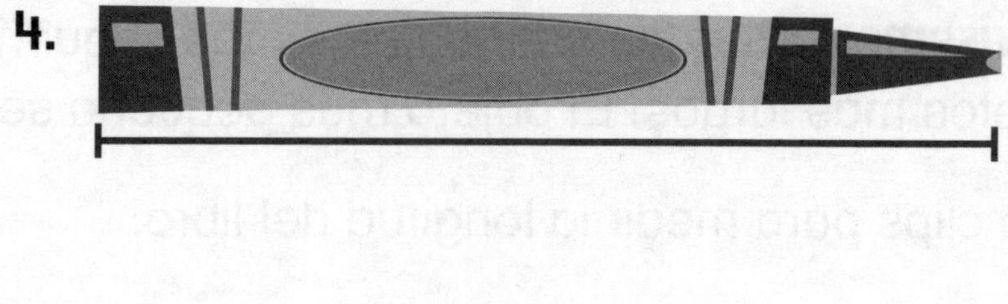

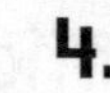

5. **Razonamiento de orden superior** Haz un dibujo para resolver. El lápiz de Clara mide 5 cubos de longitud. ¿Aproximadamente cuánto mide el lápiz si Clara lo mide con clips? Explica tu respuesta.

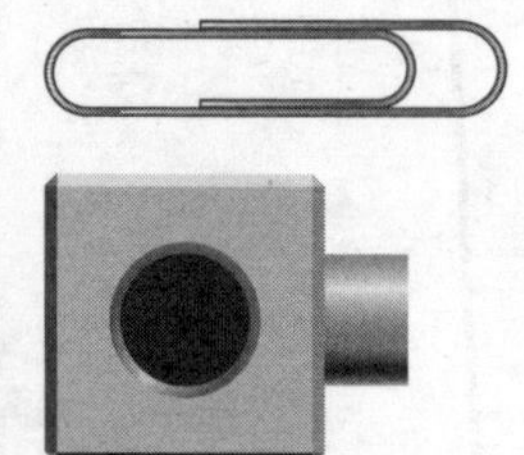

El lápiz de Clara mide aproximadamente ____ 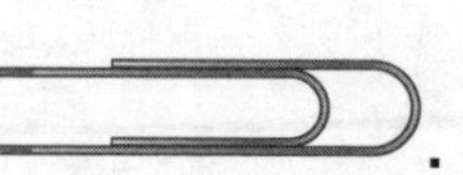.

6. **Práctica para la evaluación** ¿Qué opción **NO** muestra la longitud correcta de las tijeras? Selecciona tres que apliquen.

- ☐ 10 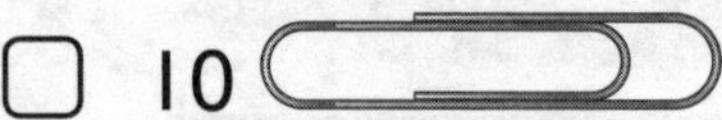
- ☐ 6 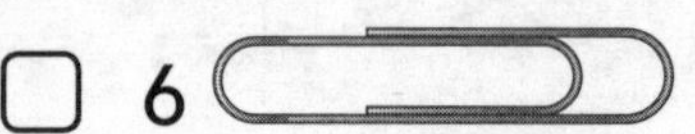
- ☐ 4 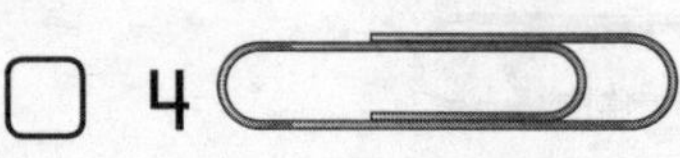
- ☐ 2 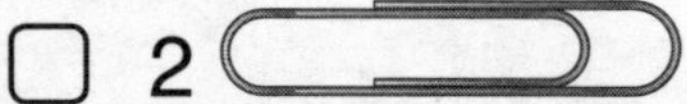

Nombre ______________________

Práctica adicional 12-4
Usar herramientas apropiadas

¡Revisemos! Usa una cuerda y monedas de 1¢ para medir la longitud de la oruga.

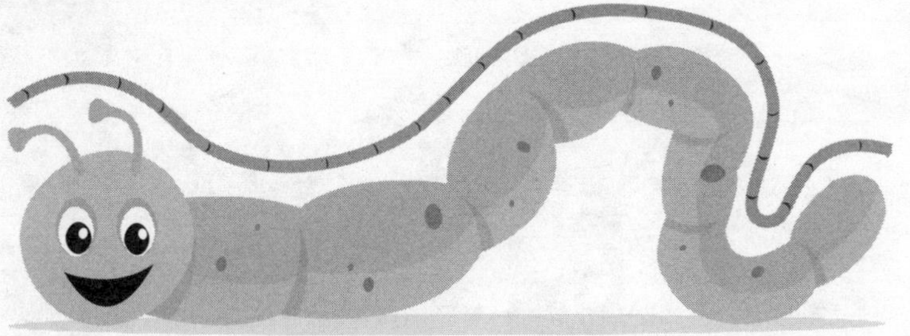

Dobla la cuerda para que coincida con la oruga.

Luego, estira la cuerda y mide la longitud.

La oruga mide aproximadamente 6 monedas de 1¢ de longitud.

ACTIVIDAD PARA EL HOGAR Dibuje un camino con curvas en un pedazo de papel. Pida a su niño(a) que mida su longitud en monedas de 1¢ de la siguiente manera. Debe colocar una cuerda de manera que coincida con el camino. Luego, debe estirar la cuerda y usar una fila de monedas de 1¢ para medirla.

Encierra en un círculo si necesitas solo monedas de 1¢ o una cuerda y monedas de 1¢ para medir cada objeto. Luego, mídelo.

1. monedas de 1¢ cuerda y monedas de 1¢

Aproximadamente _____ monedas de 1¢

2. monedas de 1¢ cuerda y monedas de 1¢

Aproximadamente _____ monedas de 1¢

Pistas de carreras
Alfonso quiere saber qué pista es más larga.

3. Usar herramientas ¿Qué herramientas debería usar Alfonso para medir cada pista a la moneda de 1¢ más cercana? ¿Debería usar las mismas herramientas para medir las dos pistas? Explícalo.

____

____

____

____

____

____

4. Usar herramientas Mide cada pista. ¿Qué pista es más larga?

La pista 1 mide aproximadamente ____ monedas de 1¢ de longitud.

La pista 2 mide aproximadamente ____ monedas de 1¢ de longitud.

La pista ____ es más larga.

Nombre ____________________

Práctica Herramientas

Práctica adicional 13-1
Decir el valor de las monedas

¡Revisemos! Las diferentes monedas tienen diferentes valores.

Moneda	Valor	Cantidad en un dólar
Moneda de 1¢	1¢	100
Moneda de 5¢	5¢	20
Moneda de 10¢	10¢	10
Moneda de 25¢	25¢	4

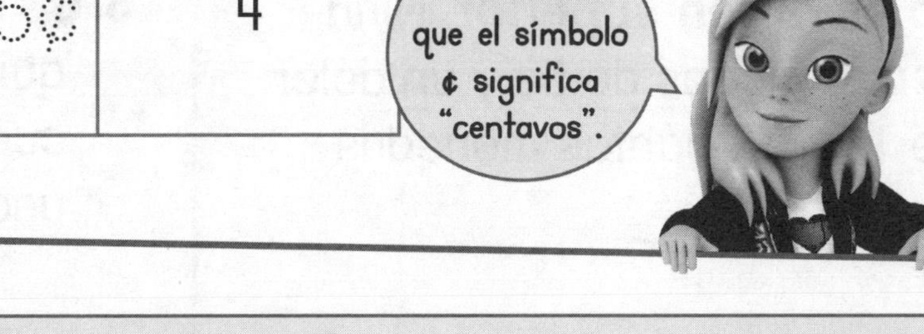
Recuerda que el símbolo ¢ significa "centavos".

ACTIVIDAD PARA EL HOGAR
Coloque diferentes monedas de 1¢, 5¢, 10¢ y 25¢ sobre la mesa. Coloque algunas del lado de la cara y otras del lado de la cruz. Pida a su niño(a) que las identifique y le indique cuántos centavos vale cada moneda.

Encierra en un círculo las monedas que valen 10¢ y luego escribe su nombre.

1.

____

2. Escribe 1 en cada moneda de 1¢, 5 en cada moneda de 5¢, 10 en cada moneda de 10¢ y 25 en cada moneda de 25¢.

3. Dibuja líneas para unir cada moneda con su imagen.

Moneda de 5¢

Moneda de 25¢

Moneda de 1¢

Moneda de 10¢

4. Razonamiento de orden superior Nina tiene un dólar en monedas de 5¢ y un dólar en monedas de 10¢. ¿Cuántas monedas tiene en total?

5. Práctica para la evaluación Matt quiere comprar un carro de juguete que cuesta un dólar. ¿Qué monedas puede usar? Escoge tres opciones que apliquen.

- ☐ 20 monedas de 5¢
- ☐ 2 monedas de 25¢
- ☐ 10 monedas de 10¢
- ☐ 100 monedas de 1¢

Nombre ______________________

Práctica Herramientas

Práctica adicional 13-2

Hallar el valor de un grupo de monedas

ACTIVIDAD PARA EL HOGAR Coloque un pequeño grupo de monedas de 10¢ y monedas de 1¢ sobre la mesa. Coloque algunas del lado de la cara y otras del lado de la cruz. Pida a su niño(a) que cuente para hallar el valor total de las monedas. Pídale que anote el valor con un símbolo de centavos.

¡Revisemos! Cuenta para hallar el valor de un grupo de monedas.
Halla los valores de 5 monedas de 10¢ y 3 monedas de 1¢.
Comienza con la moneda que vale más.

10¢ 20¢ 30¢ 40¢ 50¢ 51¢ 52¢ 53¢

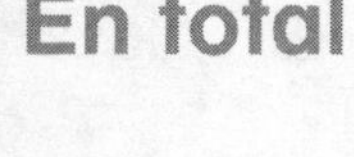

En total 53¢

Cuenta hacia adelante para hallar el valor total.

1.

_____ _____ _____ _____ _____ _____ _____

En total _____

2.

_____ _____ _____ _____ _____ _____

En total _____

3. Hacerlo con precisión Halla el valor total de las siguientes monedas de 10¢ y 1¢.

4. Jack tiene 23¢. Tiene monedas de 10¢ y de 1¢. Haz un dibujo para mostrar qué monedas puede tener Jack.

5. Razonamiento de orden superior Ali quiere comprar un adorno para el cabello. Tiene 6 monedas de 10¢. ¿Cuántos centavos más necesita?

6. Práctica para la evaluación ¿Qué monedas tienen un valor total de 27¢?

Ⓐ 2 monedas de 10¢ y 4 monedas de 1¢

Ⓑ 3 monedas de 10¢ y 7 monedas de 1¢

Ⓒ 2 monedas de 10¢ y 7 monedas de 1¢

Ⓓ 4 monedas de 10¢ y 2 monedas de 1¢

Nombre ______________________

Práctica adicional 13-3

La manecilla de la hora y el minutero

¡Revisemos! Puedes usar las manecillas del reloj para decir la hora. La manecilla más corta es la manecilla de la hora. La manecilla más larga es el minutero.

La manecilla de la hora apunta hacia las 6.

El minutero apunta hacia las 12.

Son las 6 en punto.

La manecilla de la hora apunta hacia las 3.

El minutero apunta hacia las 12.

Son las 3 en punto.

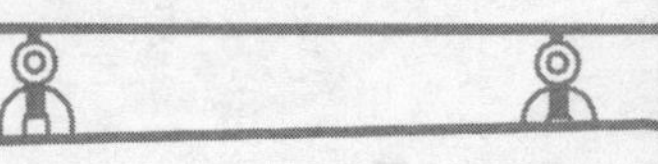

ACTIVIDAD PARA EL HOGAR Use un reloj analógico que tenga en casa para ayudar a su niño(a) a crear una lista de actividades que realice en un día determinado. Pídale que escriba la hora en la cual realiza cada una de las actividades.

Escribe la hora que se muestra en cada reloj.

1.

manecilla de la hora: ____

minutero: ____

____ en punto

2.

manecilla de la hora: ____

minutero: ____

____ en punto

3.

manecilla de la hora: ____

minutero: ____

____ en punto

Dibuja la manecilla de la hora y el minutero para mostrar la hora indicada.

4. 

10 en punto

5. 

2 en punto

6. 

11 en punto

7. 

3 en punto

8. 

9 en punto

9. 

6 en punto

Resuelve cada problema.

10. Razonamiento de orden superior Escribe la hora en que almuerzas. Luego, dibuja la manecilla de la hora y el minutero para mostrar la hora que escribiste.

____ en punto

11. Práctica para la evaluación Ana se levanta todos los sábados después de las 6 en punto y antes de las 9 en punto. ¿Qué opción muestra la hora en la que se podría levantar Ana los sábados?

Ⓐ 2 en punto

Ⓑ 4 en punto

Ⓒ 5 en punto

Ⓓ 8 en punto

Nombre ______________________

Práctica adicional 13-4

Decir y escribir la hora en punto

ACTIVIDAD PARA EL HOGAR Use un reloj digital que tenga en casa para ayudar a su niño(a) a practicar cómo decir la hora. Cuando su niño(a) esté haciendo una actividad en una hora en punto, pídale que le diga qué hora es. Repita usando otras horas y otras actividades.

¡Revisemos! Los dos relojes muestran la misma hora.

El 4 indica la hora.

El 00 indica los minutos.

Los dos relojes muestran las 4 en punto.

__7__ indica la hora.

__00__ indica los minutos.

Los dos relojes muestran las __7__ en punto.

Dibuja las manecillas en la esfera del reloj. Luego, escribe la hora en el otro reloj.

1.

3 en punto

2.

7 en punto

3.

10 en punto

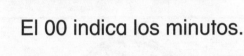

Dibuja líneas para unir los relojes que muestran la misma hora.

4.

1:00 3:00

5.

12:00

6.

5:00 6:00

7. Razonamiento de orden superior Escribe a qué hora cenas.

_____ en punto

Dibuja las manecillas en la esfera del reloj.
Luego, escribe la hora en el otro reloj.

8. Práctica para la evaluación Mira la hora en la esfera del reloj. ¿Cuáles de los siguientes relojes **NO** muestran la misma hora? Escoge tres que apliquen.

   ☐

Nombre ______________________

Práctica adicional 13-5
Decir y escribir la hora a la media hora más cercana

¡Revisemos! Los relojes pueden indicar la hora a la media hora más cercana. Hay 30 minutos en media hora.

La manecilla de la hora está entre el 7 y el 8.

El minutero apunta hacia el 6.

Son las 7:30.

La manecilla de la hora está entre el 11 y el 12.

El minutero apunta hacia el 6.

Son las 11:30.

ACTIVIDAD PARA EL HOGAR Pida a su niño(a) que practique cómo decir la hora a la media hora más cercana usando un reloj analógico. Si es posible, pídale que mueva las manecillas del reloj para indicar la hora que usted quiera. Por ejemplo, diga: "Muéstrame las 6:30". Pídale que escriba la hora en una hoja de papel después de indicar la hora en el reloj.

Completa las oraciones.
Luego, escribe la hora en el otro reloj.

1.

La manecilla de la hora está entre el _____ y el _____.
El minutero apunta hacia el _____.
Son las _______.

2.

La manecilla de la hora está entre el _____ y el _____.
El minutero apunta hacia el _____.
Son las _______.

3. **Explicar** Valeria camina a la biblioteca y llega a las 5 y media.

Escribe la hora en el reloj. Luego, explica cómo resolviste el problema.

---

4. **Álgebra** Pepe revuelve la sopa a la 1:00. Empezó a cocinar la sopa 30 minutos antes. ¿A qué hora empezó a cocinar la sopa? Dibuja las manecillas en la esfera del reloj y escribe la hora.

____:____

5. **Razonamiento de orden superior** Escribe lo que haces media hora antes de acostarte. Escribe la hora en el reloj de la izquierda y dibuja las manecillas en la esfera del reloj.

---

6. **Práctica para la evaluación** ¿Qué opción muestra la misma hora que la esfera del reloj?

8:30	8:00	7:30	6:30
Ⓐ	Ⓑ	Ⓒ	Ⓓ

Nombre ______________________________

Práctica adicional 13-6
Razonar

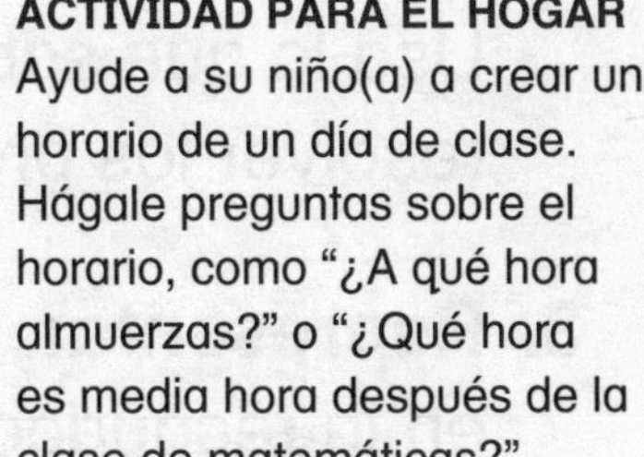

ACTIVIDAD PARA EL HOGAR
Ayude a su niño(a) a crear un horario de un día de clase. Hágale preguntas sobre el horario, como "¿A qué hora almuerzas?" o "¿Qué hora es media hora después de la clase de matemáticas?".

¡Revisemos! Razona para resolver los siguientes problemas sobre el tiempo.

Los estudiantes de primero pueden trabajar con un compañero en la segunda mitad de la clase de Escritura.

¿A qué hora pueden los estudiantes empezar a trabajar con un compañero?

Horario de clase	
Hora	**Clase**
12:30	Lectura en silencio
1:00	Escritura
2:00	Educación física

¿Cómo están relacionados los números? ¿Cómo puedes usar lo que ya sabes para resolver el problema?

Los estudiantes pueden empezar a trabajar con un compañero a la  .

¿Qué hora es a la mitad entre la 1:00 y las 2:00? Sé que entre la 1:00 y las 2:00 hay una hora. Sé que media hora son 30 minutos. 30 minutos después de la 1:00 es la 1:30.

Usa el horario anterior para resolver los siguientes problemas.

1. Dibuja las manecillas en el reloj para indicar cuándo empieza la lectura en silencio. Luego, explica tu razonamiento.

____

____

____

2. ¿Qué hora es 30 minutos después de empezar la clase de Educación física? Escribe la hora correcta en el reloj. Luego, explica tu razonamiento.

____

____

____

 **Tarea de rendimiento**

Una carrera divertida La escuela de Rita está recaudando fondos para los programas de música. ¿Puedes usar el horario para resolver problemas sobre la recaudación de fondos?

Usa lo que sabes sobre decir y escribir la hora para resolver los problemas.

Horario de la recaudación de fondos	
Hora	**Actividad**
10:00	Presentación
10:30	Subasta
11:30	Carrera divertida
2:00	Discurso de despedida

3. **Representar** ¿A qué hora empieza la presentación en la recaudación de fondos? Escribe la hora correcta en el reloj para mostrar tu respuesta.

4. **Razonar** Rita dibujó las manecillas en este reloj para indicar la hora en que empieza el discurso de despedida. ¿Tiene razón? Si no, dibuja correctamente las manecillas en el reloj de la derecha.

Nombre ______________________

Usar atributos para definir figuras bidimensionales

ACTIVIDAD PARA EL HOGAR Dibuje un cuadrado, un rectángulo y un círculo. Pida a su niño(a) que diga cuántos lados rectos y cuántos vértices tiene cada figura.

¡Revisemos! Puedes definir figuras según la cantidad de lados rectos y vértices. Una figura es cerrada si todos sus lados están conectados.

Di si la figura es cerrada o no. Luego, cuenta los lados rectos y los vértices.

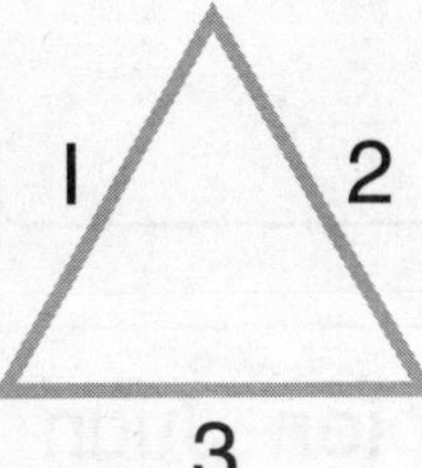

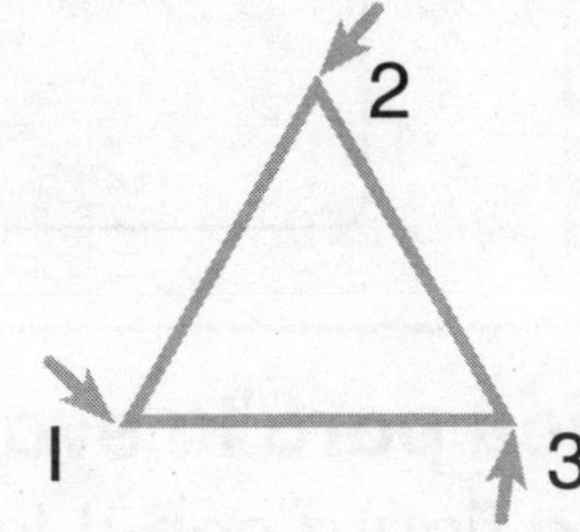

Un triángulo es una figura cerrada con 3 lados rectos y 3 vértices.

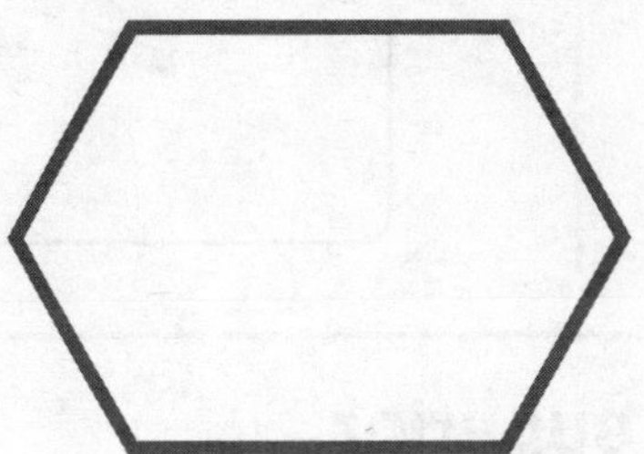

¿Es cerrada? sí Un hexágono tiene 6 lados rectos y 6 vértices.

Di si cada una de las figuras es cerrada o no. Luego, di cuántos lados y cuántos vértices tiene.

1. 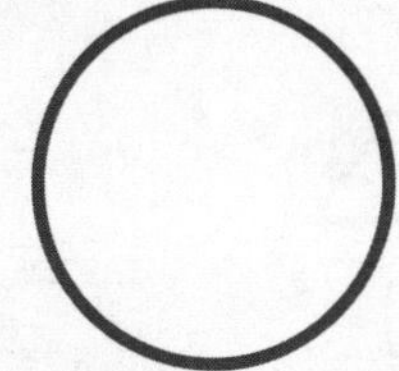

¿Es cerrada? _____ Un círculo tiene _____ lados rectos y _____ vértices.

2. 

¿Es cerrada? _____ Esta figura tiene _____ lados rectos y _____ vértices.

3. 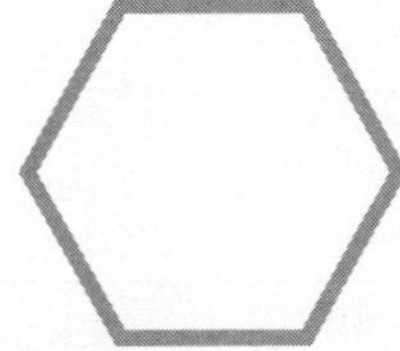

¿Es cerrada? _____ Un hexágono tiene _____ lados rectos y _____ vértices.

Dibuja cada figura.

4. Dibuja una figura con más de 3 lados.

5. Dibuja una figura con 4 vértices.

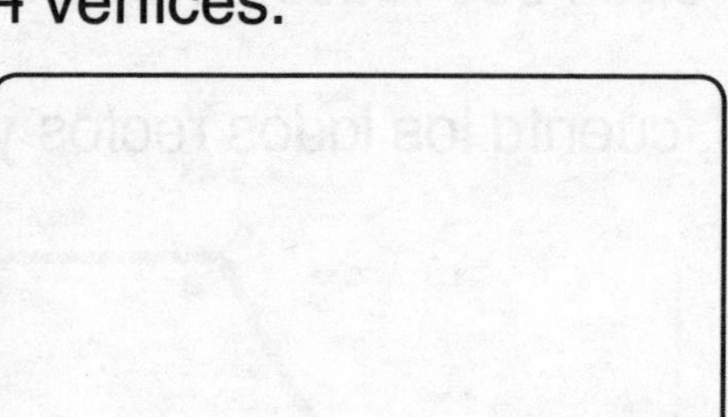

6. Dibuja una figura sin vértices.

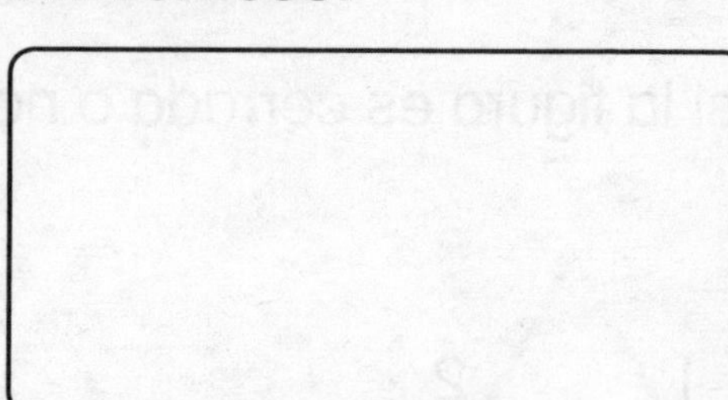

7. Razonamiento de orden superior Un rombo es una figura cerrada con 4 lados iguales y 4 vértices. Encierra en un círculo la figura que no es un rombo. Explica cómo lo sabes.

8. **Práctica para la evaluación** Juan dibuja una figura con 4 lados y 4 vértices. ¿Cuál podría ser esa figura? Escoge tres opciones que apliquen.

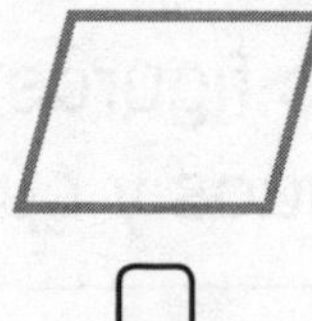

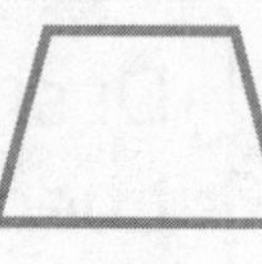

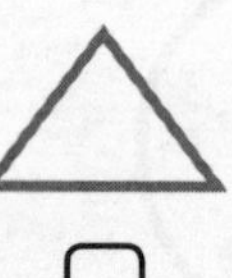

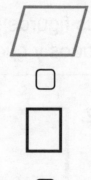

Nombre ______________________

Práctica

Herramientas

Práctica adicional 14-2

Atributos que definen y no definen a las figuras bidimensionales

¡Revisemos! Puedes usar ciertas características para identificar las figuras.

¿Cómo puedes saber si una figura es un cuadrado?

Todas estas figuras son grises. También, todas tienen 4 lados. Pero solo dos de ellas son cuadrados.

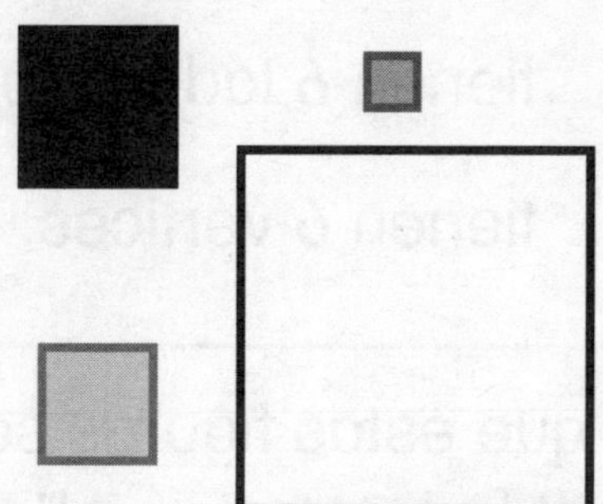

Aunque todas estas figuras tienen diferentes colores y tamaños, todas son cuadrados.

Todos los cuadrados:
- tienen 4 lados iguales.
- son grises.
- son pequeños.
- tienen 4 vértices.

ACTIVIDAD PARA EL HOGAR
En su casa, busque figuras (como triángulos, cuadrados y hexágonos) con su niño(a). Luego, hagan una lista de los atributos que definen cada figura. Pídale que dibuje o construya 3 ejemplos diferentes de cada figura.

Encierra en un círculo las palabras que son verdaderas para la figura.

1. 

Todos los rectángulos:
- son negros.
- son figuras cerradas.
- tienen 4 lados y 4 vértices.
- tiene 4 esquinas cuadradas.

Encierra en un círculo las palabras que son verdaderas para la figura.

2. Todos los hexágonos:

son grises.

tienen 6 lados rectos.

tienen 6 lados iguales.

tienen 6 vértices.

3. Razonamiento de orden superior Daniel dice que estas figuras son rectángulos porque las dos son figuras altas con 4 lados rectos y 4 vértices. ¿Estás de acuerdo? ¿Por qué?

4. Práctica para la evaluación ¿Qué atributos te ayudan a definir un cuadrado? Escoge tres que apliquen.

- ☐ Tiene 4 esquinas cuadradas.
- ☐ Tiene 4 lados iguales.
- ☐ Es largo y recto.
- ☐ Es un rectángulo.

Nombre ____________________

Práctica adicional 14-3

Construir y dibujar figuras bidimensionales según sus atributos

ACTIVIDAD PARA EL HOGAR Pida a su niño(a) que use materiales que se puedan encontrar en casa para crear diferentes figuras. Pídale que cuente la cantidad de lados que tiene cada figura creada.

¡Revisemos! Puedes usar materiales diferentes para hacer figuras.

Este círculo fue hecho con una cuerda.

Un círculo tiene 0 lados y 0 vértices.

Este rectángulo fue hecho con palillos de manualidades.

Los lados opuestos de un rectángulo son iguales.

Usa materiales para hacer cada figura.
Pega la figura en los espacios siguientes.

1. Haz un triángulo. Di 1 característica de los triángulos.

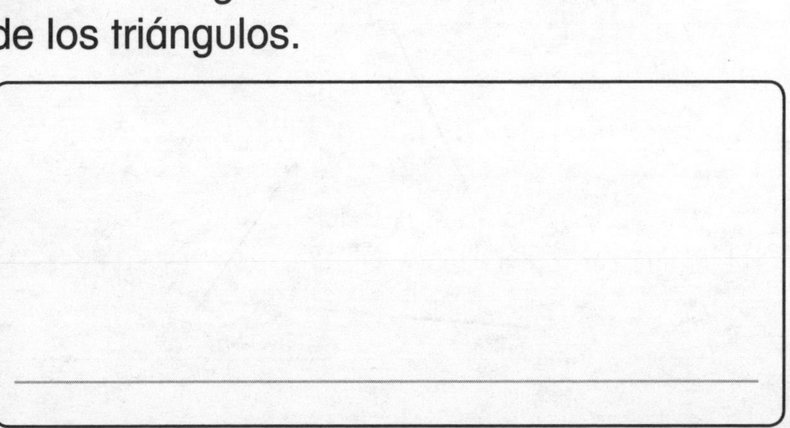

2. Haz un cuadrado. Di 1 característica de los cuadrados.

Haz un dibujo para resolver cada problema.

3. Lucía hizo una figura. La figura tiene 4 lados y tiene lados opuestos que son iguales. ¿Qué figura hizo Lucía?

Lucía hizo un ________________.

4. Tere hizo una figura. La figura no tiene lados y no tiene vértices. ¿Qué figura hizo Tere?

Tere hizo un ________________.

5. Razonamiento de orden superior Usa figuras para dibujar una casa. Escribe el nombre de cada figura que usaste.

6. **Práctica para la evaluación** Luis hizo un triángulo con palillos. Sabe que un triángulo tiene 3 lados, pero no sabe cuántos vértices tiene. Encierra en un círculo cada vértice del siguiente triángulo.

Nombre ______________________

Práctica adicional 14-4

Crear figuras bidimensionales

ACTIVIDAD PARA EL HOGAR
Pida a su niño(a) que recorte triángulos, cuadrados y rectángulos de periódicos o revistas. Pídale que use esas figuras para crear figuras nuevas.

¡Revisemos! Une las figuras para crear figuras nuevas.

Puedes crear un 

usando 3 .

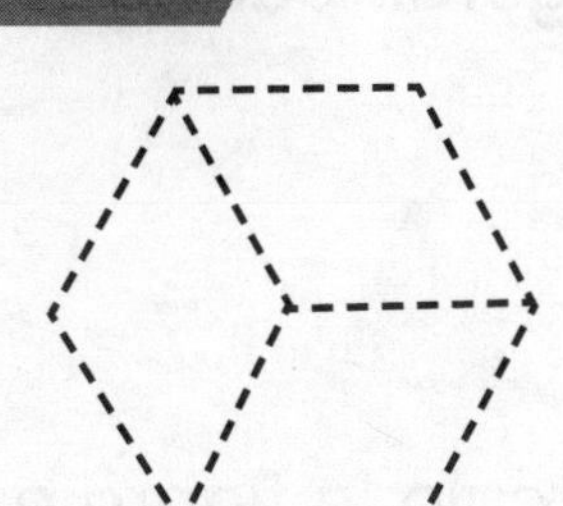

Puedes crear un 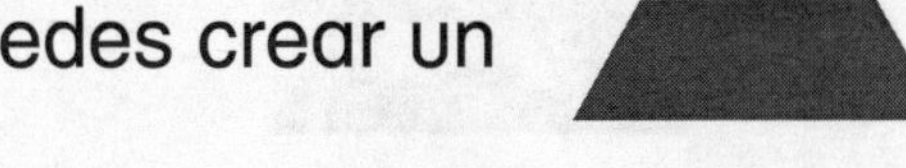

usando 3 .

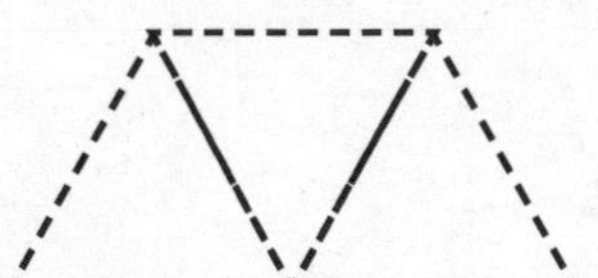

Encierra en un círculo las figuras que puedes usar para crear cada figura.

1. Crea un .

2. Crea un .

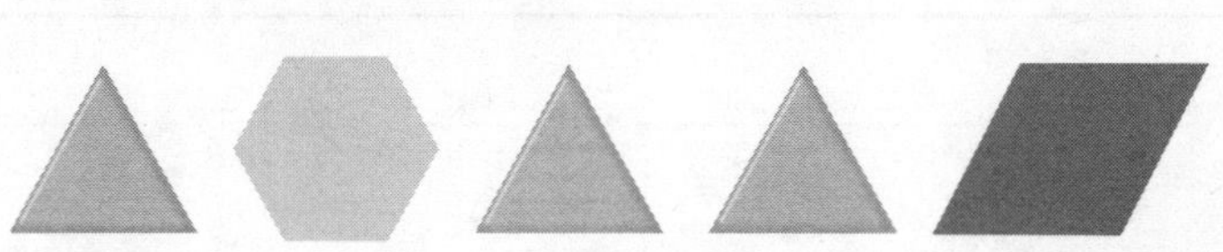

Resuelve cada problema.

3. Sentido numérico Escribe cuántas de cada figura se necesitan para crear un .

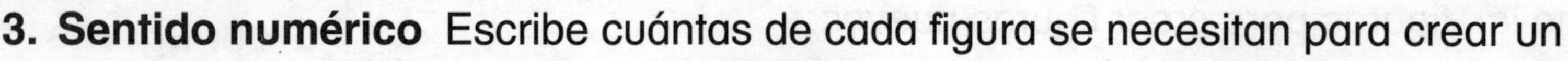

_____ 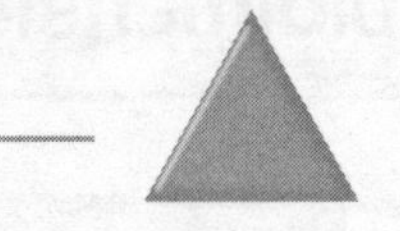 _____  _____ 

4. Mary usa estas figuras para crear una nueva figura.

Encierra en un círculo la figura que Mary creó.

5. Tony usa estas figuras para crear una nueva figura.

Encierra en un círculo la figura que Tony creó.

6. Razonamiento de orden superior Carlos quiere usar 3  para crear un cuadrado. ¿Lo puede hacer? Explícalo.

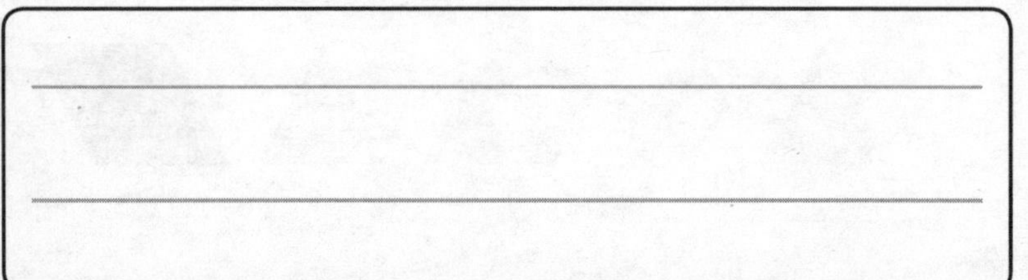

7. Práctica para la evaluación
¿Cuántos  necesita Adán para crear un ?

1	2	3	4
Ⓐ 	Ⓑ 	Ⓒ	Ⓓ 

Nombre ______________________

Práctica adicional 14-5
Crear nuevas figuras bidimensionales usando figuras bidimensionales

¡Revisemos! Puedes usar bloques diferentes para hacer el mismo dibujo.

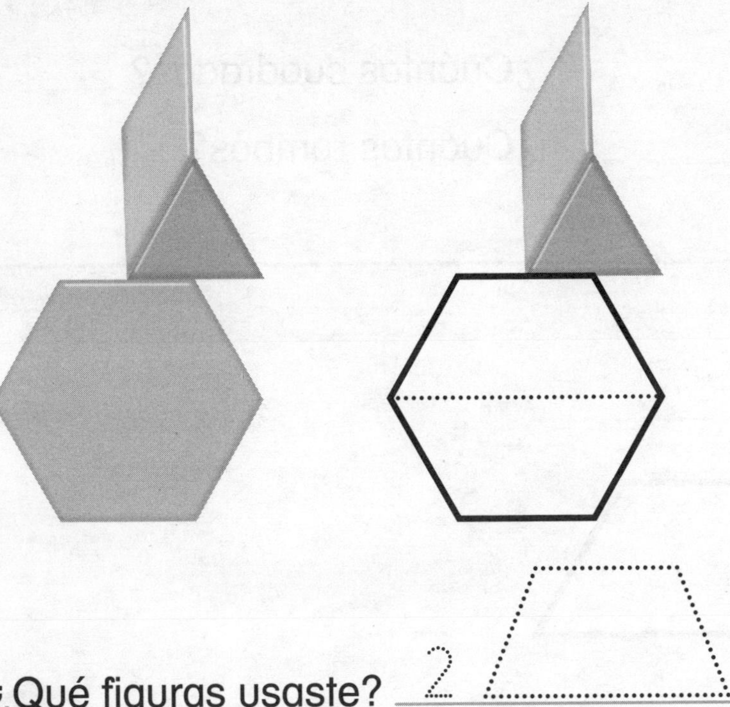

Termina el dibujo de la manzana trazando bloques que formen un hexágono. No uses el bloque con forma de hexágono.

¿Qué figuras usaste? 2 [trapecio]

ACTIVIDAD PARA EL HOGAR
Pida a su niño(a) que recorte figuras bidimensionales como rectángulos, cuadrados, círculos y triángulos. Pídale que junte las figuras para hacer un dibujo.

Termina el dibujo de la tortuga sin usar triángulos.

Dibuja la parte de arriba del caparazón sin dibujar un triángulo.

1.

Resuelve cada problema.

2. **Razonar** Escribe cuántos de cada bloque usaste para formar el micrófono.

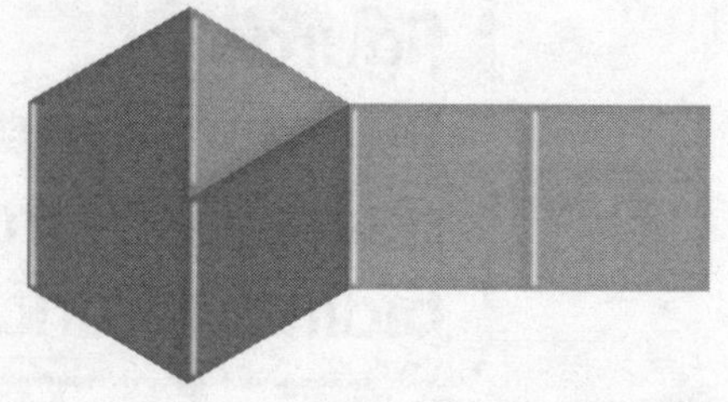

¿Cuántos triángulos? _____ ¿Cuántos cuadrados? _____

¿Cuántos trapecios? _____ ¿Cuántos rombos? _____

3. **Razonamiento de orden superior** ¿Cuáles son dos maneras diferentes de completar el caimán? Dibuja o explica cómo lo sabes.

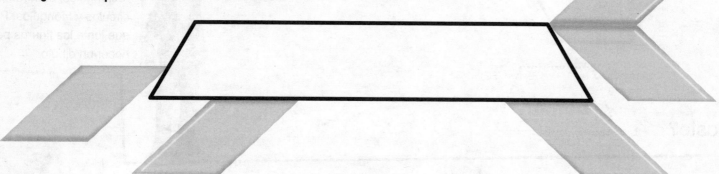

Manera 1: _______________ Manera 2: _______________

4. **Práctica para la evaluación** José está haciendo un dibujo de un conejo. Le falta una de las orejas del conejo. ¿Qué bloque le falta?

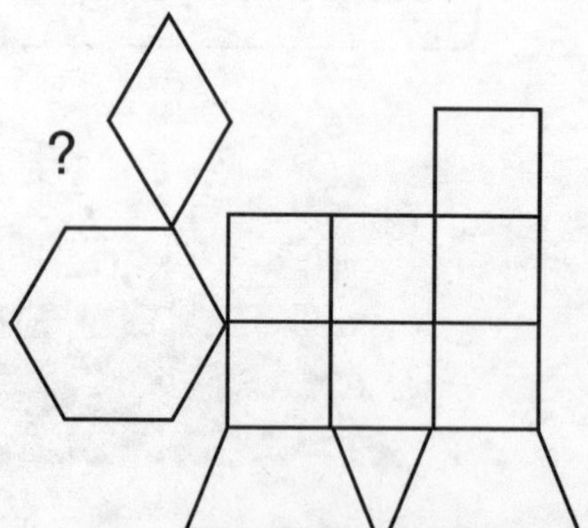

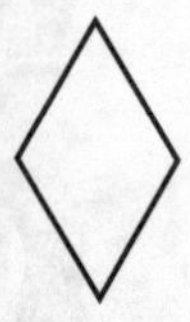
Ⓐ

Ⓑ

Ⓒ

Ⓓ

Nombre ______________________

Práctica adicional 14-6

Usar atributos para definir figuras tridimensionales

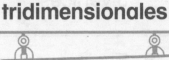

¡Revisemos! Las superficies planas, las caras, las aristas y los vértices pueden usarse para describir figuras tridimensionales.

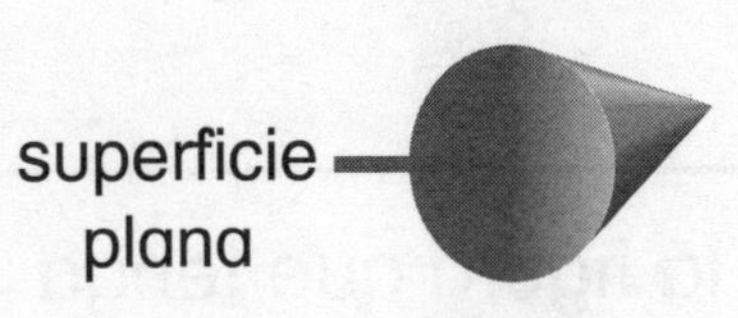

Un cono tiene 1 superficie plana.

Un cubo tiene 8 vértices.

Un prisma rectangular tiene 6 caras.

Un cilindro tiene 0 aristas.

ACTIVIDAD PARA EL HOGAR Busque objetos en su casa que tengan las siguientes formas tridimensionales: cubo, prisma rectangular, esfera, cono y cilindro. Pida a su niño(a) que cuente la cantidad de caras, o superficies planas, aristas y vértices en cada figura. Luego, pídale que escoja 2 figuras y diga en qué se parecen y en qué se diferencian.

Encierra en un círculo la figura que responde a cada pregunta.

1. ¿Qué figura tridimensional tiene 1 superficie plana y 1 vértice?

2. ¿Qué figura tridimensional tiene 0 superficies planas y 0 vértices?

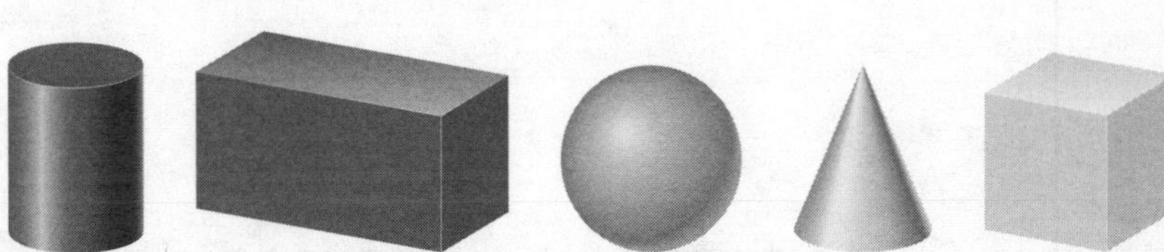

Resuelve cada problema.

3. **Vocabulario** Encierra en un círculo la cantidad de vértices que hay en un **prisma rectangular**.

0 vértices　　4 vértices　　5 vértices　　8 vértices

4. Encierra en un círculo las figuras que tengan 6 caras y 12 aristas.

5. Encierra en un círculo la figura que tenga 2 superficies planas y 0 vértices.

6. **Razonamiento de orden superior** Dibuja y escribe el nombre de 2 figuras tridimensionales. Halla la cantidad total de vértices y superficies planas o caras.

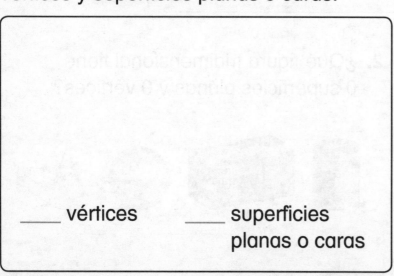

____ vértices　　____ superficies planas o caras

7. **Práctica para la evaluación** Carla saca 2 de las siguientes figuras tridimensionales de una bolsa. ¿Cuál es la cantidad total de superficies planas o caras que podría haber en las figuras que sacó de la bolsa? Escoge dos opciones que apliquen.

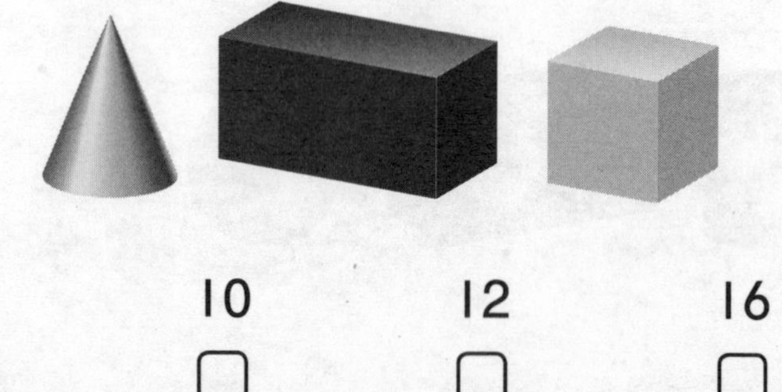

7 ☐　　10 ☐　　12 ☐　　16 ☐

Nombre ____________________

Práctica Herramientas

Práctica adicional 14-7

Atributos que definen y no definen a las figuras tridimensionales

ACTIVIDAD PARA EL HOGAR Dibuje o imprima figuras tridimensionales y pida a su niño(a) que diga 1 atributo de cada figura.

¡Revisemos! ¿Cómo puedes saber si una figura es un cubo?

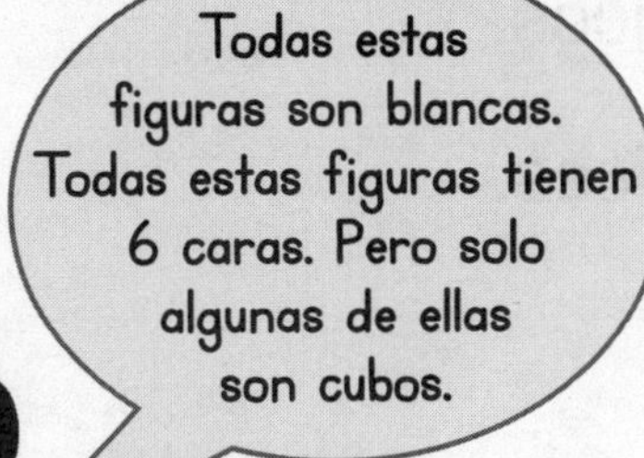

Todas estas figuras son blancas. Todas estas figuras tienen 6 caras. Pero solo algunas de ellas son cubos.

Todas estas figuras tienen diferentes colores y tamaños. Pero todas ellas son cubos.

Por tanto, todos los cubos:

tienen 6 caras cuadradas.

son blancos.

tienen 8 vértices.

son grandes.

Encierra en un círculo las palabras que son verdaderas para la figura.

1. Todas las esferas:

no tienen superficies planas.

tienen 3 superficies planas.

no pueden rodar.

son grises.

Encierra en un círculo las palabras que son verdaderas para cada figura.

2. Todos los prismas rectangulares:

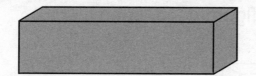

tienen 6 caras.

tienen 6 vértices.

tienen 8 vértices.

son grises.

3. Razonamiento de orden superior Edna dice que las dos figuras son conos porque las dos tienen una base circular y un vértice. ¿Estás de acuerdo? ¿Por qué?

____

____

4. Práctica para la evaluación Une con una línea cada figura con las palabras que la describen.

cono prisma rectangular cubo cilindro

12 aristas 0 vértices 1 vértice 8 vértices

Nombre ____________________

Práctica adicional 14-8
Crear figuras tridimensionales

ACTIVIDAD PARA EL HOGAR Pida a su niño(a) que le muestre cómo crear una figura tridimensional nueva usando objetos que se puedan encontrar en casa, como cajas de cartón, latas de sopa o embudos.

¡Revisemos! Puedes combinar figuras tridimensionales para crear nuevas figuras.

¿Qué nueva figura puedo crear con estas figuras?

¡Puedes crear esto!

Mira las figuras tridimensionales. Encierra en un círculo la figura nueva que puedes crear al combinar las figuras.

1.

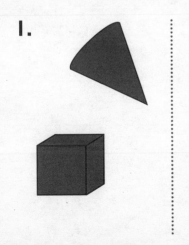

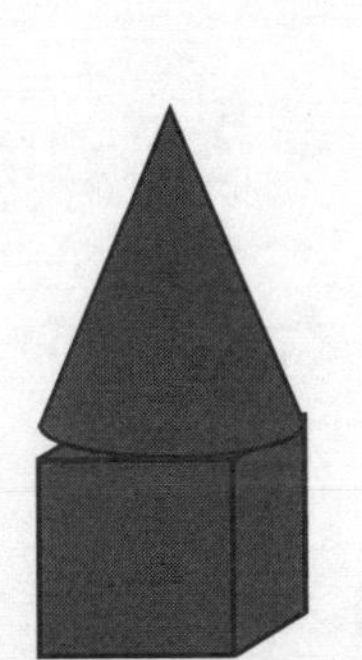
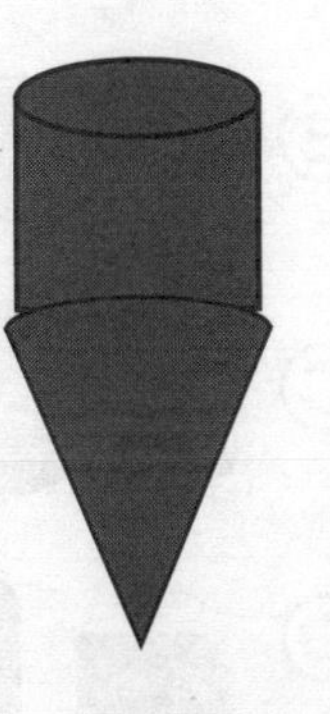

2.

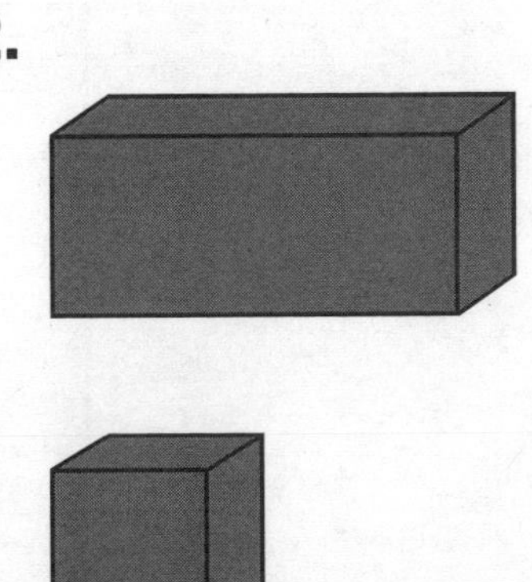
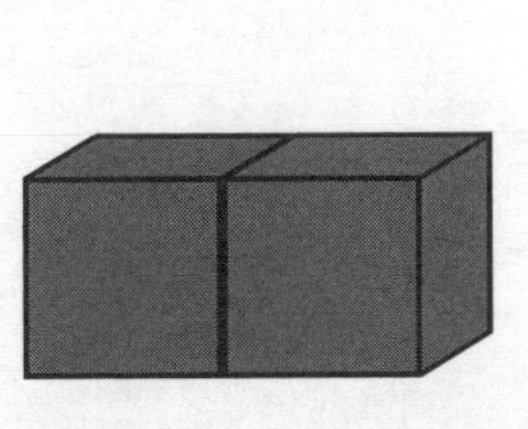

Las dos primeras figuras tridimensionales se pueden usar varias veces para crear figuras tridimensionales nuevas. Encierra en un círculo la figura nueva que se puede crear con las dos primeras figuras.

3.

4.

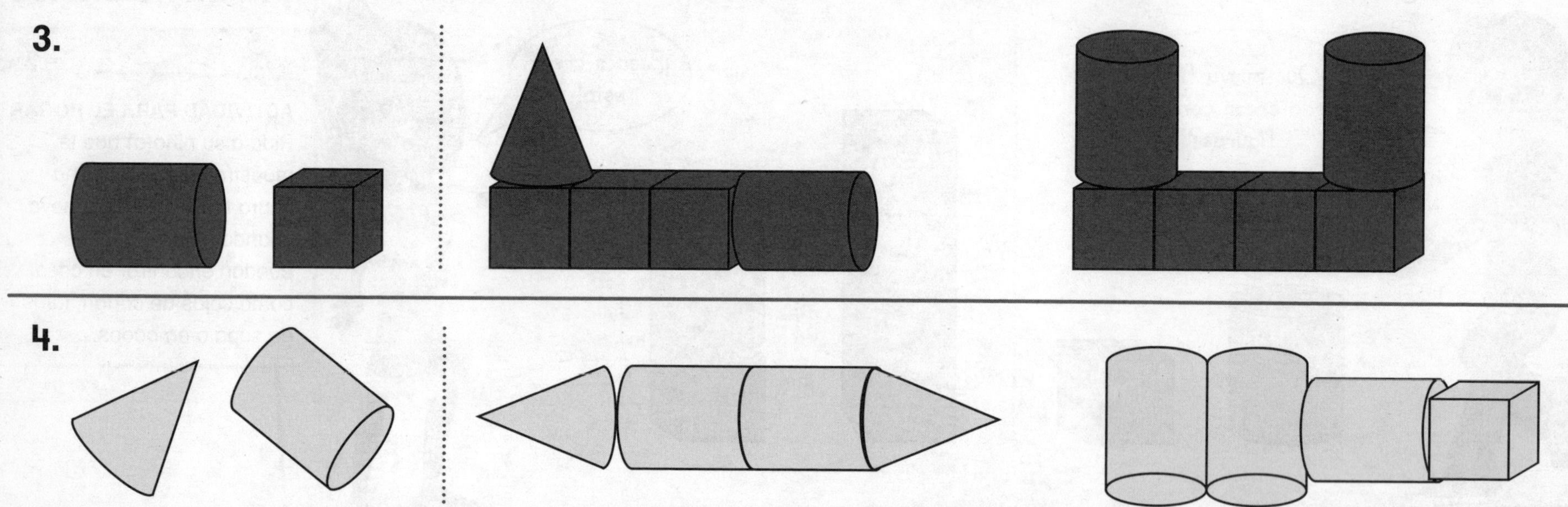

5. Razonamiento de orden superior Tom quiere crear un prisma rectangular con 5 cubos. ¿Puede hacerlo? Explícalo. Dibuja los cubos para mostrar tu respuesta.

6. Práctica para la evaluación ¿Qué dos figuras pueden usarse para hacer un prisma rectangular más grande?

Ⓐ 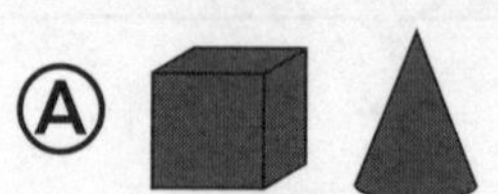

Ⓑ 

Ⓒ 

Ⓓ 

Nombre ______________________________

Práctica adicional 14-9
Entender y perseverar

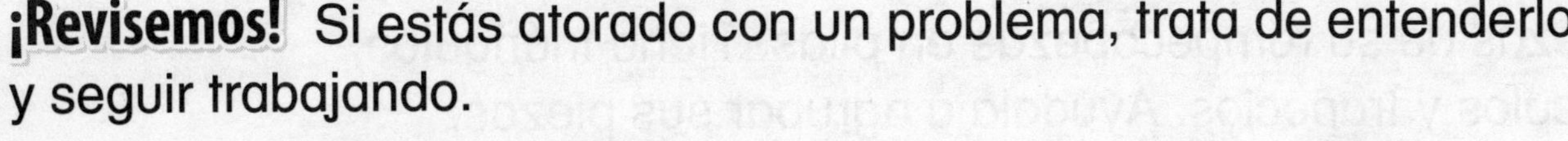

ACTIVIDAD PARA EL HOGAR Pida a su niño(a) que busque ejemplos de esferas y cubos (o de otras 2 figuras bidimensionales o tridimensionales). Pregúntele: "¿Qué es verdadero para todas las esferas (u otra figura bidimensional o tridimensional)?". Ayúdelo(a) a identificar los atributos de cada figura que haya encontrado.

¡Revisemos! Si estás atorado con un problema, trata de entenderlo y seguir trabajando.

Estos son rectángulos. Encierra en un círculo las palabras que son verdaderas para todos los rectángulos.

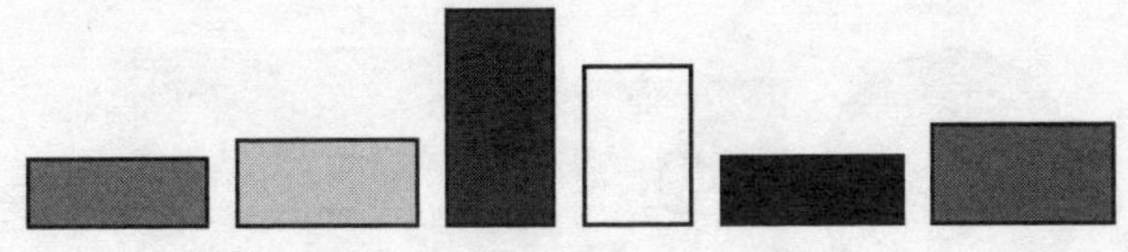

Todos los rectángulos:

tienen 4 lados. → Cuenta los lados. ¿Son 4 lados?

son blancos. → Mira los rectángulos anteriores. ¿Son todos blancos?

tienen 1 lado alargado. → Mira los lados de un rectángulo. ¿Hay solo 1 lado alargado?

tienen 4 vértices. → Cuenta los vértices. ¿Son 4 vértices?

Todas estas figuras son prismas rectangulares. Encierra en un círculo las palabras que son verdaderas para todos los prismas rectangulares.

1. Todos los prismas rectangulares:

son grises. tienen 12 aristas. tienen 4 caras. tienen 6 caras.

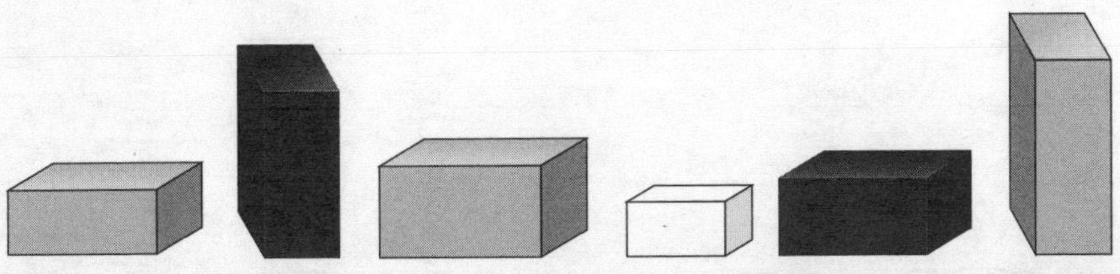

Tarea de rendimiento

Las piezas del rompecabezas
Laura quiere agrupar las piezas de su rompecabezas en pilas. Tiene triángulos, rectángulos, cuadrados, círculos y trapecios. Ayúdala a agrupar sus piezas.

2. **Hacerlo con precisión** Laura quiere poner todas las figuras con 4 lados en una pila. Usa las letras de cada figura para indicar qué figuras deben estar en la pila.

3. **Razonar** Laura quiere poner todas las figuras con al menos 1 vértice en una pila. Usa las letras de cada figura para indicar qué figuras deben estar en la pila.

4. **Entender** Agrupa las figuras A a J en dos o más pilas de acuerdo con algo en lo que sean iguales. Puedes escribir o dibujar las pilas. Luego, explica cómo las agrupaste.

Nombre ________________

Práctica adicional 15-1

Formar partes iguales

¡Revisemos! Una figura se puede dividir en partes que son iguales y en partes que **NO** son iguales.

Este rectángulo está dividido en partes iguales.

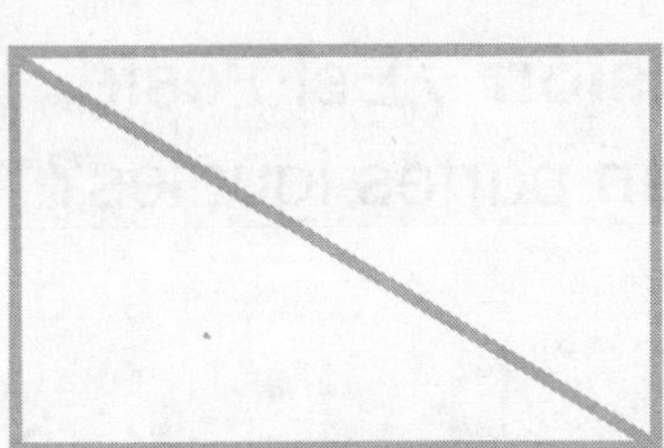

Las partes tienen el mismo tamaño.
Hay 2 partes iguales.

Este rectángulo **NO** está dividido en partes iguales.

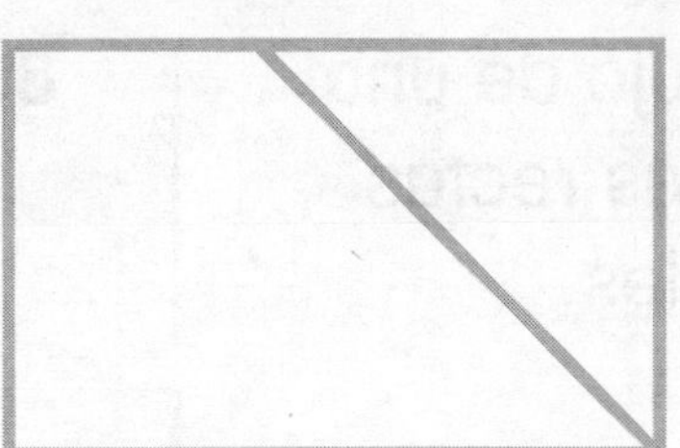

Las partes **NO** tienen el mismo tamaño.
Hay 0 partes iguales.

ACTIVIDAD PARA EL HOGAR
Dibuje 2 cuadrados, 2 rectángulos y 2 círculos. Pida a su niño(a) que divida 1 cuadrado, 1 rectángulo y 1 círculo en partes iguales y 1 cuadrado, 1 rectángulo y 1 círculo en partes de diferentes tamaños.

Escribe la cantidad de partes iguales en cada figura.
Escribe 0 si las partes **NO** son iguales.

1.

_____ partes iguales

2. 

_____ partes iguales

3. 

_____ partes iguales

Dibuja líneas rectas para dividir las figuras en partes iguales.

4. 2 partes iguales

5. 4 partes iguales

6. 2 partes iguales

7. **enVision**® STEM Haz un dibujo de una rueda de bicicleta. Dibuja líneas rectas para dividirla en 4 partes iguales.

8. **Hacerlo con precisión** ¿Está este sándwich cortado en partes iguales? Di cómo lo sabes.

9. **Razonamiento de orden superior** Dos hermanos dividen una rebanada de pan en partes iguales. Uno de los hermanos piensa que su parte es más pequeña que la del otro hermano. ¿Cómo puede averiguar si tiene razón?

10. **Práctica para la evaluación** ¿Qué opción muestra cuántas partes iguales tiene la manzana?

Ⓐ 8

Ⓑ 3

Ⓒ 4

Ⓓ 2

Nombre ______________________________

Práctica adicional 15-2

Formar medios y cuartos de rectángulos y de círculos

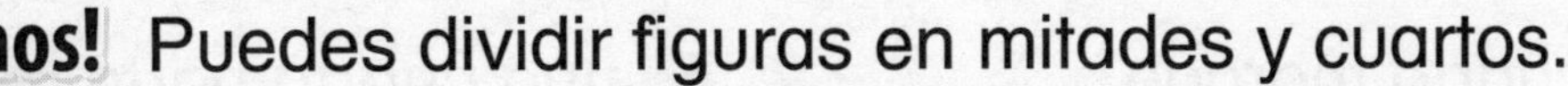

¡Revisemos! Puedes dividir figuras en mitades y cuartos.

Dos **mitades** forman un todo.

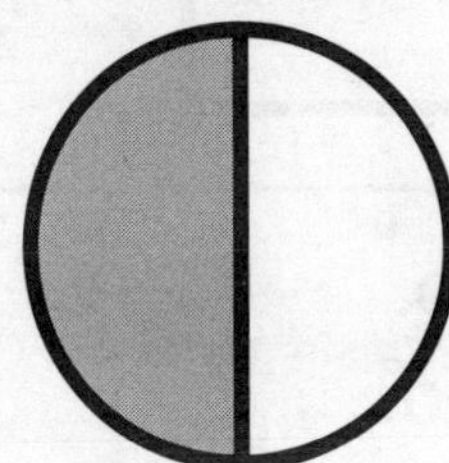

Cada parte se llama una **mitad**.

Una **mitad** del círculo es gris.

Cuatro **cuartos** forman un todo.

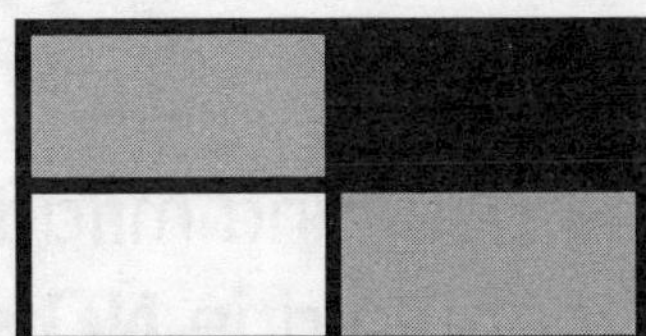

Cada parte se llama un cuarto.

Un cuarto del rectángulo es negro.

Una cuarta parte del rectángulo es blanca.

Un cuarto es lo mismo que una cuarta parte.

ACTIVIDAD PARA EL HOGAR Dibuje un círculo y un rectángulo. Pida a su niño(a) que divida el círculo en 2 partes iguales y que coloree una de las partes. Luego, pídale que divida el rectángulo en 4 partes iguales y que coloree una de las partes. Pregúntele: "¿Qué figura muestra una mitad coloreada? ¿Qué figura muestra un cuarto coloreado?".

Encierra en un círculo la figura correcta en cada problema.

1. una mitad gris

2. un cuarto negro

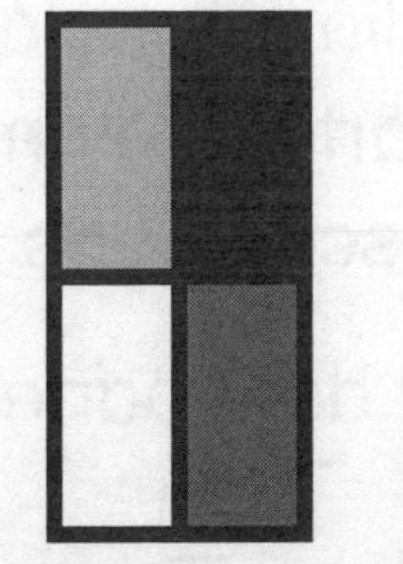 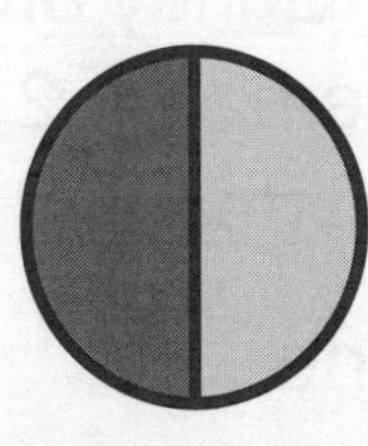

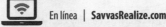

3. una mitad blanca

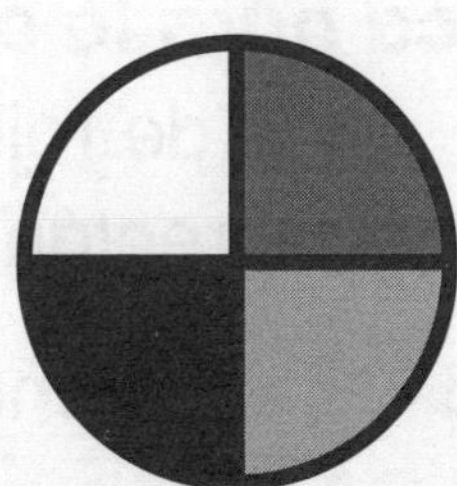 

Colorea la figura en cada problema.

4. una mitad azul

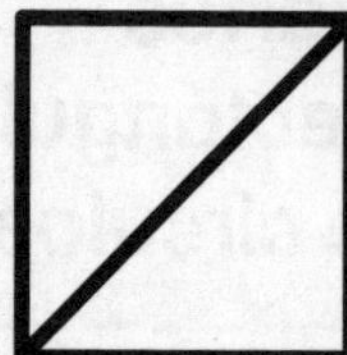

5. un cuarto morado

6. una cuarta parte roja

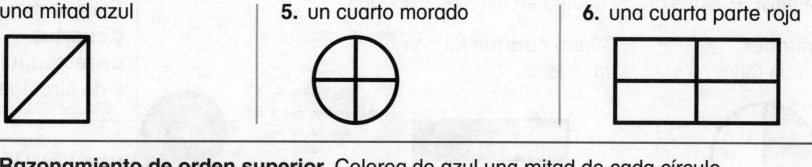

7. Razonamiento de orden superior Colorea de azul una mitad de cada círculo. Colorea de anaranjado una mitad de cada rectángulo que **NO** sea un cuadrado. Colorea de rojo una cuarta parte de cada cuadrado.

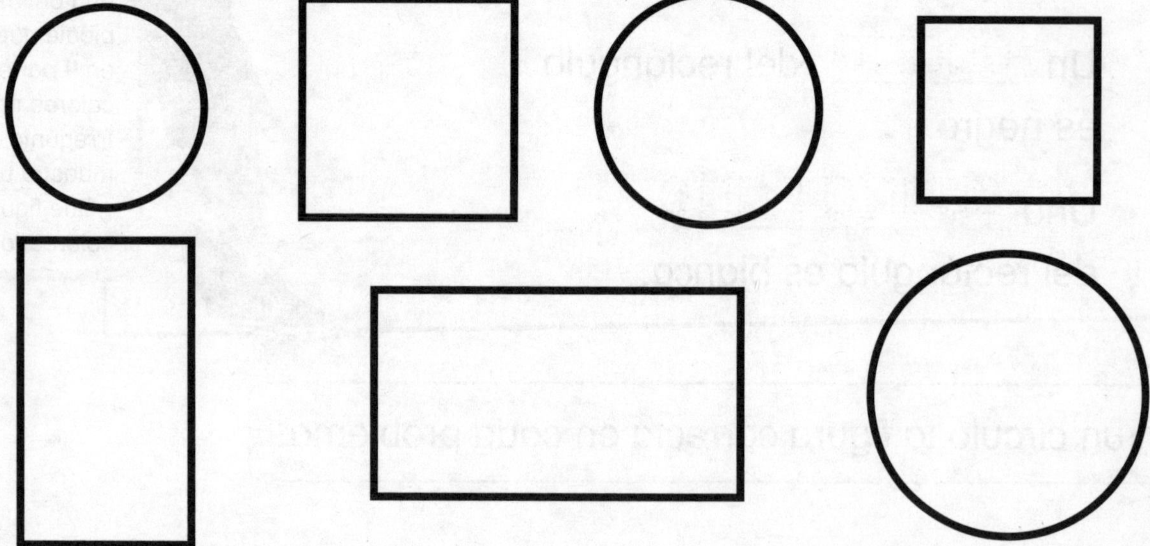

8. Práctica para la evaluación Sandy dividió un rectángulo en 4 partes iguales. Coloreó 1 parte de rojo, 1 parte de azul y 2 partes de amarillo. ¿Qué parte del rectángulo coloreó de rojo? Escoge dos que apliquen.

- ☐ una mitad
- ☐ una cuarta parte
- ☐ 2 de 4 partes
- ☐ un cuarto

Nombre ______________________

Práctica adicional 15-3
Medios y cuartos

¡Revisemos! Estos rectángulos son del mismo tamaño.
El rectángulo con más partes iguales tiene partes más pequeñas.
El rectángulo con menos partes iguales tiene partes más grandes.

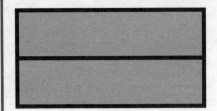

2 partes iguales
mitades
partes iguales más grandes

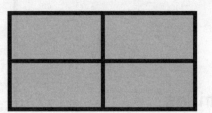

4 partes iguales
cuartos
partes iguales más pequeñas

ACTIVIDAD PARA EL HOGAR Dibuje 2 círculos del mismo tamaño. Pida a su niño(a) que dibuje líneas para dividir uno de los círculos en mitades y el otro en cuartos. Luego, pregúntele qué círculo tiene más partes iguales y qué círculo tiene partes iguales más grandes.

Compara las dos figuras. Di cuantas partes iguales hay. Luego, encierra en un círculo las palabras **más pequeñas** o **más grandes** y **más** o **menos** para cada figura.

1. cuartos

partes iguales:

más pequeñas más grandes

más menos

____ partes iguales

mitades

partes iguales:

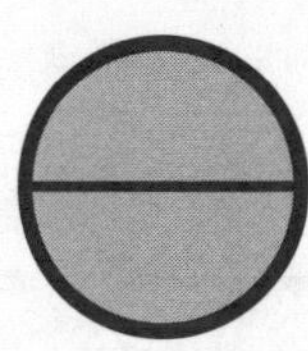

más pequeñas más grandes

más menos

____ partes iguales

2. Razonar Rosa y Martha tienen una pizza cada una. Las pizzas son del mismo tamaño.
Rosa corta su pizza en cuartos. Martha corta su pizza en mitades.

¿Quién tiene más pedazos? __________

¿Cuántos más? __________

¿Quién tiene pedazos más grandes?

____

3. **Vocabulario** Divide el cuadrado en **mitades**. Luego, sombrea una mitad del cuadrado.

4. Razonamiento de orden superior Lucas divide un círculo en 2 partes iguales. Luego, divide cada parte por la mitad. ¿Cuántas partes iguales hay ahora? ¿Cómo se llaman esas partes? Usa palabras y dibujos para explicar tus respuestas.

5. **Práctica para la evaluación** Mary está diseñando una señal. Quiere que una mitad de la señal sea negra, un cuarto sea gris y otro cuarto sea blanco.
¿Qué opción muestra la señal que Mary quiere diseñar?

Ⓐ

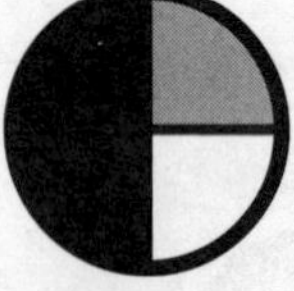

Ⓑ

Ⓒ

Ⓓ

Nombre ______________________________

Práctica adicional 15-4
Representar con modelos matemáticos

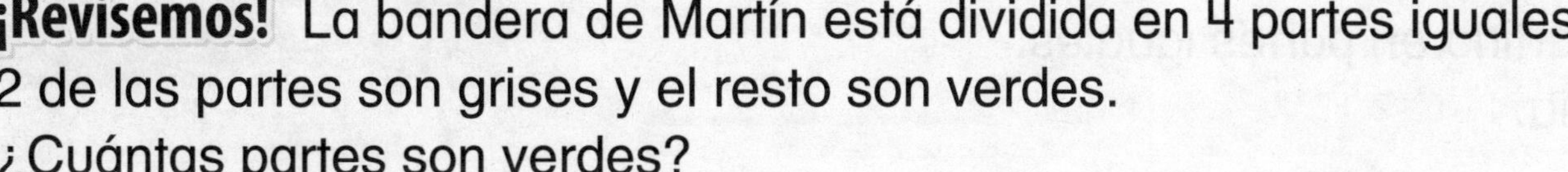

¡Revisemos! La bandera de Martín está dividida en 4 partes iguales.
2 de las partes son grises y el resto son verdes.
¿Cuántas partes son verdes?

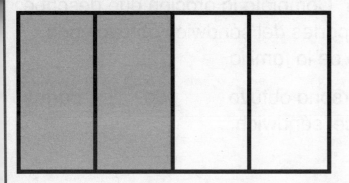

Un dibujo te puede ayudar a resolver el problema. Puedes usar palabras matemáticas que ya sabes para escribir una oración que resuelva el problema.

El dibujo te puede ayudar a ver que las partes que no están sombreadas deben ser las verdes.

Por tanto, __2__ de las 4 partes deben ser verdes.

ACTIVIDAD PARA EL HOGAR
Lea este cuento a su niño(a): "José divide un tapete en 4 partes iguales. Dos partes son verdes. ¿Cuántas partes no son verdes?". Pídale que haga un dibujo para resolver el problema. Dígale más cuentos y pídale que haga más dibujos. Luego, pídale que escriba una oración para representar cada cuento.

Haz un dibujo para resolver el problema.
Luego, completa las oraciones.

1. La bufanda de Sasha está dividida en mitades.
Una mitad es café y el resto es verde.

_____ de _____ partes iguales es café.

_____ de _____ partes iguales es verde.

Tarea de rendimiento

Partes del sándwich La familia Carrillo compra 1 sándwich de gran tamaño para compartirlo en partes iguales. Hay 4 miembros en la familia.

2. **Representar** Haz un dibujo para mostrar cómo la familia puede repartir el sándwich.

3. **Razonar** Completa la oración que describe cuántas partes del sándwich obtuvo cada miembro de la familia.

   Cada persona obtuvo _____ de _____ partes iguales del sándwich.

4. **Explicar** Rafael es uno de los miembros de la familia Carrillo. Rafael le da su parte del sándwich a su hermana Luisa. ¿Cuántas partes del sándwich tiene Luisa ahora? Usa palabras o dibujos para explicar cómo hallaste la respuesta.